黑龙江历史文化研究工程项目（04YB1601）

黑龙江
古代史论著提要

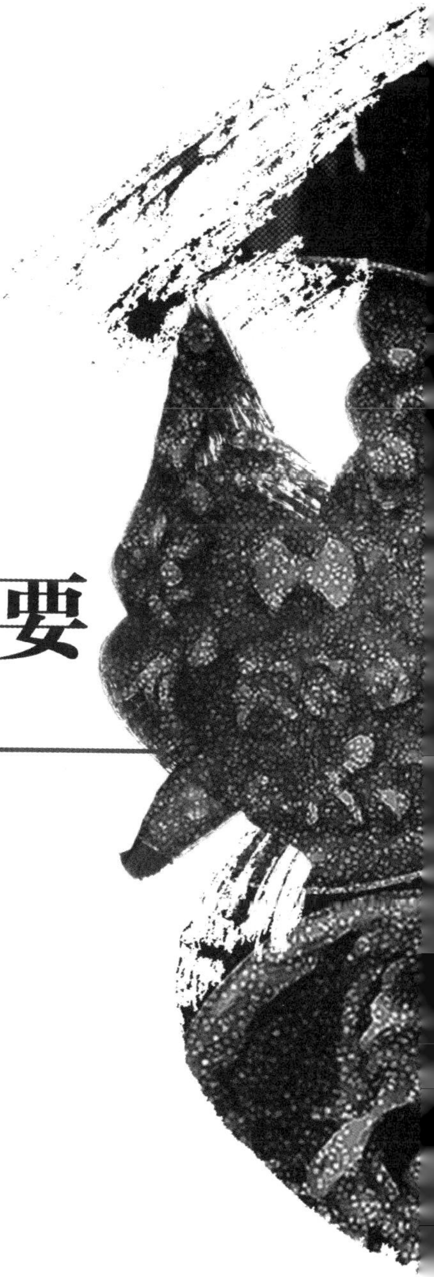

苗霖霖　田　丹　著

黑龍江大學出版社
HEILONGJIANG UNIVERSITY PRESS
哈尔滨

图书在版编目（CIP）数据

黑龙江古代史论著提要 / 苗霖霖，田丹著. -- 哈尔滨 : 黑龙江大学出版社，2022.3
ISBN 978-7-5686-0649-3

Ⅰ. ①黑… Ⅱ. ①苗… ②田… Ⅲ. ①古代史－著作－内容提要－黑龙江 Ⅳ. ①Z89：K293.5

中国版本图书馆 CIP 数据核字（2021）第 144929 号

黑龙江古代史论著提要
HEILONGJIANG GUDAISHI LUNZHU TIYAO
苗霖霖　田　丹　著

责任编辑　宋丽丽　高楠楠
出版发行　黑龙江大学出版社
地　　址　哈尔滨市南岗区学府三道街 36 号
印　　刷　哈尔滨市石桥印务有限公司
开　　本　720 毫米 ×1000 毫米　1/16
印　　张　17
字　　数　236 千
版　　次　2022 年 3 月第 1 版
印　　次　2022 年 3 月第 1 次印刷
书　　号　ISBN 978-7-5686-0649-3
定　　价　63.00 元

本书如有印装错误请与本社联系更换。

序

早在远古时期，黑龙江地区就已有了人类的活动，但由于史书中对这一地区历史记载的相对匮乏，黑龙江的古代历史似一直笼罩着一层神秘的面纱，而随着考古发掘成果的推出和历史研究的不断深入，黑龙江的历史得以更加清晰地展现在人们面前。

有考古发掘证明，早在旧石器时代，这片广袤的土地上就已经有了原始人类聚居，此后，随着这一地区先民的繁衍和发展，当地人口也不断向其他地域迁徙，其对我国古代历史的影响力也随之不断提升。

古代的黑龙江地区曾是鲜卑、契丹、女真、挹娄、乌洛侯、室韦、肃慎、靺鞨、渤海、夫余等众多民族的重要聚居区，不同民族的先人们在此繁衍生息，融合进步。由于地处边陲，黑龙江地区的古代先民最初在文化和科技上落后于中原地区，但随着与中原地区交流的日益增多，当地先民积极学习中原地区的先进文化和技术，并将其与本地区的物产、气候相结合，使其与当地的经济、社会状况相适应，实现了自身民族的飞跃性发展。这些民族也在自身发展的过程中，以部落体制为基础，吸收和借鉴中原地区先进的文化和制度，建立起强大的地方民族政权，其中的部分政权还一度入主中原、统一全国。可以说，黑龙江地区的古代先民不仅推动了我国古代历史的发展进程，更直接促进了我国古代历史上的民族大融合。

在黑龙江地区的古代民族政权中，最早入主中原的是发端于大兴安岭地区的鲜卑族。鲜卑本是北方游牧民族东胡部落联盟中的一支。东胡在被匈奴打败后，其中的一个部落迁入了大兴安岭地区，并以其所在地鲜卑山之名为自己的族名，“鲜卑族”由此而生。两汉魏晋时代，鲜卑兴起，并在反抗匈奴的压迫中日益壮大，先后建立起前燕、后燕、南燕、代国、北魏、北周等众多政权，其中的北魏是这些政权中最早统一我国北方地区的，并造就了与南方诸政权并立的南北对峙局面。但随着北魏的汉化改革，鲜卑族最终融入汉族之中。而后，粟末靺鞨兴起于黑龙江，其所建立的渤海国不仅与唐朝建立了藩属关系，更主动吸收唐朝的先进文化，形成了“海东盛国”的繁荣局面，渤海文明也创造了黑龙江地区历史文化的新景象。随后，女真族又在这片土地兴起，建立了金朝，定都上京会宁府，继鲜卑之后再次统一了北方地区，形成与南方宋政权的对峙之势，更直接促进了当地经济、文化和社会的又一次飞跃性发展，造就了中国历史上的第二个南北朝时代。在女真族之后，满族兴起，建立了清朝，不仅入主中原，而且还统一了全国。

可以说，发端、繁盛于黑龙江地区的古代少数民族，不仅推动了北方民族的大融合，更以其坚韧不拔的毅力和不屈不挠的精神，数次问鼎中原。不仅实现了自身的飞跃式发展、促进了我国古代的民族大融合，更推动了中华民族的历史发展进程。

有关黑龙江地区历史的研究成果自新中国成立以后迅速增多，尤其是20世纪70年代以来，高水平、高质量的研究成果不断涌现，目前学者们针对黑龙江地区的历史研究已初具规模。据笔者不完全统计，已发表相关学术论文三千余篇，出版学术专著二百余部。但从整体上来看，对黑龙江历史的研究成果以近现代历史研究成果居多，古代历史的研究成果相对较少，相关研究力量略显不足。

本书以黑龙江古代史研究相关的论文和专著为研究对象，收录1970年以后国内外学者的相关研究成果（成果内容的时间范围限定在远古时期至1840年鸦片战争爆发以前），并在此基础上进行分类总结、梳理归纳，展示相关研究成果的内容以及部分热点问题的研究深度。

本书围绕黑龙江古代史研究的相关成果展开，从中选取较为重要的六百余篇论文和四十余部专著进行分类梳理和内容介绍，并从政治与制度，社会与民族，经济、文化与教育，考古遗址与遗迹，古代墓葬研究，文物研究六个方面对相关成果进行总结。全书的最后按照作者姓氏的首字母对相关成果进行排序,以便于读者查阅。

目　　录

第一章　政治与制度

早在旧石器时代，黑龙江地区就已有了人类活动的踪迹。先秦时期，原始部族的居民就已经在此繁衍生息。至秦汉时期，居住在黑龙江地区的古代部族已经与中原政权建立起联系，并被记载于史书之中。魏晋时期，黑龙江地区还出现了地方性民族政权，扶余国和乌洛侯国便是其中的主要代表。隋唐以后，黑龙江地区的民族和政权的影响力更是不断扩大，其中以渤海和金的影响最为深远，尤其是由女真族建立的金朝，不仅入主中原，更形成了与宋朝南北对峙的局面，铸就了我国历史上的第二个南北朝时代。在女真族之后，满族兴起，不仅入主中原，更统一了全国。可以说，北方民族政权的建立不仅实现了自身民族的发展，更为中国古代历史上的民族大融合做出重要贡献。

有关黑龙江古代政权的沿革及其政治制度方面的研究，一直以来都是学者们十分关注的内容，相关研究成果主要集中在黑龙江古代民族政权、地方管理制度、杰出或代表人物、皇室领袖等多个方面。

第一节　渤海国历史与政治研究

渤海国是由粟末靺鞨所建立的政权，其与唐朝还建立起了藩属关系，其“海东盛国”之名也一度成为黑龙江的代称。在辽灭亡渤海后，渤海国居民被视为一个民族，称渤海遗民。辽朝为了抑制渤海遗民势力，对其进行了严厉的压制和强制的集体迁徙，最终使渤海遗民投向了与其“本同一家”的女真族阵营，成为女真族反抗辽朝统治的重要支持者和同盟者。渤海遗民作为女真族坚定的支持者和追随者，在金建国后，备受女真皇室的信赖，渤海遗民势力也于此后得到了恢复和发展。

目前学界关于渤海国的研究一般集中在渤海上京、渤海国名号以及渤海国地理和外交等方面，并已形成内容相对丰富、涵盖较广的研究成果。

一、渤海国上京研究

渤海国是由古代民族靺鞨族粟末部所建立的政权，在政权发展过程中，为了便于吸收中原政权先进的文化和技术，其积极与中原政权建立联系，并最终成为唐朝的藩属政权。

在与唐的交往中，渤海国认真学习和引进唐朝先进的文化和技术，并将其因地制宜地与本国实际相结合，从而使渤海国的制度和文化都深深地刻上了唐文化的烙印。尤其在渤海国上京的建筑方面，更是处处体现出唐文化的印记。

（一）渤海上京龙泉府建筑研究

渤海国的都城上京龙泉府位于今黑龙江省牡丹江市境内。作为渤海国都城，上京龙泉府在渤海国的历史发展中发挥了巨大的作用。渤海国在建筑风格方面深受唐文化的影响，其都城上京龙泉府受唐朝建筑风格影响最为明显。

从研究方法上看，现有研究大都是通过将考古遗址、遗迹与相关史书的记载相结合，着重说明渤海国上京龙泉府的建筑风格和建筑特色。学者们的研究主要是围绕渤海国上京龙泉府的建成年代、建筑风格、建筑特征与装饰特色等方面展开的。

丹化沙的《略谈渤海上京龙泉府》（《黑龙江大学学报（哲学社会科学版）》，1979 年第 2 期，第 121—129 页）指出，上京龙泉府建于忽汗河畔，又近忽汗海（镜泊湖），故有史书称之为忽汗城或忽汗王城。渤海建国初定都于今吉林省敦化市的敖东城，随着国力的增强、领土的扩大，渤海国王大钦茂将都城迁往上京，并依仿唐都长安城的格局设计营建了上京龙泉府，将渭河之滨的长安城与忽汗河之畔的上京城联系在了一起。契丹灭渤海后，在其地建立了东丹国，并把原渤海国上京龙泉府改名为天福城。但不久，为了加强对原渤海国遗民的管理，辽太宗下令将东丹国的首都南迁至东平（今辽阳），在“尽迁其民”的过程中，上京龙泉府遭到毁灭性的破坏。东丹国南迁之后，龙泉府实际上已经是名存实亡了。

陈青柏的《唐代渤海国上京龙泉府遗址——全国重点文物保护单位之一》（《黑龙江文物丛刊》，1981 年第 1 期，第 70—74 页）指出，渤海国是我国东北少数民族满族的先世粟末靺鞨人所建立的地方政权，上京龙泉府曾经两度成为渤海国的都城，其作为都城的时间有一百六十余年。上京龙泉府系仿照唐都城长安而建，整体略呈长方形，主要包括内城、外城和宫城三部分。渤海国上京龙泉府是我国东北地区保存较为完整的古都遗迹之一，也是唐代文化与渤海国劳动人民智慧的结晶，更是中原与边疆区域密切联系的见证，对于研究渤海国的政治、经济和文化有着巨大的价值。

刘晓东、魏存成的《渤海上京城主体格局的演变——兼谈主要宫殿建筑的年代》（《北方文物》，1991 年第 1 期，第 46—50 页），将渤海国上京城的营筑过程分为文王时期，成、康时期（主要是康王时期），仁秀和彝震时期（主要是彝震时期）三个历史阶段。文中还就渤海上京城不同时期的格局变化进行了论述，并分析和探讨了现存的渤海上京城遗址宫城内宫殿的建筑年代及相关问题。

董智、潘驰宇、谭红毅的《唐代渤海国上京龙泉府都城建筑的装饰风格》（《中文自学指导》，2008 年第 5 期，第 61—62 页）指出，渤海国地处我国北部寒冷地区，这一地带无霜期短，冬季寒冷漫长。在此地生存的古代先民们最初穴居于地下。渤海国初建政权之时，中原地区的经济、政治、文化已经高度发展，并在各个方面影响着周边的各民族。渤海国的建筑在保留自己原有文化特点的同时，不断兼容并蓄，消化、吸收中原文化的特点。因此，由于深受唐朝文化的影响，渤海国建筑既有根据自身需要而发展出的适合自身的特点，也表现出浓郁的唐风。

宋梅梅、张应力、刘静霞的《渤海上京龙泉府都城溯源》（《美术教育研究》,2013 年第 14 期,第 59 页)指出,中原文明和汉文化是渤海国兴盛的基础,中原与边疆的共同发展促进了渤海国的兴盛。强大的唐王朝及其开明的民族政策使渤海国的崛起有了良好的历史机遇,为渤海国辉煌的历史奠定了基础。

(二)渤海上京城建筑与唐长安城建筑比较研究

渤海上京城系仿照唐长安城修筑,因而在建筑风格上表现出与唐朝建筑相似的特征。渤海上京城建筑与唐长安城建筑间的关系,学界也有所关注,并形成了相对丰富的研究成果。

方学凤的《比较:渤海上京城与唐长安城》(《延边大学学报(社会科学版)》,1993 年第 3 期,第 35—41 页)指出,渤海国在建立和发展的过程中吸取了唐朝的先进技术和文化。在建设都城上京龙泉府时,他们不仅学习和仿照长安城的建筑布局,而且还结合本地区的实际情况,使渤海上京城既具有长安城的风格,又有本民族的特点。

李传刚的《谈渤海国——上京龙泉府的建筑》(《艺术教育》,2008 年第 8 期,第 27 页)指出,渤海与唐"车书本一家",不仅在文化上深受唐朝文化的影响,在建筑上也对唐朝建筑多有仿效,尤其是上京龙泉府,较多地参照了唐长安城的建设。渤海国的都城上京龙泉府分郭城、皇城和宫城三个部分,多以夯土筑台基、土坯砌墙、青瓦或釉瓦铺顶,墙外涂泥帐。渤海国时期的建筑是渤海人民智慧的体现,我们也可以从中看出当时中原文化对渤海文化的影响。

董智、赵忠的《浅谈唐代渤海国上京龙泉府都城》(《建筑与文化》,2009 年第 10 期,第 88—89 页),分别从中轴线、建筑形制、建筑装饰构件、园林的布局与建设四个方面分析了渤海国上京龙泉府的建筑构造与建筑特点,指出渤海国的都城规划与当时的唐长安城十分相似,即主要建筑排列在中轴线上,建筑多以木质结构为主,更加注重建筑的实用功能。城墙是渤海上京城城里城外的界线。龙泉府的城墙外还有人工挖掘的护城河,是当地重要的防御设施。此外,皇家园林在设计规划上,运用了"一池三山；模山范水；师法自然”的手法，亭、台、楼、阁掩映其中，这也是中原文化对渤海文化影响的直接体现。

王禹浪、程功、刘加明的《近30年来渤海上京城研究综述》（《黑龙江民族丛刊》，2012年第6期，第84—91页）指出，上京龙泉府是渤海国重要的都城，它不仅是渤海国的政治中心，更是渤海国的文化中心。文章从渤海上京城建制、布局研究，渤海上京城周边历史地理、交通研究，渤海上京考古研究，以及其他研究四个方面，对前人的研究成果进行了分门别类的梳理和总结。

岳天懿的《渤海都城城门与城墙研究》（《北方文物》，2020年第5期，第56—65页），以西古城、八连城和上京城三座渤海国都城遗址的城门、城墙为研究对象，围绕都城的营建时序、文化源流两个主题，对以往研究中有关三座都城中存在的两种城门规制问题进行了对比、总结和补充。文中还整理了上京城宫城城门与城墙所体现的分期营建线索，并对西古城与八连城内城墙的差异做了进一步的讨论。此外，文章还分析了西古城城门的条形基槽技术的来源问题，并探讨了渤海上京城门道下所见的动物骨骼现象。

（二）其他相关研究

陈显昌的《论渤海国的疆域》（《学习与探索》，1985年第2期，第127—133页）指出，渤海国有五京、十五府、六十二州，广阔的疆域正是渤海国国力强盛的体现。渤海国建立者大祚荣在以东牟山、旧国为中心向四周发展的同时，着重向北、向南、向西南扩展，逐渐控制了很大一部分高丽[①]故地和肃慎故地等广大地区。至大钦茂时期，渤海国疆域又有所扩大，逐渐控制拂涅、铁利等周边部落。在大仁秀执政时期，渤海国还兼并了海北四部，疆域扩至依兰以北地区。

杨雨舒的《渤海国上京龙泉府地理环境概述》（《北方文物》，1997年第

① 指高句丽。

2 期,第 61—65 页),分析了渤海国上京龙泉府的地理条件,指出上京龙泉府山环水绕、中间平坦开阔,冬季寒冷漫长、夏季短促温暖,土壤肥沃,野生动植物及水产资源丰富而矿产资源相对匮乏,交通非常便利。上京龙泉府的地理环境为其发展与繁荣奠定了物质基础。

朱国忱的《渤海龙州三县考》(《求是学刊》,1986 年第 5 期,第 88—90 页及第 46 页),研究和考证了上京龙泉府所领龙州之永宁县、富利县和长平县三县治地,指出永宁县不仅是龙州的首县,也是龙州的倚郭县,富利县也应与府州有关,亦为倚郭县,长平县则是上京龙泉府近畿县城,县治应在上京城附近之某地。

孙秀仁、朱国忱的《渤海国上京京畿南北交通道与德理镇》(《黑龙江民族丛刊》,1994 年第 3 期,第 47—58 页),对渤海国上京黑水道的经路与走向以及黑水道上一处关隘重镇德理镇的具体位置等进行了分析与考证,提出德理镇是黑水道的咽喉之地,甚至还可能一度是渤海国的北界,但渤海国极盛时期的疆域北界应该不限于此。

二、渤海国政治研究

渤海国是古代中国东北地区的地方民族政权,初称"振国",也称"震国"。在大祚荣接受唐朝册封后,开始有了"渤海""忽汗州""渤海都督府""渤海国"等名。辽灭渤海国后,改称其为"东丹""东丹国"。

(一)渤海国名号研究

渤海国是古代中国东北地区的一个地方民族政权,都城位于今黑龙江省境内。其在兴起后,先是与唐朝建立了藩属关系,后为辽所灭,其遗民曾在金朝的建立和发展中发挥了较大作用。关于渤海国的名称、沿革与变迁等问题,也是学界关注较多的领域之一。

魏国忠、郭素美的《论渤海主体民族的族属问题》(《社会科学战线》,2001 年第 3 期,第 164—178 页)指出,渤海国的主体民族为靺鞨族。《新唐书·渤海传》中关于"自是始去靺鞨号,专称渤海"的记载,即是渤海国在接受唐册封前正式国号为靺鞨之证。此外，从中外文献古籍和石刻碑文中所反映的当时唐、日本和新罗均曾称渤海国为“渤海靺鞨”或“靺鞨”的史实来看，《新唐书》的这一记载得到了印证。另一方面，大祚荣政权初建之际以“靺鞨”为号，也完全符合我国北方诸民族政权普遍以其主体民族之名为号的惯例。史书有载，渤海国“处处有村里，皆靺鞨部落”，靺鞨人显然是其人口中占绝大多数的民族，加之其王族又出自于粟末靺鞨，所以大祚荣政权最初以“靺鞨”为国号也就成了顺理成章之举。

张碧波的《渤海早期国号考索》(《黑龙江民族丛刊》，2002 年第 1 期，第 70—74 页)，从靺鞨与震国、振国与震国、靺鞨与渤海三个方面，就乞乞仲象—大祚荣所领导的粟末靺鞨族团在复杂的历史氛围中坚持正确路线建立国家的过程进行了研究，还对渤海国早期历史及其国号做了考索与研究。

纪胜利、郝庆云的《渤海国初建之际国号考》(《中国边疆史地研究》，2004 年第 2 期，第 52—58 页)，针对目前史学界多将建国伊始的渤海称为“震国”或“振国”的现象进行了探讨。作者通过对中外文献及考古资料的比较分析，提出渤海建国时的国号应为“靺鞨国”，“震国”或“振国”只是它的俗称，而非最初的国名。

梁玉多、魏国忠的《渤海国号初称“靺鞨”考》(《东北史地》，2006 年第 3 期，第 35—44 页)指出，《新唐书 · 渤海传》关于大祚荣在被唐朝册封为“渤海郡王”后“始去靺鞨号，专称渤海”的记载，已经得到相关文献与考古资料的充分印证，足以证实渤海国早期的正式国号只能是“靺鞨”或“靺鞨国”。至于“震国”说和“振国”说，虽然各有所本和出处，但它们却均不是 698—713 年间大祚荣政权的正式国号，而只是“靺鞨国”的别称或俗称，其中的“振国”则是其同音词“震国”在传闻中的误记。

杨军的《渤海早期国号考》(《东北史地》，2006 年第 1 期，第 24—27 页)指出，公元 698—713 年，大祚荣政权的国号是“振国”，而不是“靺鞨国”。“振国”是“辰国”的另一种译写。作者认为，大祚荣执政时期定国号为“辰国”，主要是为了获得高句丽遗民的认同，并取得高句丽遗民对新政权的支持。

刘晓东的《渤海"振国"、"震国"名源考察——纪念金毓黻先生诞辰一百二十周年》(《北方文物》,2007 年第 1 期,第 61—68 页)指出,"振国"的原始出处为新罗人崔致远的《谢不许北国居上表》,"震国"的原始出处为唐幽州人张建章的《渤海记》。"震国"之"震"当为渤海立国之初的原始用字。虽然"振"与"震"古通,但国名用字不可用通假字,故取"震国",而不取"振国"。乞乞仲象接受武周册封的原始用字可能为"辰国公",而非"震国公"。乞乞仲象东走辽东,武周取箕子东走辽东、周以辰国封之的故事,以"辰国公"封之,以示羁縻。大祚荣时期改"辰"为"震",自立为"震国王",则别有寓意。

魏国忠的《论大祚荣政权初称"靺鞨"》(《社会科学战线》,2014 年第 8 期,第 229—236 页)指出,关于渤海国初建时的国号,历来存在着三种不同的观点。作者在对系列性旧作梳理的基础上进一步提出,大祚荣政权初建之际的正式国号是"靺鞨",而"震国"之号则是"靺鞨"之号的别号或俗称。

孙倩的《渤海早期国号摭谈》(《哈尔滨师范大学社会科学学报》,2013 年第 6 期,第 168—171 页)指出,关于渤海国的早期国号问题,学术界素有争议,主要存在震国说、振国说、靺鞨说等几种不同的观点。文章认为,靺鞨国号来自于渤海国周边政权对其的他称,震国则出自大祚荣的自称,来自于大祚荣的父亲乞乞仲象受唐册封时的封号"震国公"。因此,作者提出渤海国早期国号中的"振国说"是不恰当的。

胡梧挺的《渤海"振(震)国"名号新探——以唐朝册封周边民族爵号类型为视角》(《东北史地》,2014 年第 6 期,第 29—37 页),在评述前人研究成果的基础上,通过对唐朝册封周边民族爵号类型的分析,提出"振(震)国"并非国号,而是王号,其含义是"扬国家之威,救国家之急",而这里所说的"国家"是指"大唐"。

刘晓东的《关于渤海国的称谓问题》(《北方文物》,2019 年第 4 期,第 72—78 页),以《旧唐书 · 渤海靺鞨传》和《新唐书 · 渤海传》为研究基础,进而延及相关文献与碑刻资料,从史料源头或分期角度,进一步阐释和研讨了关于“靺鞨”与“靺羯”、“振国”与“震国”、“渤海靺鞨”与“渤海”以及“渤海郡”等有关渤海国的称谓问题。

（二）渤海国建国年代与族属研究

渤海国建国的相关问题是学界的重要关注领域，研究成果所涵盖的内容十分广泛，不仅涉及建国集团的族属问题，还包括年号、地名等相关问题。

刘晓东的《“海东盛国”始称年代考辨》（《北方文物》，1987 年第 3 期，第 87—88 页）指出，渤海国在鼎盛时期曾一度被中原王朝誉为“海东盛国”。关于其“海东盛国”的始称年代，目前有四种说法：一谓始于渤海十世王仁秀世；二谓始于渤海十一世王彝震世；三谓始于渤海十二世王虔晃世；四谓始于渤海十三世王玄锡世。作者经过考证提出，渤海国的“海东盛国”之誉，应是始于玄锡世。

赵炳林的《再论大祚荣政权的族称和国号问题》（《历史教学》，2010 年第 4 期，第 68—72 页）指出，勿吉、靺羯和靺鞨三种称呼基本系并存于史书之中，它们之间不存在前后相继的关系。勿吉和靺羯是北朝统治者对靺鞨的污蔑性称呼。靺鞨和渤海则都是族称，而非国号。震国则是国号，而非俗称。

王旭的《渤海国社会性质刍议》（《赤峰学院学报（汉文哲学社会科学版）》，2013 年第 12 期，第 22—24 页）指出，渤海国因其立国之前所辖地域多系原始部落，建国后由于社会发展不平衡，从半原始社会跨越至封建社会，学界对其社会性质存有封建说、奴隶说、半奴隶半封建说、原始社会末期说四种不同的观点。文章通过对大量史实的分析论述，提出渤海国的社会主体形态应该是封建社会。

倪屹、佟凤的《渤海建国问题研究综述》（《白城师范学院学报》，2018 年第 11 期，第 1—4 页及第 14 页）指出，关于靺鞨族在武则天时期建立的渤海国，长期以来学术界已经发表过很多研究成果，内容涉及建国时间、建都地点、初期国号、建国者大祚荣族属及政权的主体民族等。但是由于原始资料的缺乏，目前仍有很多问题未能得出被学界普遍接受的最终结论，要想突破研究的瓶颈，就必须找到新的材料和方法。

（三）渤海国王研究

关于渤海国历代国王的研究成果，主要有：

杨小平的《大祚荣在渤海历史上的作用》（《黑龙江史志》，1998 年第 3 期，第 40—41 页）指出，大祚荣不仅建立了震国，开创了渤海国历史的新篇章，他还率部归附于唐朝，正式奉唐为宗主，确立了渤海国与唐朝在政治上的隶属关系，也使渤海国成为唐朝领土不可分割的一部分。作者还指出：大祚荣奠定了渤海社会稳定发展和经济繁荣的基础，使渤海国逐渐由小到大、由弱到强，后被誉为“海东盛国”。

张碧波的《渤海大武艺论》（《东北史地》，2008 年第 3 期，第 2—8 页），探讨了渤海国的第二代王大武艺一生的作为与功过等问题。文章指出，在典章制度建设方面，“私谥”制的确立、年号的建立，表明渤海人已经自觉接受周、汉、唐的文明礼制，渤海人在意识形态上的封建化与礼仪制度上的封建化已经展开，初步形成了具有地方特色与民族特色的渤海文化。此外，文章还对因黑水靺鞨“与唐家相通”而引发大武艺“背德”叛唐事件做了论述，认为大武艺由于受自身文化所限，对唐朝的羁縻制度、对唐朝多元一体的政治体系未能完全理解。此外，文中还对渤日“结援”事件进行论述，并就渤日的“国书之争”做了分析，认为这是大武艺在高句丽遗民蛊惑下做出的错误决策，这一决策最终在唐玄宗的劝导下得到了纠正。

三、渤海国地理与外交研究

渤海国是唐朝羁縻之下的地方政权，这使其不仅有着与中原的密切联系，也有着一定的独立外交能力，从而表现出一些与其他唐朝藩国不同的特性。

（一）渤海国地理研究

渤海国的地理及相关问题也是学术界的关注点，但由于渤海国存在时间较短、疆域范围较小，加之史书记载有限，这方面的研究成果也相对较少。

朱国忱、曹伟的《渤海王族进攻的扶余城问题》（《东北史地》，2009 年第 4 期，第 46—51 页）指出，契丹攻灭渤海后，渤海遗民曾发起过多次反抗斗争，其中渤海王弟率众主动攻打扶余城一事尤为史家所关注。前人的研究一般认为王弟所攻之城为原渤海时期作为扶余府治的扶余城，文章作者则通过各方面考察，提出该城应为东丹国的天福城。

勾海燕的《"渤海郡"与"渤海国"关系新考》（《北方文物》，2018 年第 1 期，第 98—102 页），通过对史料中渤海国事例相关记载的梳理，指出渤海郡为汉代设置的郡县，至唐朝时已不存在，其地在今河北省境内。渤海国则是唐朝下辖的一个地方政权，其统治地域在今东北地区。渤海郡与渤海国分指中国历史上不同时间、不同空间的两个地域，在"渤海国"的诸不同称谓中，并没有"渤海郡"一称，二者并无直接关系。

刘晓东的《渤海立国者"东奔""保阻"始居之地的文献学考察》（《北方文物》，2020 年第 5 期，第 78—85 页），通过对《旧唐书·渤海靺鞨传》和《新唐书·渤海传》及相关史料的文献学考察，提出渤海立国者"东奔""保阻"始居之地应是"桂娄故地"，绝不是"挹娄故地"。《新唐书》中将"桂娄"故地改为"挹娄"故地，应该是其作者在认识上的时序错位。刘晓东认为，渤海立国者应先是在"桂娄故地"立国，后来才渐次向北拓展，并把王城迁到"挹娄故地"。

（二）渤海国外交研究

渤海国作为古代东北地区的重要地方民族政权，虽然接受唐朝的羁縻统治，但自身也有一定的独立性，可以自主与周边政权进行往来。学界对此也有所关注，相关研究成果有：

日本学者酒寄雅志所作，由刘晓东、陈春霞译校的《渤海通事研究》（《黑河学刊》，1991 年第 1 期，第 110—120 页）和《渤海通事研究（续）》（《黑河学刊》，1991 年第 2 期，第 114—119 页及第 91 页），着眼于公元 727

年到公元919年间日、渤交往中的日本人翻译——渤海通事,着重考察渤海通事的特点及其使用的语言。文中指出,虽然渤海通事的地位相对较低,但其却负责双方交往过程中的翻译及传达宣命等重要事务。渤海通事一般都通晓汉语,他们在与渤海进行外事活动时的通用语言也是汉语。

魏国忠、郭素美、魏建华的《关于渤日交聘中的"高丽国"问题》(《北方文物》,2001年第1期,第86—94页)指出,在渤海国与日本的交往中,日方为迫使渤海国称藩,不仅硬说渤海国是高句丽的继承国,还编造了高句丽曾臣属于日本的谎言,更强称渤海使为"高丽使"、渤海王为"高丽国王"。日本的这些做法遭到了渤海国方面的强烈抵制和反对,双方间就所谓的"高丽国"问题进行了长时间的交涉和斗争。最后日方不得不在事实面前低头认输,终于放弃了对渤海人的"高丽"称谓。

梁玉多的《简析渤海国对其周边民族实行的羁縻政策》(《北方文物》,2006年第1期,第66—69页)指出,渤海国在接受唐的册封,与唐朝建立羁縻关系后,也仿效唐的做法,灵活地以羁縻政策治理其边疆民族地区。渤海国在成功地控制了辽东以后,又向北部和东北部不断地拓展了势力。羁縻政策对渤海国的发展壮大起到了重要作用。

王昊的《关于唐、辽时期黑龙江政区地理研究的几点回顾》(《世纪桥》,2012年第5期,第28—31页)指出,唐代是中原王朝在黑龙江地区设置正式政区之始。文章总结前人研究成果,对唐代设置在黑龙江地区的羁縻府州以及渤海设置在黑龙江地区的政区进行了介绍,并探讨了辽代是否在黑龙江渤海故地设置过政区等问题。

第二节　辽代政治与制度研究

契丹在鲜卑之后,又再度建立起了强大的地方民族政权,并且与控制中原地区的北宋形成了南北对峙的局面。辽朝建立后,对我国古代北方地区进行了有效的治理,其对黑龙江地区的治理有着明显的民族特色。

一、辽代黑龙江的范围

对辽代黑龙江范围的相关研究受材料所限，成果相对较少，主要有：

吴树国的《辽代“黑龙江”考释》(《中国边疆史地研究》,2010年第3期，第99—110页)提出，辽代的“黑龙江”应指辽代庆州境内的黑河。金元时期，“黑龙江”的指称范围东移至松花江和嫩江流域，并随着达斡尔人的北迁扩展至今黑龙江上游地区。直至明清时期，“黑龙江”才是指今天的黑龙江，并且与松花江、嫩江明显区分。黑龙江流域文明的多元性体现了其与中原文化和其他民族文化相融合的过程。

二、辽代对黑龙江的治理

辽代的黑龙江地区依然是少数民族的聚居地，契丹族对这一地区进行了因地制宜的有效管理，确保了政权的稳固和社会的安定，对此学界进行了大量研究，相关成果主要有：

吕光天、古清尧的《辽、金两朝对贝加尔湖地区和黑龙江流域的统治》(《学习与探索》,1985年第3期，第125—134页)指出，耶律阿保机在公元916年建立契丹国后就开始向北、向西征伐，逐渐控制黑龙江上游和贝加尔湖地区，并先后设立“节度使”“大王府”“王府”等统治机构对该区域进行管辖，同时还将与贝加尔湖地区毗连的黑龙江中上游的室韦族各部置于自己的统治之下。金朝建立后，其对以上区域的统治是通过对原来统治这一地区的辽王朝残余势力的征伐实现的，在统治上仍大体沿袭辽朝旧制，设置东北、西北、西南三路招讨司，管辖的地域和民族也与辽大致相同。金王朝还把我国贝加尔湖以南及黑龙江流域的广大疆域与内地更为紧密地连成一体。

程尼娜的《辽朝黑龙江流域属国、属部朝贡活动研究》(《求是学刊》,2012年第1期，第140—147页)指出，辽朝在征服、招抚黑龙江流域乌古、敌烈、鼻骨德、五国部等族群之后，相继建立属国、属部制度，并将其纳入王朝“道”一级行政区划之中，各属国、属部在中央与地方的双重统辖下进行不同程度的朝贡活动。辽中期建立起管理属国、属部的地方机构，对一些属国、属部的统辖机制开始由朝贡制度向行政统辖制度转变，统辖关系紧密的乌古、敌烈部朝贡次数骤然减少，鼻骨德部次之，统辖关系相对松散的五国部却进行持续而规律的朝贡活动，因此不可简单地认为黑龙江流域属国、属部朝贡活动频繁是辽朝对其统辖紧密的体现。

周喜峰的《辽代的黑龙江》(《奋斗》,2018 年第 22 期，第 53—54 页)指出，黑龙江地区是辽朝统治的重要区域。辽朝初年，随着渤海国的灭亡和渤海遗族的西移南迁，黑龙江东部地区主要生活着由黑水靺鞨演变而来的生女真诸部。辽朝政府先后设立了女直国顺化王府、北女直国大王府、靺鞨国王府等，对这里的生女真各部进行统辖。黑龙江上游地区及黑龙江西部地区主要生活着室韦人及其后裔，辽朝政府在这里先后设置了乌古敌烈统军司、黑车子室韦国王府等机构，对这里的各族部落进行管辖和治理。此外，在黑龙江西部地区还有汉人和契丹人的存在，辽朝政府在这里设置泰州，下辖乐康、兴国两县，归上京道管辖。

景爱的《辽代的鹰路与五国部研究》(《地域文化研究》,2019 年第 1 期，第 78—92 页)，将前人的实地考察结果与史书的记载相结合，提出五国部位于松花江下游沿岸，分别在今黑龙江省的依兰、汤原、桦川、绥滨、富锦五市县，其故址至今仍存。

第三节　金代政治与制度研究

金朝是女真族完颜部建立的政权，该政权建立前，完颜部仍处于部落体制之下，并受到契丹人的压迫和奴役。女真族在反辽斗争胜利后，不仅建立了自己的政权，更在政权发展壮大后迁都燕京，入主中原，促进了我国古代民族的大融合。

关于金代的政治与制度，学界关注得较多，相关成果主要是围绕国号与年号、皇帝制度、上京路设置等方面展开的。

一、金初国号与年号研究

金朝是女真族完颜部建立的政权，在该政权建立以前，女真族尚处于部落制时代，其社会文化发展程度远低于中原地区，这也造成其政权建立之初由于政治和文化相对落后而出现的历史记载的缺失。关于金初国号与年号的研究，相关成果主要有：

刘浦江的《关于金朝开国史的真实性质疑》(《历史研究》，1998 年第 6 期，第 59—72 页)提出，根据《金太祖实录》所撰造而成的《金史》中的金朝开国史是不真实的。作者认为：完颜阿骨打于公元 1114 年起兵以后，可能在 1117 年或 1118 年建立了国家，国号是“女真”，年号为“天辅”，1122 年改国号为“大金”，其“收国”年号在事实上是不存在的。

董四礼的《也谈金初建国及国号年号》(《史学集刊》，2008 年第 6 期，第 94—98 页)提出，在将《金史》与宋、辽、元人所著文献对比运用时，更应注重《金史》的史料价值。在没有确凿证据时，《金史》所记金开国史，即金于公元 1115 年建国，国号“金”、年号“收国”，仍是值得采信的。

二、金初皇帝研究

皇帝是国家的最高领袖，他们的自身素质和能力直接影响着国家的发展。上京是金朝的第一个都城，位于今黑龙江省哈尔滨市阿城区境内。自金太祖完颜阿骨打建国至海陵王迁都，先后共有四位皇帝在此执政。金世宗时期，出于恢复女真“旧俗”的目的，其提出复建上京城。学界对金朝皇帝的研究较多，相关成果主要聚焦于金太祖、海陵王及金世宗三位皇帝。

(一)金太祖完颜阿骨打研究

金太祖完颜阿骨打是女真族历史上著名的领袖人物，也是金朝的建立者，他以自己卓越的政治、军事才能，率领女真部落推翻辽朝的统治，建立了女真民族历史上的第一个国家政权，实现了女真民族历史的飞跃性发展。学界对完颜阿骨打的研究较多，主要集中于对其政治、军事才能及功绩评价等方面。

1. 对金太祖功绩的研究

金太祖完颜阿骨打是金朝的建立者，也是女真族历史上的著名英雄人物，其卓越的功勋为学界所关注，相关研究成果主要有：

王崇时的《略论完颜阿骨打》(《延边大学学报(哲学社会科学版)》，1980 年第 2 期，第 35—40 页)，对金太祖完颜阿骨打的一生及其对金朝历史产生的影响进行了介绍和评述。作者认为，完颜阿骨打作为女真族统治者和金王朝的开国皇帝，为实现女真族的统一，促进女真经济、文化的发展都做出了突出贡献。完颜阿骨打还首次实现了整个东北地区的统一，这一功绩更是值得称颂的。完颜阿骨打不仅是女真族的杰出领袖，他在整个中华民族的发展史上，也做出了一定的贡献。

庆春的《阿骨打是女真族的民族英雄》(《四平师院学报(哲学社会科学版)》，1981 年第 2 期，第 17—22 页及第 38 页)指出，完颜阿骨打领导的反辽战争是正义的民族解放斗争，其对于女真族摆脱契丹贵族的奴役有着重要意义。完颜阿骨打在反辽战争之前和在反辽战争的进程中，注意采取一些有利于女真族社会发展的措施，壮大了女真民族同盟，为女真社会的发展做出了重要贡献。

敬知本的《试论女真族民族英雄阿骨打》(《历史教学》，1982 年第 7 期，第 21—25 页)，从完颜阿骨打继任部落联盟领袖的过程入手，介绍了他在率领女真族反抗辽朝统治中的作用。文中指出：在作战上，完颜阿骨打不仅身先士卒，而且有勇有谋；在战略上，他始终只把矛头对准辽统治者，对其周边的北宋、西夏则维持一般和平关系，从而保证有足够力量消灭主要的敌人。完颜阿骨打在建立金朝后，为了巩固和发展新兴的奴隶制国家，他在政治方面废除了原来的“国相制”，设立勃极烈，在军事方面打破了古老的部落氏族组织，以猛安谋克制度适应对外战争的需要。此外，他还制定法律，维护了社会的稳定。完颜阿骨打不仅是女真族的杰出领袖，他对整个中华民族发展史的贡献也不容忽视。

张创新的《简论阿骨打在女真民族形成中的作用》(《北方文物》，1988

年第2期,第70—72页)指出,完颜阿骨打在统一女真各部、领导人民进行反辽战争、建立金朝和进行社会改革等方面都做出重大贡献。完颜阿骨打通过制定本国文字、固定统治区域、发展农业经济等方式,促成了保卫本族利益的共同认识,并最终造就了影响巨大的女真民族和金朝政权。

江辉的《大金王朝开国元勋——完颜阿骨打》(《黑龙江史志》,2013年第24期,第28—30页),介绍了完颜阿骨打的出身,并通过对其在金朝建立过程中所展现的军事才能以及在金朝建立后对女真所进行的政治变革等内容的分析,提出完颜阿骨打有着雄才大略,不仅能够接纳各族人才,还注重吸取辽、宋两朝的政治经验,建立起了符合女真族实际的制度。此外,他还大力选聘辽、宋文儒名士教习本族子弟,为国家积聚了大量人才。

2. 对金太祖政治才能的研究

完颜阿骨打作为女真族完颜部的领袖,以其卓越的政治才能团结女真各部,并在金朝建立后实现了女真民族的飞跃性发展。学界关于完颜阿骨打政治才能方面的研究成果主要有:

苏金源的《论完颜阿骨打的政治、经济改革》(《史学集刊》,1982年第2期,第36—42页),介绍了完颜阿骨打在反辽战争胜利后,为了适应国家政治、军事发展的需要所进行的政治、经济方面的改革。作者认为,完颜阿骨打的政治改革大致可分为两个阶段:建国之初,为了适应当时政治和军事的需要,改革了原有的勃极烈制度和猛安谋克制度,并着手创造女真文字;攻破燕京后,他又仿照辽代的南北院制度,设立枢密院和中书省,借以统治燕云和辽东地区。完颜阿骨打经济方面的改革主要包括三个方面:移民实内地、抚恤移民、抑制奴隶制发展。完颜阿骨打所实行的这些改革对促进东北地区的发展,推进女真族从早期奴隶制向封建制转化,都起到了积极的作用。

李秀莲的《阿骨打称都勃极烈与金朝开国史之真伪研究》(《史学月刊》,2008年第6期,第43—49页)指出,勃极烈制度的建立和完善是女真民族争取独立的使命使然。文章从研究都勃极烈入手,分析了都勃极烈与国相、皇帝的联系,指出在女真人的心目中,都勃极烈可与皇帝的尊位相娘，而且被赋予了民族英雄的内质。

李秀莲的《杨朴劝阿骨打称帝及其历史意义》(《满族研究》,2010 年第 4 期,第 12—15 页)指出,杨朴于 1116 年降于女真,在他的强烈建议下,完颜阿骨打于 1117 年称帝。杨朴劝阿骨打称帝,推动女真社会向前发展,为军事民主制的女真贵族政治注入了皇权政治的因素,对女真社会的发展产生了深远的影响。

沙大禹的《论完颜阿骨打的治国谋略》(《绥化学院学报》,2016 年第 6 期,第 80—82 页)指出,金太祖完颜阿骨打建立金朝后,积极提倡文化治国,创造女真文字,为金代的发展奠定了坚实的基础。在对外政策上,完颜阿骨打则采取了与宋结盟、共同抗辽的策略。虽然金朝初年还没有系统的法律,但完颜阿骨打推行的“勃极烈”制度以及女真旧俗,都在一定程度上保障了政治和社会的稳定。

麻铃的《试论金朝开国皇帝太祖完颜阿骨打》(《现代交际》,2016 年第 22 期,第 134—135 页)指出,完颜阿骨打的军事才能和政治才干在我国少数民族领袖中是比较突出的。他借鉴了辽、宋两朝的统治经验,迅速将“本国制度”转变为中原封建王朝制度,不仅巩固了女真的统治,也促进了女真族经济、文化的发展。

周喜峰的《完颜阿骨打与金王朝的建立》(《奋斗》,2018 年第 24 期,第 54—55 页),介绍了完颜阿骨打的生平及其率领女真人反抗辽朝统治、建立金朝、统一东北的过程。文章认为,金太祖完颜阿骨打是女真族杰出领袖,他所实现的统一女真各部、建立金朝等壮举,使女真族逐步强大起来,为灭辽伐宋打下了良好的基础,他对黑龙江历史乃至整个中国的历史都产生了巨大影响。

3. 对金太祖军事能力的研究

完颜阿骨打的军事能力主要表现在对外战争和外交方面,相关的研究成果主要有:

刘肃勇的《阿骨打在反辽战争中的军事才能》(《史学集刊》,1983 年第 1 期,第 5—10 页)指出,女真族杰出的军事首领完颜阿骨打率军攻打宁江州，揭开了女真族反辽战争的帷幕。在反辽作战中，完颜阿骨打亲临前线，多次实现以弱制强、以少胜多，显示了他卓越的军事才能。

王长兴的《杰出的女真族军事家完颜阿骨打》（《军事历史》，1996 年第 4 期，第 44—45 页），介绍了完颜阿骨打所领导的宁江州之役、出河店之役、达鲁古城之役、护步达冈之战的过程。文章指出，在这四次战役中，完颜阿骨打以其高超的指挥艺术，取得了辉煌的战绩，足以彰显其作为杰出军事家的卓越才能。

吕云峰、王春雷的《议阿骨打在抗辽建国时期的外交政策》（《黑龙江农垦师专学报》，1997 年第 2 期，第 6—8 页）指出，完颜阿骨打为了巩固政权、推翻辽王朝，在大规模对辽军事进攻的同时，也力求处理好与周边相邻国家、政权和民族之间的关系。完颜阿骨打对北宋、辽（辽境内熟女真和渤海人）、西夏和高丽采取分别对待的策略，既有外交联合，也有武力恐吓。完颜阿骨打在军事上的一系列胜利使金朝在与北宋、西夏和高丽等政权的交往中不仅一直处于主动地位，并且能够制约对方，而北宋、西夏等则只能处在被动和屈从的地位。金朝以军事为后盾的外交活动取得了积极的效果，其在短短的十几年内就一跃成为统治中国北方的民族政权。

王春雷的《论完颜阿骨打在反辽斗争中的谋略》（《北方文物》，2000 年第 1 期，第 58—64 页）指出，完颜阿骨打在掌握女真部落联盟最高权力后，着手率领女真人反抗辽朝统治，他不但在军事上狠狠打击辽军，而且从政治上、外交上孤立辽朝，分化瓦解辽朝统治。他成功地运用军事、政治和外交谋略，利用辽朝统治中复杂的民族矛盾，主动与被辽朝奴役的各个民族建立友好同盟，最终推翻了辽朝的统治。

王春雷的《论阿骨打起兵之初的战术方略》（《哈尔滨学院学报》，2002 年第 9 期，第 112—114 页）指出，女真族起兵反辽之初势单力孤，但是其杰出的领袖完颜阿骨打却运筹帷幄，把女真族反抗辽政权民族压迫的民族情绪与他灵活机动的战略战术巧妙地融为一体，在宁江州和护步达冈创造了著名的以少胜多、以弱胜强的战役胜利，为女真彻底推翻辽朝统治打下了坚实的基础。

王宏北的《辽灭金兴与阿骨打建国》(《黑龙江民族丛刊》,2003 年第 4 期,第 76—81 页),不仅评述了完颜阿骨打在灭亡辽朝、建立金朝过程中的历史作用,还对其生平进行了介绍,展现了完颜阿骨打在女真族历史上的地位及其对金朝历史发展所做出的杰出贡献。

刘肃勇的《完颜阿骨打反辽战争的战略战术与治军》(《满族研究》,2013 年第 3 期,第 41—46 页及第 63 页)指出,金太祖完颜阿骨打统领金军进行的反辽战争,在战略上分为反辽与灭辽两个阶段。在战术上则发挥了女真族长久以来在狩猎中形成的骑技射艺之长,常以偷袭与长途奔袭的方式进行作战。完颜阿骨打杰出的军事才能,使他最终能够统领金军以弱胜强,战胜辽帝国,并奠定了金王朝的基业。

李秀莲的《出河店之战的历史还原》(《辽金历史与考古(第九辑)》,科学出版社 2018 年版,第 161—167 页),分析了出河店之战的历史背景及该战役与宁江州之战的关系。文章认为,为了突出“宁江州大捷”,史书记载中把原本发生在出河店之战前的“来流水誓师”置于宁江州大战之前,把原本为纪念出河店大捷而立的《大金得胜陀颂碑》含糊其词地贴在宁江州大捷上,从而导致出河店之战真实的历史面目难见首尾。

(二)金世宗完颜雍研究

海陵王迁都燕京,结束了上京作为金朝都城的历史,也结束了其作为金朝政治、经济和文化中心的历史。但在金世宗完颜雍继位后,面对女真族战斗力衰退的现状,出于恢复女真“旧俗”的目的,他提出复兴上京城,其对上京的复兴也成为学界关注的热点,相关的研究成果主要有:

刘肃勇的《论金世宗出巡上京》(《北方文物》,1986 年第 3 期,第 55—60 页),对金世宗出巡上京的经过、所作所为、政治目的,以及有关此项政治活动的评价做了论述。作者认为金世宗出巡上京是一次失败的政治活动,该行为对大定政权的兴盛有损而无益,这也是金世宗执政期间最大的政治失误。

刘肃勇的《金世宗对金源故地走兽的保护》(《黑河学刊》,1987 年第 1

期，第70—71页）指出，随着女真的逐渐强大及其与汉、契丹等民族的融合，女真人也逐渐改变了自己的生活方式。金世宗中期以后，女真人在金国各地的野外山林展开了习武运动，其射猎习武的重点场所集中在上京路管辖的金源故地。女真人极擅长狩猎，由于猎取的野兽数量过多，世宗担忧随着野兽数量的骤减，女真骑士恐将面临无法骑射练武的窘境，所以在公元1169年颁布定猎捕走兽法，此后的二十年又相继颁发一些保护走兽的法令，使黑龙江地区的野兽资源得到保护，生态趋于平衡发展。作者还指出：金世宗的胆识与智慧，使他成为一名保护生态系统平衡、维护生态发展的先行者。

刘肃勇的《金世宗对金源故地的经略》（《黑龙江民族丛刊》，2009年第1期，第113—115页）指出，金世宗为了使女真全民性的骑射武功常在盛时，以便能够有效地抗击北方鞑靼部族的南下，特在黑龙江金源故地山林中，大力倡导女真族以射猎野兽为实战的习武运动。为了保证这一政策能够长久实行，他还颁布了有利于生态平衡、保护野兽繁衍的法令，同时对北疆世居混同江两岸的乌底改族进行残酷剿杀，以确保金源故地北疆的安全。

（三）其他研究成果

景爱的《金上京的政治风云》（《黑龙江民族丛刊》，1988年第3期，第42—48页），介绍了完颜阿骨打之死与太祖陵的修建，北宋使者许亢宗奉使上京，金军俘虏宋徽宗赵佶、宋钦宗赵桓等内容，并对太宗死后，女真贵族针对皇位继承产生的内部斗争以及熙宗被弑，海陵王篡位并迁都燕京、废弃上京的原因进行了说明。此外，文中还对世宗修复上京及金末上京彻底被毁等史事做出了合理的解释。

周喜峰的《海陵王迁都》（《奋斗》，2019年第3期，第70—71页）介绍了海陵王迁都的历史背景，指出海陵王南迁，不仅使金朝的政治、军事、经济、文化中心由上京转移到了燕京，更使黑龙江地区社会经济的发展和繁荣受阻，它并没有使金的发展和强大得以延续，反而使其衰落的趋势日益明显。自海陵王迁都燕京后，元、明、清三朝统治者都把燕京视为京都的首选，上京在国家的中央性逐渐降低。

三、金代上京城研究

金上京会宁府，位于今黑龙江省哈尔滨市阿城区境内，是金朝的第一个都城，金初称“内地”。自金太祖完颜阿骨打建国至海陵王完颜亮执政初期，上京一直都是金朝的政治、经济和文化中心。海陵王迁都燕京后，其地位和重要性虽有所降低，但上京路作为北方地区的行政机构，依然在维护国家安全方面发挥着重要作用。

（一）金上京的营建与演变研究

上京会宁府是金朝的第一个都城，有着“金源”之称，其重要性和影响力不言而喻。相关史籍对金上京的记载较多，金上京研究也曾一度成为学界研究的热点，积累了较丰富的研究成果。

1. 金上京的营建

金上京自金朝建立到海陵王迁都，历经了从无到有、从兴而废的过程。关于金上京的营建与沿革，学界也有较多的关注，并形成了相对丰富的研究成果，主要包括：

景爱的《金上京》（生活·读书·新知三联书店，1991 年）将文献记载与实地调查相结合，对金上京的营建始末、建筑结构、规划布局、郊区庙坛、周边城堡以及水陆交通、经济文化等方面都进行了系统的考述。

白玉奇的《大金国第一都》（黑龙江人民出版社，1997 年）对金上京进行了整体研究，介绍了其作为金朝第一个都城的独特历史地位、经济状况和社会风俗等内容，并探讨了上京城的兴废演变对金朝历史，乃至整个北方地区历史的影响。

秦佩珩的《金都上京故城遗址沿革考略——附论金都会宁（白城）遗址遗物的年代问题》（《史学月刊》，1980 年第 2 期，第 32—40 页及第 45 页）介绍了上京会宁府的地理位置、设置沿革、建筑规模等内容，指出上京城的规划包括宫殿、陵墓、寺院，此外还有猎场、祭坛和驿站，会宁府作为金朝都城的功能性建筑基本完备。出土于上京及其周边的铁器和铜器也说明金代的商品经济，冶铁、炼铜以及其他手工业都有了很大的进步。

景爱的《金中都与金上京比较研究》(《中国历史地理论丛》,1991 年第 2 期，第 151—164 页）介绍了金朝上京与中都的设置、沿革和城址规模，并从城市布局、皇城建制、宫城建筑以及皇陵建设四个方面对金上京与金中都进行了全方位的比较研究。

王禹浪的《金代黑龙江述略》(哈尔滨出版社，1993 年），全书分上、下两篇对金代的黑龙江地区进行了系统论述。上篇介绍辽王朝的灭亡与金代黑龙江地区的繁荣，主要关注于女真族的建国和金朝前期上京会宁府一带在经济、文化、科技等方面的发展。下篇内容为哈尔滨的地名与城史纪元研究，关注于哈尔滨地名的由来及其文化内涵，兼及对金上京会宁府地名与金代戏剧、铜镜等内容的介绍。

李建勋的《金上京史话两题》(《黑龙江农垦师专学报》,2000 年第 4 期，第 8—11 页）指出，金上京的兴建始于太宗、熙宗时期，完成于世宗时期，破坏与毁弃于海陵王迁都及金末的兵火，最终荒废于清初。

王禹浪、王宏北的《女真族所建立的金上京会宁府》(《黑龙江民族丛刊》,2006 年第 2 期，第 61—66 页）指出，上京会宁府是金朝五京之首，女真族在聚合了辽、宋两大王朝的政治、经济、文化和军事的综合力量之后，把中原地区和燕山南北成熟的先进文化带入黑龙江流域，使这一地区成为当时东北亚地区最繁荣的都市文明区，甚至是东北亚及中国北部的政治、经济中心。

李冬楠的《金上京研究综述》(《黑龙江社会科学》,2009 年第 5 期，第 145—148 页），总结了前人有关于金上京的研究成果，指出金上京的相关研究主要围绕对城墙周长的测量、城门和瓮城数量的勘定以及城市的整体布局等几个方面展开，并提出今后的研究应该从丰富基础资料、转换研究视角和拓展研究领域三个方面着手，只有这样才能更完整地展现金上京的面貌。

韩锋的《金上京城市建设》(《黑龙江史志》,2010 年第 15 期,第 213—214 页)提出金上京会宁府的城市建设和发展经历了初建、扩建、废弃和重建四个阶段,并对每个历史阶段的建筑特征及其成因进行分析。作者提出,由于有上京城这个稳固的后方和坚实的基础,金朝的统治中心得以由北向南推进,进而统治中国的半壁江山。

黄澄的《金上京迁都后,金朝在哈尔滨的持续及影响——金源文化系列研究之一》(《学理论》,2012 年第 7 期,第 127—128 页)指出,金上京是女真族建立的金朝的第一个国都,先后历经金太祖、太宗、熙宗、海陵王四代皇帝,作为金王朝的政治、军事、经济、文化中心达 38 年之久。文章从金朝的建立及其历史贡献、上京的形成与发展、迁都燕京后金朝对哈尔滨的管理和影响等方面进行了深入的挖掘和研究。

王天姿的《近三十年金上京研究综述——以历史地理、金源文化研究为中心》(《东北史地》,2015 年第 6 期,第 72—75 页),从金上京的称谓及历史地理研究、金源文化研究两个方面介绍了近三十年来金上京研究的成果,认为这些成果反映了地域性金史研究的进步,对促进整个金史研究有重要意义。

2. 金上京的行政建制

为发挥金上京作为金朝都城在政治、经济、交通等方面的作用,金朝进行了一系列行政化变革,相关的研究成果主要有:

景爱的《金上京的行政建置与历史沿革》(《求是学刊》,1986 年第 5 期,第 91—96 页),介绍了上京会宁府地区由女真部落体制下的皇帝寨到金朝第一个都城上京的历史沿革,指出金太宗建都于皇帝寨、设立会宁府以后,使上京成为金朝法定的都城,但却没有正式的京师称号。直到金熙宗继位后,才正式将其命名为上京,同时撤销了辽上京,将它降为五京之一的北京。海陵王迁都燕京后,上京会宁府降为陪都。蒙古灭金后,金上京失去了其北方政治中心的地位。

张晖宇、王禹浪的《金代黑龙江地区的行政建制述略》(《哈尔滨师专学报》,2000 年第 4 期,第 80—84 页)对金上京所辖的会宁府、曲江县、宜春县，以及肇州、蒲与路、胡里改路等治所的地理位置进行了定位。该文对于研究黑龙江流域古代历史的沿革与行政建制的演变有一定的参考价值。

刘浦江的《金朝初叶的国都问题——从部族体制向帝制王朝转型中的特殊政治生态》（《中国社会科学》，2013 年第 3 期，第 161—179 页）指出，金朝初叶的上京会宁府被称作“御寨”，它只是一个名义上的国都，其象征意义大于实际意义，都城的政治功能较弱。缺乏中央集权的专制皇权和一元化的政治体制，再加上四时迁徙的捺钵遗俗，这些都注定了女真式“御寨”无法发挥汉式国都的重要作用。直至建国二十多年后，金上京才有了京师名号和州府名称。作者还指出：金朝初叶的国都问题代表了女真政权从部族体制向帝制王朝转型过程中所存在的一种特殊政治生态，其随着国家政治的不断完善而最终消失。

刘冠缨的《金上京城历史沿革及形制特点》（《学问》，2016 年第 5 期，第 26—33 页）指出，从上京城的建设过程来看，女真人在建国初期实现了迅速的封建化，并将契丹文化与汉文化融入其中。从金上京的形制特点来看，金代在继承了辽上京南北城的构筑特点的基础上又有所发挥，将皇城置于南城，官衙及汉城置于北城。作者还指出：金代上京城的建设和发展体现出金代初期文化融合的特色，以女真为主体的女真文化同汉文化、辽文化等民族文化逐渐融合发展，进而形成了金代独特的文化特点。

周喜峰的《金上京的兴与衰》（《奋斗》，2019 年第 5 期，第 70—71 页）指出，金上京在太祖阿骨打建国时尚无城郭，只是以木为栅，以栅围之，称“皇帝寨”，上京城自太宗时期开始兴建，经过熙宗时期的扩建，城市初具规模并进入兴盛时期。海陵王南迁燕京时，为了防止女真贵族眷恋故都，将上京皇城毁宫、拆寺夷为耕地，使曾经辉煌的上京城遭到严重的破坏。世宗时期虽然曾下诏恢复并重新修建上京会宁府，但金朝末年发生的战乱却使上京再度遭到严重破坏，上京城也在此后迅速衰落下去，最终由金朝的国都、陪都变为元明时期的北方驿站，至清中期成为荒城废堡。

（二）金上京的名号研究

金上京的名号问题，一直以来都是学界的重要关注领域，主要研究成果有：

许子荣的《〈金史〉天眷元年以前所称“上京”考辨》(《学习与探索》，1989 年第 2 期，第 141—147 页)，以考辨的形式对《金史》中记载的天眷元年(1138 年)以前的“上京”进行了逐条分析。作者指出，金人留下来的帝王实录《太祖实录》和《太宗实录》均成书于天眷元年金上京建号之后，故其记载中有上京之称。辽上京在金朝建国之初(即太祖、太宗时期)，其称号并没有改易，仍有上京之称，因此在几乎同一时期出现了两个不同的上京城。元人在修史时未进行严格区别，遂造成了《金史》“天眷元年”以前记载中“上京”的混淆。

王可宾的《金上京新证》(《北方文物》，2000 年第 2 期，第 84—90 页)，研究了金上京名称的变化，认为上京初名海古之地，是为旧土，次称金源，是为内地，后始有上京的正式称号。海陵王迁都后，上京城逐渐被废弃。作者还根据金上京遗址俗称“白城”推测，该名乃根据完颜为白号首姓而来。

张甫白的《关于按出虎、会宁和上京几个名称之我见》(《北方文物》，1993 年第 3 期，第 55—60 页)，从按出虎、会宁和上京名号变革的角度入手，指出金代女真语“安春”应作“按出”，其意为金，“按出虎”为水名。天眷元年(1138 年)以前，金兴起的旧地称“内地”，皇帝所居称“皇帝寨”，其城称“京师”“上京”。熙宗继位后进行了改革，变奴隶制国家为封建中央集权国家。改内地为上京，改皇帝寨为会宁府，也是此次变革的重要组成部分。文中还提出，太祖、太宗时的上京，疑是女真语“上江”的译音。“上江”即“白”，上京城也就是白城。

(三)上京城的交通研究

交通是影响地区发展的重要因素之一，上京作为金朝都城，其交通情况自然受到统治者的重视，相关的文献记载和历史遗迹也较多，有关金上京城的水陆交通问题的研究成果主要有：

景爱的《金上京城的水陆交通》(《北方文物》，1988 年第 4 期，第 61—

67 页）指出，金上京的对外交通有陆路和水路两个通道。陆路用以传递公文和使节往来，以上京为起点，向南通往燕京（今北京）和东京（今辽阳）。水路则是漕运的渠道，连接上京路所辖胡里改路、蒲与路主要靠松花江和呼兰河的水路交通，而上京的漕运则主要依靠阿什河、松花江的水路。

才大泉的《金代阿城古道》（《黑龙江史志》，2013 年第 11 期，第 296—297 页）指出，金代初期以金上京会宁府为中心，开辟了东、南、西、北各个方向的交通线。其中通向中原和东北地区的驿道、民间道路、水路和漕运，构成了金代阿城早期的古道。

四、金代上京路研究

金"袭辽制，建五京，置十四总管府，是为十九路"①。《金史》卷二十四《地理志上·上京路》载：

> 上京路，即海古之地，金之旧土也。国言"金"曰"按出虎"，以按出虎水源于此，故名金源，建国之号盖取诸此。国初称为内地，天眷元年号上京。海陵贞元元年迁都于燕，削上京之号，止称会宁府，称为国中者以违制论。大定十三年七月，复为上京。②

上京路下辖"府一，领节镇四，防御一，县六，镇一"③。上京路所处地理位置特殊，对政权安全有着至关重要的影响，因此学者关注得也比较多，且研究并不局限于上京路的设置，其下辖诸路、府县也都是研究的重要内容。

（一）上京路的设置研究

关于金朝上京路的设置、沿革及其地域特征，学界历来关注得较多，并形成了较丰富的研究成果，主要有：

---

① ［元］脱脱等：《金史》卷二十四《地理志上》，中华书局 1975 年版，第 549 页。
② ［元］脱脱等：《金史》卷二十四《地理志上》，中华书局 1975 年版，第 550 页。
③ ［元］脱脱等：《金史》卷二十四《地理志上》，中华书局 1975 年版，第 550 页。

孙文政、宛文君的《金代上京路研究概述》(《理论观察》,2015 年第 6 期,第 79—82 页),将国内外学者对金代上京路的研究进行了整理,并按照成果发表的时间将其分成清朝以前、民国时期和新中国成立以来三个时间段,分别择要进行了说明。

苗霖霖的《金朝上京路生业环境考略》(《兰台世界》,2016 年第 1 期,第 99—101 页)指出,上京路辖境地广人稀,土地和渔业资源极为丰富,这也使其不仅成为金朝的农业主产区,更成为畜牧业、渔业和盐业的重要产地,其地产品不仅可以自给,更能供应全国,对金朝的稳定和发展做出了重要贡献。

孙文政的《金代上京路军事研究与考述(上)》(《理论观察》,2017 年第 11 期,第 5—13 页)和《金代上京路军事研究与考述(下)》(《理论观察》,2017 年第 12 期,第 5—15 页),以上下篇的形式对金代上京路的军事问题进行了研究,指出金代上京路是金朝的军事大本营,为女真族灭辽攻宋做出了重要贡献。海陵王迁都后,造成了上京路及其周边地区的军事空虚,尤其是自海陵王后期接连爆发的契丹等民族的抗金大起义,严重动摇了金朝的统治,最终导致上京路被蒙古军占领。

(二)蒲与路研究

上京路又下辖蒲与路(也称蒲峪路)、胡里改路、恤品路和曷苏馆路等,其中蒲与路是金朝最北的一个地方行政区。

1. 蒲与路的治所与范围

蒲与路因其所处地理位置特殊,历来多为学界所关注,尤其是近年随着“蒲峪路印”的出土,相关研究成果更是不断涌现,主要包括:

李士良的《金代北疆重镇——蒲峪路治所》(《求是学刊》,1980 年第 1 期,第 119 页)指出,蒲峪路是金代最北部的一个地方行政区。文中介绍了蒲峪路的故城位置、规模及辖境等内容,为后人的研究提供了帮助。

王振超的《克东金城质疑》(《齐齐哈尔社会科学》,1986 年第 3 期,第 80—82 页)提出,蒲与路的命名与乌裕尔河无关。作者还通过对史书记载和遗迹的分析指出，蒲与路治在齐齐哈尔附近的可能性要比在克东古城大得多。

沈章兴的《蒲峪路古城》（《齐齐哈尔社会科学》，1986 年第 3 期，第 76—79 页）介绍了蒲峪路古城的形制与地理位置、城市范围等内容，指出蒲峪路是金代在黑龙江设置的地方行政机构，该城址的发现说明早在十二世纪的金代，黑龙江及其以北广大地区就已纳入我国的版图。

李龙的《克东金城与金代蒲峪路古城——与沈章兴、王振超二同志商榷》（《齐齐哈尔社联通讯》，1987 年第 1 期，第 65—70 页）指出，黑龙江省齐齐哈尔市克东县金城乡出土的“蒲峪路印”，从名称、形制、出土地点等方面看，应是金代“蒲与路”的官印。

王大为、单丽丽的《蒲与路金代北部边疆的地理坐标》（《黑龙江史志》，2013 年第 21 期，第 86—87 页）指出，蒲与路为金上京下辖四路之一，也是金代北方重镇，统辖嫩江以北至外兴安岭三千里的广大区域，西邻嫩江以西的乌古敌烈部。蒲与路自金天德四年（1152 年）设置，到元成宗大德二年（1298 年）废弃，历经近一百五十年的时间，成为金代我国北方的地理坐标。

綦岩的《路下属路，是路非路——金代蒲与路行政级别研究》（《大庆师范学院学报》，2013 年第 1 期，第 130—134 页）指出，蒲与路是上京路的路下属路，也是金代最北部的一个地方行政区。虽然称之为路，但其却并非金代最高行政单位的路，而只是节镇州，也是金代六十六个区域中心城市之一。蒲与路的设置加强了金代在北部边疆的防御，有效地保卫了金上京城，促进了边远少数民族地区经济开发与社会文化的进步，加速了金代北部边疆地区由奴隶制社会向封建社会的转变。

苗霖霖的《金朝蒲峪路职官考辨》（《兰台世界》，2013 年第 18 期，第 4—5 页），根据史书记载和相关的出土资料对金朝蒲峪路内官员的设置和选任情况进行了考察，指出蒲峪路最高长官为节度使，多选自战功卓著的女真将领，节度使之下设有军事、司法、教育、医疗等各类官员，其分工之细、选任之严，足以成为金朝地方职官选任体系已相对成熟的有力证据。

吴树国的《金代蒲与路军事问题探析》(《北方文物》,2013 年第 2 期,第 70—74 页)指出,蒲与路的官职设置经历了由军民合一的万户府到节度使的变化,其行政隶属关系契合了中国古代地方行政由两级制向三级制转换、整合的时代特征。作者还指出,蒲与路的基层组织最终还保留着女真原始部族的猛安谋克体制,这是金代猛安谋克军事戍边体制的遗存。蒲与路的设置不仅开启了中国古代王朝在今黑龙江北部地区实质性的军事屯驻和对外防御,它也是捍卫上京都城和抵御草原民族进攻东北的前沿军事重镇。

栗红的《金代北方重镇蒲峪路城》(《黑龙江史志》,2012 年第 3 期,第 38—39 页)指出,金代蒲峪路故城建于天德四年(1152 年)以前,一直沿用至元成宗大德二年(1298 年)。金代蒲峪路辖境北到外兴安岭,东到汤旺河流域,西到嫩江流域,南止于松花江。蒲峪路故城城址及出土的相关文物为研究金元时期的地方行政制度、建筑特点、自然环境等提供依据,同时它也是我国金代北部边界的重要地理坐标。

2. 蒲与路故城的保护与利用

部分学者对蒲与路故城的保护与利用十分关注,主张将历史遗迹与文旅产业发展相结合,相关研究成果主要有:

蔡军、陈玉荣的《庄严与神秘下的历史印记——"蒲峪路"稽考的几点文化追想》(《理论观察》,2013 年第 2 期,第 101—102 页)认为,"蒲峪路"故城保持了原生态的历史印记,激活了多元的文化联想。文中指出,从军事社会学角度分析,"蒲峪路"可能是伴随着金王朝始终的原始根据地,具有重要战略地位。从民族文化学角度分析,"蒲峪路"可能是金王朝对宋代中原城市的高级复制,其重要形成改造期在公元 1125—1140 年间。

田丹的《金代蒲峪路历史旅游价值探析》(《陕西学前师范学院学报》,2017 年第 3 期,第 10—13 页)认为,蒲峪路是金代的重要门户,有着重要的战略地位和意义。蒲峪路设置于金朝海陵王时期,于元成宗时期被废,前后存续了百余年。从考古发掘和文献记载来看,蒲峪路不仅物产丰富而且人口众多,故城城址内有官衙遗址存在。作者还提出,在探究古城历史成因、分析古城史学价值的同时，还应当深挖蒲峪路古城的历史旅游价值，宣传中华优秀传统文化，打造具有地方特色的旅游产品，促进地方经济增长。

（三）胡里改路研究

胡里改路也是上京路下辖诸路之一，因胡里改江（今牡丹江）而得名，其地位几乎与蒲峪路等同，特别是随着胡里改路官印的出土，胡里改路研究也一度掀起热潮，相关的研究成果主要有：

李英魁的《金代胡里改路》（《北方文物》，1994 年第 3 期，第 117—121 页及第 128 页），根据相关文献和本地区的出土文物，就胡里改路的治所和辖区、居民族属和农业生产等问题进行研究，指出金代胡里改路的治所为依兰县土城子古城，境内居民为五国部后裔，也是赫哲和鄂伦春等民族的先民，至金朝中期，这些先民才逐步加入女真共同体。文章还通过考证提出，金代胡里改路的农业相当发达，超过当时以往的任何时代。

（四）曷苏馆路研究

曷苏馆路也是上京路的下辖路，但其地位却远不及蒲与路和胡里改路，设置和废止也晚于蒲与路和胡里改路，相关研究成果主要有：

孙文政、宛文君的《金代曷苏馆路与乌古敌烈统军司设置沿革及其记在上京路之下的原因》（《理论观察》，2016 年第 1 期，第 94—98 页）指出，曷苏馆路与乌古敌烈统军司是金代初年设置的两个军政合一的地方建置机构。曷苏馆路是孛堇类型的路，由于曷苏馆的胡十门家族系与阿骨打家族亲近的宗族，因此才将曷苏馆路记于上京路之下，乌古敌烈统军司（后改东北路招讨司）也随之记在上京路之下。

（五）泰州城研究

金朝泰州的位置和遗址、遗迹等问题一直都是学界关注和争论的焦点，相关研究成果主要有：

孙文政、王硕的《辽金泰州在东北亚的历史地位》（《理论观察》，2011 年第 6 期，第 68—69 页）指出，辽金时期的泰州因其农牧业发展较快而成为农贸物资集散地和物流中心，同时由于地理位置优越而成为重要的交通枢纽和军事重镇。这些因素也使泰州成为东北亚地区的政治中心,为各民族文化交融之所,在东北亚地区占有重要的历史地位。

孙文政的《金初泰州军政长官考略》(《齐齐哈尔大学学报(哲学社会科学版)》,2018 年第 11 期,第 127—130 页)指出,金太祖、太宗、熙宗时期,先后置泰州都统司为军政合一的地方行政机构,设置军政长官,并先后正式任命或非正式任命完颜宗雄、完颜婆卢火、完颜剖叔和完颜吾扎忽四人为泰州军政长官。他们对泰州的有效治理,使泰州得到了前所未有的发展。

孙文政的《金朝后期泰州军政长官考略》(《黑河学院学报》,2019 年第 6 期,第 195—199 页及第 204 页),考证了金朝后期伯德梅和尚、乌林答乞住、僕散七斤、瑶里孛迭、完颜承裕、完颜铁哥和术虎高琪七任泰州军政长官的身份和政绩,指出由于蒙古军的入侵,泰州经济社会遭到很大程度的破坏,这些官员虽然尽力治理泰州,但也没能改变国家灭亡的命运。

此外,宜春县和塔子城也位于上京路辖区,其中宜春县在金朝诸县的地位仅次于会宁府所在之会宁县,只是相关研究成果较少,主要有:

王峰庆的《古城沧桑话今昔——塔子城风土记》(《黑龙江文物丛刊》,1982 年第 2 期,第 97—99 页),介绍了塔子城的沿革、现状,以及辽金、元明、民国等时期对塔子城的沿用等问题。

王国志的《金宜春县故城考辨》(《黑龙江史志》,1996 年第 5 期,第 39—41 页),考证了宜春故城的位置,认为该城位于金肇州西侧、洮儿河口之上、嫩江东岸,进而指出哈拉海古城即宜春故城。

五、其他金代史地相关研究

辽、金与宋的对峙,造就了我国历史上的第二个南北朝时代,而黑龙江地区又是辽金两朝的核心地带,因而还有一些其他方面的相关研究成果,主要有:

刘文生、张泰湘的《双城境内金代三个驿站名考》(《满语研究》,2002 年第 2 期,第 63—67 页)指出,黑龙江省哈尔滨市双城区境内有句古孛堇寨、阿萨尔铺以及达河寨三个金代驿站，这些都是金代前期都城上京会宁府通往中原驿道上的重要驿站。文章对这三个驿站女真文站名的含义以及相关问题进行了考证，指出“句古孛堇寨”是金上京通往中原驿道上的第四站，且在涞流河（今拉林河）右岸，是金上京的门户，“句古孛堇寨”在女真语中的原义是“（管理）道路的官（所在）之寨”。“阿萨尔”一词可以作“阁、楼”之解。“达河寨”意是“随从、顺从”，此外还有“逢迎、奉行、（馆）伴随”之意。

刘丽萍的《金代猛安谋克在黑龙江地区的主要分布》（《黑龙江农垦师专学报》，1996 年第 3 期，第 3—7 页）指出，猛安谋克是女真人统治金王朝的民族基础和军事基础，它既是金代地方军事首领的称谓，也是地方军事、行政、生产三位一体组织的单位。文章以考古出土文物为参考，同时结合文献记载，参考前人研究成果，对分布在黑龙江地区的猛安谋克予以分类整理，并得出结论：黑龙江地区的上京、蒲与、恤品、胡里改应有 32 个以上的猛安、320 个谋克。

周国琴的《论金朝对其北部边疆的有效管辖》（《内蒙古民族大学学报（社会科学版）》，2017 年第 3 期，第 35—39 页）指出，辽、金两朝和五代、两宋南北相峙三百多年，是中国历史上的第二个南北朝时代。辽、金两朝也是中原正统王朝序列中的一环。金朝对北部的贝加尔湖地区和黑龙江地区均进行了有效管辖，对我国北部边疆的开发做出了不可磨灭的贡献，为元朝的大统一奠定了基础。

北宋在与金朝的战争中节节败退，宋徽宗和宋钦宗更被俘入五国城，相关研究成果主要有：

张帆、刘文生、张泰湘的《宋朝徽、钦二帝北迁行踪研究——“靖康之难”系列研究之一》（《北方文物》，2001 年第 1 期，第 71—74 页及第 80 页），考证了宋徽宗和宋钦宗二帝被俘后的北迁路线，即徽宗从汴京至燕京，钦宗从汴京至西京再到燕京，徽、钦二帝后又从燕京被押解到了中京，复又被押送到通塞州、金上京，再从上京被迁至韩州和五国城。徽、钦二帝在此途中颠沛困顿，随同被俘者死伤甚重。

张泰湘、刘文生的《徽、钦二帝在五国城的囚禁生活——"靖康之难"系列研究之二》(《学习与探索》,2002 年第 1 期,第 137—139 页)指出,北宋靖康元年(1126 年),京城汴梁被金兵攻陷,宋徽宗和宋钦宗及其皇室宗族、王公大臣、宫女、匠役一万余人被俘北迁,最终到达金上京所辖的胡里改路,即辽代的五国头城(今黑龙江省依兰县松花江边旧古城)。在五国城内,徽、钦二帝一行人一直过着被囚禁的生活。徽、钦二帝在囚居五国城期间,生活单调、孤独而又漫长、凄凉,只能以读书自慰,以写诗、对唱自怨自艾,总结人生得失,诉说囚禁生活的苦痛境况,但是他们最终不仅没有等到宋高宗的营救,反而在"谋反"诬告的打击下,在极度的失望中相继客死异乡。

周喜峰的《北宋徽钦二帝在黑龙江》(《奋斗》,2019 年第 2 期,第 70—71 页),介绍了宋徽宗和宋钦宗父子被金所俘,关押在"五国头城"后的生活状况。文中指出徽、钦二帝被囚禁于五国城,生活窘迫,环境艰苦,尤其是企盼南归而又希望渺茫,使他们在精神上尤为痛苦,但他们在生活上却是比较自由的,他们不仅可以饮酒作赋,而且能够跟嫔妃一同居住,并且生儿育女。

第四节　元、明时期的行政建制

元灭金以后,对"金源故地"上京的抑制直接导致了黑龙江地区经济的迅速衰落。在元朝政权稳固后,由于黑龙江地区自然资源丰富,元朝便开始在黑龙江地区进行大规模的屯田活动,也由此开启了黑龙江地区作为我国重要农业基地的历史。

一、元代黑龙江的行政建制

金朝灭亡后,元朝在黑龙江地区大力开展"屯田",并建立了相应的管理机构。由于元朝以来,黑龙江地区在全国的政治地位急剧衰落,对这一时期黑龙江地区的相关研究,以元朝对黑龙江的管辖为主,主要的研究成果有：

张泰湘的《元代肇州文献证补》(《社会科学战线》,1985 年第 1 期,第 172—173 页)指出,元代肇州系今黑龙江省肇东市八里城古城,其地出土的文物甚多,其中尤以铁器居多。八里城系元代肇州故址似已无多大疑问,但其是否为金代肇州,目前尚没有定论,仍有待于进一步研究。

程尼娜的《元朝对黑龙江下游女真水达达地区统辖研究》(《中国边疆史地研究》,2005 年第 2 期,第 69—77 页)指出,东北的东部与北部边远地区是女真水达达人的聚居地,元朝在其地设立了具有民族统辖特征的行政建置,初设置女直水达达等处宣抚司、女直水达达万户府,后发展为独立建置的女真水达达路,路下统辖万户府和千户所,是一种特殊的行政机构。元朝对其地实行"随俗而治"的统治方式,既能保持较大程度的直接统治,又保有一定的羁縻特点。此外,元朝统治者还在占领女真水达达地区后,设立了军事统辖机构征东招讨司,驻军镇守东北边陲。

周喜峰的《蒙古汗国的建立及其对黑龙江地区的统一》(《奋斗》,2019 年第 6 期,第 68—69 页)指出,蒙古汗国建立后,成吉思汗及其后继者便开始进行大规模的扩张,不仅征服和统一了东北地区,而且使蒙古帝国成为横跨亚欧的强大帝国。

周喜峰的《元代黑龙江地区的行政建置》(《奋斗》,2019 年第 8 期,第 69—70 页)指出,蒙古汗国统一东北后,在继承了辽金两代对黑龙江地区管辖建置的基础上,在黑龙江地区设立了行政机构,管理当地的各族人民。元代在黑龙江地区的行政建置,对于加强边疆地区的开发、促进元代黑龙江地区社会经济的发展,起到了积极的推动作用。

周喜峰的《元代黑龙江地区的乃颜、哈丹叛乱》(《奋斗》,2019 年第 7 期,第 65—66 页)指出,乃颜、哈丹叛乱是元朝初年黑龙江乃至东北地区的一次重大的历史事件,该事件持续时间之长、波及范围之广,在黑龙江的历史上是较为少见的。这次叛乱波及范围极广,西北至呼伦贝尔草原,南达西拉木伦河,东到黑龙江下游南滨海地区,北抵嫩江、小兴安岭南坡,几乎囊括了今黑龙江的大部分地区。乃颜、哈丹叛乱不仅给黑龙江和东北各族人民带来了极大的苦难,也使黑龙江等地的社会经济遭到严重的破坏。在元世祖忽必烈的亲自征讨下,经过东北各族人民的积极斗争,这次元代历史上规模最大的武装叛乱得以平定,不仅击败了地方诸王的割据势力,维护了祖国的统一,也为元朝政府治理和开发黑龙江地区创造了条件。

二、明代黑龙江的行政建制

明朝对黑龙江的管控主要是出于维护国家稳定、巩固边防的需要。明朝政府因地制宜地在黑龙江设置管辖机构,对黑龙江进行了有效的管理,对此学界也十分关注,相关研究成果主要包括:

张士尊的《奴儿干都司职能分析》(《辽宁大学学报(哲学社会科学版)》,2003 年第 5 期,第 46—49 页)指出,奴儿干都司是明朝初年设置于黑龙江地区的一个以招抚为主要职能的机构。奴儿干都司在设置之初就是一个组织化、制度化、正规化的招抚机构,到宣德末年才停止活动,它的职能也随之消失。此外,明朝还在东北北部地区设置了大量的卫所,这些卫所可以直接与中央政府联系,根本无须经过奴儿干都司这样的中间环节。

赵文韬的《亦失哈东巡与黑龙江流域史》(《黑龙江史志》,2014 年第 13 期,第 90—91 页),以明代的亦失哈东巡为切入点,对明代黑龙江流域的历史进行介绍。文章指出,亦失哈的十次东巡,不但开辟了黑龙江、松花江一带数千里的文化交流之路,还对黑龙江流域的诸少数民族进行了宣慰和招抚,加强了这一地区少数民族与中原王朝的联系,同时其所带来的生产技术和文化知识也促进了当地的发展。这段历史不但有助于我们对当时明王朝在东北亚区域的统治有一个更为清晰的认识,也有助于我们了解曾经的黑龙江流域。

第五节　清朝的黑龙江治理研究

作为边疆省份,清朝时期的黑龙江,主要承担着巩固边防、维护国家安定的责任。虽然清政府派驻官兵对黑龙江进行管理的首要目的在于维护国家安全，但也在客观上促进了黑龙江地区的经济、文化和社会发展。

一、黑龙江将军的设置与驻防研究

黑龙江将军是清代管辖黑龙江地区的重要官吏，黑龙江将军集行政与军事权力于一身，主要的职责是保卫北方地区的安全，抵御来自沙俄的威胁，保障边疆安定。

（一）黑龙江将军的设置与变迁

黑龙江将军衙门是清代八旗驻防地方的军事机关，其与中央各部并立，直接对皇帝负责，统率本地区的副都统、总管、协领以下八旗官兵，总理本地区的军政、外交、旗务，兼管地方民刑等事宜。

1. 黑龙江将军的设置

由于黑龙江将军衙门诞生于抗俄斗争的关键时期，是清政府为抵御沙俄入侵而专门设置的防卫机构，学界对此也有较多的关注，相关研究成果一般从黑龙江将军的设置方面展开，主要包括：

李书的《清代黑龙江将军衙门的建置与沿革》（《满语研究》，1991 年第 1 期，第 120—131 页），对黑龙江将军衙门的建置与沿革以及黑龙江将军衙署的迁移，黑龙江将军的移驻、八旗的驻防、官兵的配备等多方面内容进行了考察。文章还对黑龙江各地名城重镇的设置等情况分别做了介绍，认为黑龙江将军衙门对保卫东北边疆起到了重要作用。

李海军的《黑龙江将军衙门的建立与迁移》（《黑龙江史志》，2001 年第 3 期，第 31 页）指出，十七世纪中叶，沙俄侵略者屡犯黑龙江，康熙皇帝为收复失地、驱逐侵略者，调集宁古塔、吉林等地军队进驻黑龙江，并任命原宁古塔副都统萨布素为镇守黑龙江将军，黑龙江将军衙门也由此出现。黑龙江将军衙门最初设于旧瑷珲城，后因交通不便而迁至新瑷珲城。康熙二十九年（1690 年），清政府将黑龙江将军衙门迁至墨尔根城。光绪三十三年（1907 年），裁撤黑龙江将军，改设黑龙江巡抚，并在黑龙江正式建立行省。黑龙江将军衙门的建立对于保证雅克萨战争的胜利以及江南和江北的行政管辖、开发都起到了极为重要的作用。

臧廷秋的《清代黑龙江将军研究述评》(《理论观察》,2014 年第 6 期,第 103—104 页)指出,关于清代黑龙江将军的研究主要集中于官制、将军衙门与将军府、人物三个方面,虽已取得了一定的成果,但由于档案资料使用较少,具体研究中叙述过多、考证较少,人物研究过于集中化等问题,黑龙江将军研究表现出了明显的滞后性。

周喜峰的《论清代宁古塔将军的设立及其职能》(《陕西学前师范学院学报》,2014 年第 6 期,第 76—81 页)指出,清代黑龙江流域最初是由盛京总管管辖,后转归宁古塔将军管辖,负责辖区的政治、经济、军事、边防等各项事宜。宁古塔将军的设立是黑龙江地方政权建设的重要开端,对黑龙江的发展也有着重要的意义。

2. 黑龙江将军的职权和辖区

黑龙江将军衙门设置的目的在于防御外部进攻、管理辖区内居民,对黑龙江将军职权和辖区的相关研究成果主要有:

王禹浪、江红春的《清代黑龙江流域副都统衙门建置沿革述略》(《哈尔滨学院学报》,2013 年第 3 期,第 1—12 页)指出,清政府对黑龙江流域进行了长达三百年的有效控制,清朝还设立了黑龙江将军衙门和吉林将军衙门两大行省机构管辖这一地区。黑龙江将军衙门的称谓,就是依据黑龙江干流的名称而来的。由于黑龙江流域是清代东北边疆的地缘战略要地,清朝统治者先后在此设置了两大将军衙门和十四个副都统衙门。这些副都统衙门是戍守黑龙江流域的重要军事组织,并在战时直接听命于皇帝指挥的八旗驻防。副都统衙门是黑龙江流域军政合一的八旗管理机构,也是构成清朝黑龙江流域特殊的军政管理体系的重要内容。文章主要梳理了清代黑龙江流域副都统衙门的建置沿革与分布,对人们了解清代黑龙江流域政治、经济、文化及其军事的格局与嬗变都具有重要的意义。

赵岩的《探析清代呼兰副都统衙门设立的必要性》(《黑龙江史志》,2014 年第 5 期,第 57—58 页)指出,呼兰副都统衙门是清代东北边疆重要的统治机构,其对巩固边疆安全、维护地区稳定、促进当地经济发展都起到了重要作用。文章从保障交通、管理垦民、围剿盗匪和维护社会秩序等多个角度,全面分析了呼兰副都统衙门设立的必要性,引发了对清代黑龙江地方史的新思考。

时妍的《清代黑龙江将军辖区边境防御设置探析》(《满族研究》,2012年第3期,第59—64页)指出,康熙二十二年(1683年)清政府设立了黑龙江将军衙门,增强了黑龙江地区的军事防御力量。1689年,中俄《尼布楚条约》签订后,为了防御沙俄入侵、维护边境安全和领土完整,清政府建立了严格的巡边制度,并在边界设立卡伦和鄂博等。这些边境防御设置在一定程度上保卫了边疆,维护了清朝的领土安全,促进了边境贸易的发展。此外,黑龙江将军衙门对于保护资源、增加税收、稽查贸易,以及加快黑龙江地区的城市建设和经济发展等也起到了重要作用。

吴丽华、冯丹、张守生的《清代黑龙江将军与流人管理》(《东北史地》,2016年第2期,第62—66页)指出,流人管理是古代罪犯管理的一种方式。文章提出,清代的流人管理,经过从顺治到乾隆的百年实践与完善,逐步形成了严密的制度和律法体系,这一时期也成为古代流人管理的巅峰时期。齐齐哈尔是清代继辽阳、宁古塔之后,又一重要的流人发遣地,清代中后期的许多流人政策都是根据齐齐哈尔的案例制定的,黑龙江将军在流人管理上起到了重要作用。

孙浩洵的《黑龙江将军擅签界约案与清代边防治策变化》(《河北师范大学学报(哲学社会科学版)》,2017年第1期,第37—42页)指出,十九世纪中叶以后,由于受到清朝闭关锁国的消极防御政策影响,清廷逐渐陷入外交困境之中。统治内部吏治腐败,国内矛盾日益尖锐,综合国力大幅度下降,而内乱的频发又使清政府不得不大批征调军队平息国内战乱,边境力量显现出日趋薄弱的迹象。1689年签订的《尼布楚条约》,曾使中俄边境得到了暂时的安宁,但是沙皇俄国对黑龙江的侵略野心一直存在。黑龙江将军奕山屈辱地签订《瑷珲条约》,造成了黑龙江以北、外兴安岭以南近六十万平方公里领土的丧失。事后,奕山因擅自签约被咸丰皇帝革职,此案也导致了清廷对黑龙江地区边防治策的调整。

（二）黑龙江将军驻防问题研究

黑龙江将军是清政府为保卫黑龙江地区而设置的官职，其驻防迁移与黑龙江地区边防安全密切相关。部分学者对此问题进行了分析和研究，主要成果有：

艾辉的《黑龙江将军驻地——瑷珲新城遗址》（《学习与探索》1982年第2期，第145页）指出，清代黑龙江将军驻地曾多次变迁。1674年黑龙江将军的驻地在黑龙江以北的精奇里河口的旧瑷珲城，1684年黑龙江将军移驻黑龙江南岸的新瑷珲城，1690年又移驻墨尔根，1699年复又移驻齐齐哈尔。新瑷珲城在抗俄斗争中具有重要的战略地位。1900年沙俄军队侵入瑷珲新城，并将其烧毁，城中建筑仅剩下一座魁星楼。

乌卫斯·卫戎的《黑龙江领土的陷落与黑龙江将军衙门移治的关系》（《黑龙江民族丛刊》，1993年第1期，第71—74页）指出，黑龙江将军的驻地频繁向南迁移，虽是出于满足雅克萨战争胜利之后南向用兵的需要，但却在客观上削弱了清朝北部边陲的防务，沙皇俄国则趁机入侵黑龙江，最终导致黑龙江大片土地的陷落。

吴雪娟的《黑龙江将军驻地迁移新谈》（《北方文物》，2006年第3期，第87—89页）指出，清代黑龙江将军驻地最初在黑龙江左岸的瑷珲旧城，续而迁至黑龙江城、墨尔根城及齐齐哈尔城。雍正时期又先后设置了呼伦贝尔驻防八旗、布特哈八旗和呼兰八旗。清朝政府利用黑龙江驻防八旗控制蒙古部落的措施具有连贯性。从雍正皇帝支持黑龙江将军陈泰留驻齐齐哈尔可以看出，齐齐哈尔城在控制蒙古各部上意义重大。

顾丽华的《清代黑龙江将军衙署的迁移及其政治功能的变化》（《东北史地》，2007年第3期，第61—63页及第21页）指出，清代黑龙江将军的设置是中俄交锋的产物。文章从黑龙江将军衙门始建之地及其功能，将军衙门的驻地迁至墨尔根及最终迁至齐齐哈尔的原因等多个方面对黑龙江将军的设立进行分析，并对清代黑龙江将军衙署的三次迁移背景、迁移背后所体现出来的清政府对东北政治局势的态度变化和军事防御重点的变化进行探讨。

张士尊的《清初东北边疆危机与北部镇戍体制的形成》(《学术交流》,2011年第2期,第180—184页)指出,清朝初年沙俄侵扰黑龙江,清政府高度重视,先后在宁古塔和黑龙江驻军,黑龙江地区的镇戍体制也在此时正式形成。这种体制对后来的移民活动以及黑龙江区域文化的变迁都起过重要的作用。

金倩倩的《清代黑龙江(瑷珲)副都统衙门的职能》(《长春师范学院学报(人文社会科学版)》,2012年第5期,第37—38页)指出,沙俄的入侵使清政府认识到了加强东北边防建设的重要性。雅克萨战争之后,清政府在黑龙江地区所建城镇大都发展成了军事重镇,并形成了比较完整的军事城镇防御体系,设有副都统管辖地区事务。文章从军事、政治、经济三个方面研究了黑龙江副都统衙门的职能,并对这一机构进行了全方位的评价。

孙赫的《试论清前期东北边防观念的变迁——以黑龙江将军驻地南移为例》(《理论界》,2012年第12期,第74—77页)指出,黑龙江将军设立后,瑷珲旧城、瑷珲新城、墨尔根城、齐齐哈尔城先后成为黑龙江将军驻地。黑龙江将军的每一次驻地迁移,都体现出清朝边防观念与战略的改变。文章对四个驻防地点的选定及其实际情况进行了具体分析,并探讨了每次迁移所伴随的边防观念的变化及其得失。

二、清代黑龙江驿路制度研究

清代驿路最初的主要功能是政治功能和军事功能,但随着人员的增加,驿站也参与到了农业生产中去。清代驿路成员世代相袭,最终形成了一个特殊的地域群体——站人。

(一)驿站的设置与特点研究

清代在黑龙江设置的驿站,不仅便于消息的传递,更对维护当地的稳定起到了重要作用,相关的研究成果主要有:

许铭的《清代黑龙江驿站的特点》(《齐齐哈尔师范高等专科学校学

报》,2006年第1期,第78—80页)指出,入关以后,清政府对黑龙江地区采用遥制的办法进行管辖,所以在沙俄入侵黑龙江流域之时,清政府的防御力量明显不足。在这样的情况之下,清政府不但要对军事力量的布置予以调整,还要保证有运送军资和传递信息的通道,驿站在此时发挥了巨大的作用。作者指出,康熙皇帝设立黑龙江驿站主要是为了抗击沙俄对黑龙江的入侵,而其对黑龙江驿站所采取的管理方式又明显区别于其他地区,尤其是有别于关内各省,从而使黑龙江地区形成了一个特有的群体——站人。

王建军、廖怀志的《清代三姓驿站》(《黑龙江史志》,2007年第12期,第42—44页)指出,黑龙江省的依兰县在清初被称为"和屯噶珊",最早定居于此的赫哲人大户为葛依克勤、卢叶勒和胡什哈里三氏族,该地因此改称为三姓。满族称三姓为依兰哈喇,其后在设置依兰府时,取前两字,从此便有了"依兰"之称。康熙五十三年(1714年),清政府将居住在依兰的葛、卢、舒、胡四姓编为四旗,族长为世袭佐领。雍正十年(1732年),清政府又在"三姓"地区设副都统衙门,其辖区面积占吉林将军辖区面积的三分之二。为了解决当地交通不便的问题,乾隆时期,吉林将军衙门受命相继增设或开辟了吉林至三姓、宁古塔至三姓两条驿道。在驿站的管理方面,驿站长官由八旗协领兼任,负责站务监督领导。驿站监督之下设两名总站官。总站官初为六品,后改为八品,有印信。各站还设有笔帖式一员,总管站上事务,笔帖式下设领摧一员。每站还在站丁中挑外郎一名,负责文书工作;挑马头一名,负责喂牛马等事务。

温洪清、李志红的《清代黑龙江地区的驿道和驿站》(《黑龙江史志》,2007年第7期,第40—41页)指出,清军入关后,东北地区的防务曾一度削弱,并且多次遭到沙俄侵扰,为加强边疆防务和对黑龙江地区的管辖,清廷从顺治年间开始,以宁古塔和齐齐哈尔为中心,陆续开辟了十条驿道,形成了驿道网,为边疆的巩固和黑龙江地区的开发提供了必要条件。宁古塔通往鹦哥关、吉林乌拉通往宁古塔的驿道是清代最早开辟的两条驿道。为抗击沙俄侵略者,清廷又开辟了墨尔根通往雅克萨的驿道和吉林乌拉通往瑷珲的驿道。为加强西部防务和地区管辖，清廷又相继开辟了齐齐哈尔通往呼伦贝尔的驿道、乌兰诺尔通往呼兰的驿道、吉林乌拉通往三姓的驿道。为加强东部边防和招垦，清廷开辟了宁古塔通往三姓的驿道和宁古塔通往珲春的驿道，以及宁古塔通往三岔口的驿道。这些驿道的开辟和驿站的设置，不仅巩固了边防，加强了地区管辖，也促进了经济的发展、民族的融合、文化的交流。

许铭的《略论清代黑龙江驿站的机构设置》(《黑河学院学报》，2010 年第 4 期，第 107—110 页)指出，清代的邮驿制度延续了前代的传统，有驿、站、塘、台、所、铺六种组织形式，主要负责处理官方文件的传递、官役公务往来的食宿交通、军事物资的运送等事务。邮驿制度的存在对国家的统一和稳定发挥了重要作用。

范传南、吴丽华、姜彬的《清末民初黑龙江"裁驿归邮"论析》(《兰台世界》，2014 年第 28 期，第 71—72 页)指出，清代黑龙江将军辖境内的驿站交通始于康熙二十二年(公元 1683 年)。清中期以后，随着社会的发展和时代的变迁，传统的驿站制度的弊端开始显现。光绪二十二年(公元 1896 年)，清政府开始全面对驿站进行裁撤。黑龙江地区的驿站先改文报局，再变邮政，最终完成了裁驿归邮的历史进程。传统驿站制度在清朝初期发挥过积极作用，以驿道为中心的公路网不仅加强了中央与地方的联系，对于抗击外来侵略、巩固东北边防、促进各民族之间的经济文化交流等都起到了重要作用。

(二)站人群体研究

站人是对清朝设置在黑龙江的驿站的站丁及站丁后代的统称，相关的研究成果主要有：

范传南、佟大群的《清初黑龙江驿站站丁来源考》(《历史档案》，2014 年第 3 期，第 62—68 页)指出，明末清初沙俄在远东地区的扩张，使得东北地区的边防形势日益严峻，为了保证军需、便于作战，清政府将东北地区原有的驿站线路向北延伸，兴建了一条由吉林乌拉经卜奎、墨尔根直达瑷珲的驿路。该线路所属站丁从来源上可分为两部分:一部分是在当地少数民族中拨派或招募的,只是这部分人的数量较少;另一部分则是被流放到盛京、宁古塔将军辖地的"罪人",其中占绝大多数的是"三藩之乱"中被俘的吴三桂残部。黑龙江驿站站丁的选拔标准前后也有所变化,最终的标准有:前往黑龙江的站丁必须是盛京、宁古塔驿站上的闲散男丁;对参与选拔的人员免除原有的对经验、家室、财产等方面的硬性要求;新设驿站的领催需在该驿站的站丁中选拔优秀者担任;最艰苦、最边远地区的驿站站丁,需选拔当地少数民族中的贫困者充任。

刘晨曦、吴丽华的《清代黑龙江站人社会地位与群体意识》(《北方文物》,2014年第2期,第70—74页)指出,站人是黑龙江本地人对清朝设置在黑龙江的驿站的站丁及站丁后代的统称。站人在清代的社会地位并不高,随着人员的增加和彼此间联络的密切,他们不仅形成了自己的群体,而且产生了独特的群体意识。文章从站人群体社会地位低下的原因、站人群体意识的产生及其形成原因、站人群体意识对站人自身的影响、站人社会地位的提高与站人群体意识的消亡四个方面进行了阐述。

刘晨曦的《清代黑龙江驿路沿线的农业开发——以站人为中心的研究》(《理论观察》,2013年第12期,第66—67页)指出,清代在黑龙江驿站服役的站丁及其家属被称为站人,他们除了承担传递军情、文报的工作外,还兼事农业生产。文中还指出,站人为清代黑龙江地区驿路沿线的农业开发做出了重大历史贡献,主要表现为耕地面积不断扩大、站人农业聚落形成等。站人面临着不利的生存状况和较低的社会地位,但他们对黑龙江农业开发的历史贡献,应该得到承认。

三、清代对黑龙江的经略研究

(一)清朝对黑龙江民族的管理研究

清朝自建立起,便十分重视对居住在黑龙江地区的各民族的管控,以维护边疆地区的社会稳定。一些学者对该问题进行了关注和研究,相关成果主要包括：

日本学者吉田金一的《清军留在索伦部的“兵将留守”》(《民族译丛》,1981年第4期,第37—43页)提出,清军在崇德四年(1639年)征讨索伦部时,在攻略过的黑龙江左岸的一个部落中留有守备部队,而且类似的情况可以从十二年后在当地见到的情况来加以判明和证实。这也驳斥了麦利霍夫所谓的清对索伦部的征讨只不过是一时性的入侵,而不能承认其对侵入地方有占有权的观点。

苏钦的《明末清初分布在黑龙江中上游的达斡尔诸城屯》(《中央民族学院学报》,1982年第4期,第23—28页)指出,达斡尔人于明末清初定居在黑龙江中上游和精奇里江河谷地区。十七世纪中叶,由于沙俄入侵东北,达斡尔人遂迁居分布在嫩江流域。达斡尔、鄂温克等黑龙江诸民族和清朝军队一起奋勇反击沙俄匪徒的入侵,为保卫祖国的北部边疆做出了贡献。

姜黎的《黑龙江依克明安旗始末》(《北方文物》,1986年第2期,第103—107页)指出,清朝中期曾在黑龙江境内的乌裕尔河流域设立一个以蒙古族为主体的政权机构——依克明安旗,其先后存在了一百九十一年,对黑龙江西部地区的开发和建设做出了贡献。“依克明安”是该旗创始人巴桑和阿卜达什的姓,他们原为清代西北部厄鲁特蒙古四部之一的准噶尔部人,迁至黑龙江境内的乌裕尔河流域后,乃以姓为旗名,遂称依克明安旗。最初他们过着逐水草而迁徙的游牧生活,后来随着社会的发展虽然也出现了定居的村落,但仍以牧业经济为主。

那晓波的《试论清入关前对黑龙江流域各族的政策》(《黑龙江民族丛刊》,1987年第4期,第45—51页)指出,清朝统治者在统一黑龙江流域的过程中对当地各族采取了包括劝谕、赏赐、封官、安置、赦免、和亲等在内的安抚政策,使黑龙江流域各民族主动和积极地归附清廷,成为清朝保卫东北边疆可直接借助的力量,保证了清后方统治的稳定及顺利入关、问鼎中原,也为清代制定和推行一系列民族政策奠定了基础,更对清王朝统一的多民族国家的建立和发展产生了一定的积极影响。

刘金明的《索伦部三民族关系及文化复合浅析》(《黑龙江民族丛刊》,1993 年第 1 期,第 74—77 页),对明末清初索伦部三民族(鄂伦春、鄂温克、达斡尔)的关系及文化联系进行了探讨,认为索伦部三民族长久以来在政治、经济及文化上的联系,使其最终形成一个复合的、难以分割的整体。

周喜峰的《论努尔哈赤、皇太极统一黑龙江地区各民族的策略》(《求是学刊》,2004 年第 4 期,第 111—116 页)指出,在后金(清)政权建立和兴起的过程中,努尔哈赤及皇太极父子对生活在黑龙江地区的蒙古、索伦、东海女真等民族,分别采取联盟、联姻、征服、招抚等不同策略,基本上完成了对黑龙江地区各民族的统一。这些策略无疑是成功的,它们不仅使黑龙江地区各民族成为后金(清)政权的臣民,更为清政权的强大和入主中原创造了条件。

周喜峰的《试论清兵入关对黑龙江地区各民族的影响》(《黑龙江民族丛刊》,2005 年第 2 期,第 68—72 页)指出,明末清初的黑龙江地区是蒙古、索伦及东海女真等游牧渔猎民族聚居的地区,清兵入关减弱了清朝中央政府对黑龙江地区各民族的政治影响,延缓了清朝政府在黑龙江地区行政管理机构的建设,削弱了清朝政府对黑龙江地区各民族的军事支持,减少了清朝中央政府与黑龙江地区各民族的经济联系,在政治、军事及经济等方面对黑龙江地区各民族产生了较大的负面影响,使沙俄入侵有了可乘之机。

陈鹏的《试述清政府对黑龙江流域边民实行的贡貂与赏乌林制度》(《东北史地》,2006 年第 4 期,第 39—43 页)指出,清政府对居住在黑龙江下游、乌苏里江以东和库页岛的赫哲、费雅喀等边疆民族实行贡貂、赏乌林制度,按户征收貂赋,并颁赏乌林。清政府通过这种贡赏制度,维系了中央与边疆民族的密切关系。

陈鹏、陈琳的《清朝对黑龙江流域少数民族实施联姻结亲制度述论》(《通化师范学院学报》,2006 年第 3 期,第 106—107 页)指出,联姻结亲制度是封建统治者长期实行的一种战略性政治措施,是一种独具特色的少数民族管理政策。清朝政府对黑龙江流域少数民族实行的联姻结亲制度借鉴了过去的历史经验，在加强少数民族管理、维护祖国统一、促进民族融合、推广先进文明等方面都起到了积极的促进作用。文章从婚礼的形式、过程细节、目的、意义等多个方面对这一时期的联姻结亲制度进行考察，有助于加深我们对清代民族政策的理解。

陈鹏的《清代黑龙江流域少数民族管理机构》(《黑龙江民族丛刊》，2007 年第 3 期，第 127—131 页)指出，清代在黑龙江流域生活的民族主要有蒙古族、达斡尔族、锡伯族、满族、鄂温克族、鄂伦春族、赫哲族、费雅喀等。入关后，清政府为了加强对黑龙江地区各少数民族的管理，从中央到地方，建立了一套完整的行政机构。在中央设理藩院；在地方则设有驻防将军、副都统等，分管当地少数民族的军政事务。诸管理机构的设立也在客观上巩固了清政府在当地的统治。

周喜峰的《试论清朝前期对黑龙江各民族的行政管理》(《学习与探索》，2010 年第 5 期，第 271—274 页)指出，黑龙江地区历来都是多民族的聚居地区，清朝统一全国后，改变了以往历代王朝对这一地区各民族采取的以羁縻为主的松散的管理方式，先后设立了宁古塔将军、黑龙江将军，分别统辖黑龙江的东、西部地区。清政府先后在黑龙江地区建宁古塔、黑龙江、墨尔根、齐齐哈尔等城，设立副都统，将当地民族编入八旗，分城驻防，实行驻防八旗制。同时，清政府还根据当地各民族的具体情况，采取不同的管理方式：在布特哈地区实行布特哈八旗制；对蒙古族实行盟旗制；对黑龙江东部地区的赫哲等族实行边民姓长制。清政府通过一系列的行政管理措施和相应的民族政策，将黑龙江地区各民族完全置于自己的直接统治之下。

周喜峰的《论清初索伦部的南迁》(《黑龙江民族丛刊》，2018 年第 5 期，第 124—129 页)指出，索伦部是明朝末年居住于黑龙江中上游地区的边疆民族部落，也是对现代达斡尔、鄂温克、鄂伦春等族先民的概称。清朝初年，由于清太宗皇太极对黑龙江中上游地区的统一和沙俄对黑龙江流域的入侵，索伦部在清入关前的崇德年间和清入关后的顺治年间，进行了两次大规模的南迁，最终从黑龙江中上游地区南迁到辽东地区和嫩江流域。

索伦部移民大多被编入八旗，得到妥善安置。索伦部的南迁，对其自身发展及对清代东北地区的边疆开发和边疆防御都产生了巨大的影响。

周喜峰的《清朝初期对黑龙江地区的统一》（《奋斗》，2019 年第 16 期，第 71—72 页）指出，在统一女真各部、建立后金和清政权的同时，努尔哈赤和皇太极父子对黑龙江地区的东海女真、蒙古、索伦等民族部落采取不同的策略，完成了对黑龙江地区各民族的统一。在清兵入关之前，黑龙江地区就已经全部并入了清朝的版图。

范传南、姜彬、田雨的《论清代黑龙江地区驿站站丁的生计》（《理论观察》，2019 年第 11 期，第 95—97 页）指出，明末清初，随着俄国在远东地区的逐步扩张，黑龙江地区的边防形势日益严峻。为了保证军需、巩固边防，清政府决定将东北地区原有的驿站线路向北延伸，建构了黑龙江地区的驿路交通网。站丁及其家眷所共同构成的“站人”，也随着驿路的延伸，逐步落户于各驿站及其周边地区。而包括居住、婚配、土地等问题在内的生计问题，则成为影响站人群体乃至整个黑龙江地区驿路交通网络发展的重要问题。

（二）清代对黑龙江的管理研究

黑龙江作为边疆省份，在清代主要承担着抵御沙俄入侵、保卫边境安全的责任，清政府对黑龙江的管理极为看重，并针对当地的实际情况，制定了相应的管理政策。学界对此也有较多的关注，相关研究成果主要有：

郭成康的《清入关前对黑龙江地区的征服和有效统治》（《黑河学刊》，1985 年第 1 期，第 7—13 页）指出，皇太极改“后金”为“清”后，继承了努尔哈赤的遗业，完成了对黑龙江地区的征服，并通过“姓长乡长制度”和“贡赏制度”，实现了对黑龙江地区的有效统治。

李向辰、曲秋芬的《略论清廷对黑龙江的封禁政策》（《黑龙江史志》，1996 年第 3 期，第 36—40 页）指出，黑龙江是我国境内最北的一个省份，清廷对于这一地区的管辖也与其他地区有着明显区别，即清廷对其他地区多是采取或土地封禁或山林封禁或江河湖泊封禁或围场封禁等部分的封禁政策，而对黑龙江地区则采取全面的封禁政策。清廷的全面封禁政策严重影响了黑龙江地区的政治、经济、文化和社会发展，但该政策却也在客观上保护了黑龙江地区的草原、森林和珍稀动植物等资源，对于维护生态系统的平衡也起到了一定的作用。但从总体上看，清廷对于黑龙江的封禁政策，仍然是弊大于利，更直接导致了黑龙江地区与其他地区的差距。

周喜峰的《清朝政府早期对黑龙江西部地区的行政管理》(《东北史地》，2006 年第 2 期，第 54—58 页）指出，黑龙江西部地区历来都是多民族的混居地区。清朝统一全国后，一改前代王朝对这一地区各民族以羁縻为主的松散的管理方式，设黑龙江将军直接统辖黑龙江西部地区，并先后建黑龙江、墨尔根、齐齐哈尔等城，设副都统进行管理，将当地各族编入八旗，实行分城驻防。清代对布特哈地区的达斡尔等族实行布特哈八旗制，对蒙古族实行盟旗制，通过一系列的行政管理措施和相应的民族政策，将黑龙江西部各民族完全置于自己的直接统治之下。这些政策对于维护国家统一、巩固东北边疆具有重大的历史意义。

金鑫的《乾隆年间黑龙江境内金川藏式碉楼考识》(《满语研究》，2011 年第 1 期，第 133—140 页)，通过对《军机处满文录副奏折》内若干档案材料的解读，对清乾隆年间黑龙江将军辖境内建盖金川藏式碉楼的史事做了较为深入的考察，证明了《黑龙江外纪》中所记载的两座碉楼的存在。此外，文中还对这两座碉楼修建的始末及其与北京香山碉楼之间的关系做了必要的考述。

綦岩的《清代黑龙江地区城镇的发展特征(1644—1860)》(《西安文理学院学报(社会科学版)》，2013 年第 3 期，第 7—11 页）认为，清代黑龙江地区的城镇在顺治和康熙时期均为军事、政治类型的城镇(即驻防城)，兴起了宁古塔旧城、宁古塔新城、瑷珲旧城(黑龙江旧城)、瑷珲新城(黑龙江新城)、布特哈城、墨尔根城、齐齐哈尔城、三姓城八座城镇。康熙以后，黑龙江地区在军事、政治职能型城镇发展的基础上，也逐渐出现经济型城镇，兴起了阿勒楚喀城、呼兰城、拉林城和双城堡四座城镇。文章还指出，清代黑龙江地区的城镇有着明显的区域特征，具体如下：第一，清代黑龙江地区城镇的发展具有边缘性、滞后性的特征，清政府在城镇的形成和发展过程中表现出主导的内力作用；第二，清代黑龙江地区城镇的发展具有民族性、外向性的特征，沙俄侵略者的骚扰侵略是城镇形成和发展的外力作用；第三，清代黑龙江地区城镇的发展具有空间的隔离性（即不平衡性）、时间的间歇性及突变性等特征。

孙赫的《清朝在松花江口的两次抗俄斗争》（《黑龙江史志》，2014 年第 21 期，第 10—11 页）指出，19 世纪 50 年代以后，俄国逐步侵占了清朝黑龙江以北、乌苏里江以东地区一百余万平方公里的领土。俄国在入侵黑龙江的过程中，多次试探性地闯入松花江口，企图侵占松花江腹地地区。为了阻止俄国进一步的侵略，清朝驻守黑龙江沿岸卡伦的守卡官兵，在吉林将军及三姓副都统的指挥下进行了抵抗，两次迫使俄国入侵者退出松花江，有力地维护了松花江腹地的领土安全。

臧廷秋、吴丽华的《乾隆朝黑龙江地区治边政策探赜》（《兰台世界》，2015 年第 16 期，第 62—63 页）指出，清代黑龙江地区诸事务之中，尤以对俄事务为重。清朝对俄采取“遵守合约，相互尊重”的原则，但是后来俄方的无礼导致了双边关系的急剧恶化。乾隆时期主要以《尼布楚条约》和修订的《恰克图条约》为准则处理黑龙江地区中俄边界问题，虽然此时的治边政策有其合理性，但也存在着脱离现实的弊病，并影响了黑龙江地区的开发建设。

张守生的《清代巡察东北各衙门御史源流考证》（《理论观察》，2017 年第 2 期，第 8—11 页）指出，清代巡察东北各衙门御史的主要职责是巡视盛京、吉林、黑龙江的财政和军备情况。雍正元年（1723 年）以后，各将军衙门均建置了巡察御史府邸。最初这些官员“一年而更”，乾隆时期对御史任期做出调整，至清末则“渐次裁撤”。在巡察东北各衙门御史存在的近一个世纪的时间里，其对于清廷加强对东北的统治、管理，促进东北地区经济和社会的发展都起到了积极的作用。

冯尔康的《康熙帝经营黑龙江与瑷珲三题》（《安徽大学学报（哲学社会科学版）》，2017 年第 4 期，第 101—107 页）指出，康熙帝为了稳定边疆、安定边民，反击、防御沙皇俄国的侵扰，于康熙二十二年（公元1683年）特设黑龙江将军，并将衙署建在黑龙江边的黑龙江城（瑷珲）。随着黑龙江地方建设的加强，清廷还派遣驻防军，先后筑城于黑龙江、墨尔根（嫩江）、卜魁（齐齐哈尔），并在多条驿路上设置驿站，设立官学，移民实边，使黑龙江地区，尤其是瑷珲、墨尔根、卜魁等地的经济、文化有所发展。在此基础上，还与沙俄签订了《尼布楚条约》，划定中、俄东段边界，由此开启了东北边疆的百年和平局面。

李小雪的《论盛京五部初设时在上层管理体制中的作用》（《吉林师范大学学报（人文社会科学版）》，2017年第2期，第82—86页）指出，盛京五部（户部、礼部、兵部、刑部及工部）是清廷在盛京城仿照北京六部设立的处理盛京等处相关事务，兼及处理北京六部涉及吉林、黑龙江两省相关事务的中央国家机关。文章从盛京五部由最初作为陪都机构与将军并立至后期作为中央国家机关实现对包括将军在内的盛京官员的监督，盛京户部和盛京刑部在关系民人钱粮词讼等事务上对奉天府的限制等方面，对盛京五部设部之初在奉天地区上层管理体制中发挥的作用进行了阐释。

（三）驻防八旗研究

清政府在黑龙江地区设置驻防八旗，主要是出于保卫黑龙江边境地区安全的需要，驻防八旗对黑龙江地区的社会发展产生了重要影响，更在客观上促进了黑龙江地区的民族融合，学界对此关注得较多，相关研究成果包括：

周喜峰的《论清朝前期黑龙江地区的驻防八旗》（《求是学刊》，2009年第6期，第136—141页）指出，清朝前期，为加强对黑龙江地区的统治和管理，清政府在这一时期对黑龙江地区驻防八旗的建立及其指挥体系的完善、驻防八旗在黑龙江东西部的部署、驻防八旗的内部结构等都做了考量，并形成了清朝前期黑龙江地区的地方政权及其特殊的管理形式。清朝前期，黑龙江驻防八旗在维护清朝统治、保障边疆社会稳定上发挥重要作用，在开发和保卫东北边疆的过程中做出了巨大贡献。

金鑫的《康熙朝黑龙江驻防八旗“穷索伦”、站丁牛录考》(《民族研究》,2014 年第 5 期,第 84—91 页)指出,康熙年间,清廷征召布特哈贫苦壮丁入黑龙江驻防八旗为兵,分两批组建了十二个被时人称为“穷索伦”的牛录。第一批八牛录成军于康熙二十七年(1688 年)年底,内有索伦牛录七个、达呼尔牛录一个;第二批四牛录成军于康熙二十九年(1690 年)夏,内有索伦牛录三个,以达呼尔为主的两族混编牛录一个。康熙二十九年冬,黑龙江北路科洛尔、喀勒塔尔锡、库穆尔、额叶楞古、坤五处驿站的索伦、达呼尔站丁亦披甲从军,被编为三个混编牛录,其中两个以达呼尔人为主,一个以索伦人为主。穷索伦、站丁各牛录的驻地分布及所属旗色几经调整,至康熙三十九年(1700 年)最终定型。清廷曾斥巨资帮助这部分官兵建家立业,对于改善其生计状况、提高其战斗力都起到了积极作用。

柳泽明、吴忠良的《清代东北的驻防八旗与汉人——以黑龙江地区为中心》(《吉林师范大学学报(人文社会科学版)》,2014 年第 1 期,第 8—14 页)指出,17 世纪至 19 世纪前半叶,东北地区是以驻防八旗为核心的非汉人社会,同时也有较少数的汉人以各种形式流向那里。在当时的东北地区,各民族集团间出现了相互的影响关系。文章通过对驻防八旗与汉人关系的探讨,对 19 世纪前半叶以前黑龙江地区的汉人融入当地社会的原因和方式进行了研究,同时也就他们和其他各民族集团的关系等问题进行了探讨。

吴晓莉的《清代黑龙江汉军旗人的族群意识》(《满语研究》,2005 年第 2 期,第 77—80 页)提出,“旗人”在清代是一个备受尊崇的称号,不但是尊贵地位的象征,还可以在仕途等方面享有特殊的待遇,也因为如此,八旗不仅是满族社会传统的、重要的组织形式,也是整个清代社会的重要组织形式。文章通过对清代黑龙江汉军旗人史料的解读,阐述了黑龙江汉军旗人的历史渊源,分析了黑龙江汉军旗人的族群意识,并考察了八旗制度对黑龙江汉人社会的影响。

吴雪娟的《康熙年间黑龙江驻防八旗的创建》(《满语研究》,2004 年第 2 期,第 109—114 页)指出,八旗作为满族所独有的一种社会形态,在整个清代和满族自身的历史发展过程中都占有十分重要的地位。最初的黑龙江驻防八旗是为抗击沙俄而设立,同时也可以控制蒙古各部。至雍正初年,清朝的八旗制度形势已经基本稳定。由于黑龙江地理位置特殊、条件艰苦,很多八旗官员不愿意到此地上任,清代统治者则通过多种方式对黑龙江的兵力和行政部署进行调整,并采取赏罚并重的措施进行管理。

谢春河的《清初瑷珲驻防八旗研究》(《满语研究》,2006 年第 1 期,第 41—43 页)指出,东北边疆重镇瑷珲是清代黑龙江八旗的第一个驻防点,也是黑龙江将军的第一个驻地。康熙二十二年(1683 年)十月起,黑龙江将军与左、右翼副都统共同驻扎瑷珲。康熙二十九年(1690 年)黑龙江将军迁移后,瑷珲城改由副都统留驻。瑷珲驻防八旗初设时,仅有满洲牛录,后补充达斡尔牛录、索伦牛录、汉军牛录等。驻防八旗内部构成不断调整,民族来源日益丰富,从而使瑷珲驻防八旗在东北边疆地区的发展和建设中发挥了重要的历史作用。

金鑫的《康熙时期黑龙江驻防八旗官医制度小考》(《历史档案》,2013 年第 4 期,第 111—114 页)指出,清代黑龙江驻防八旗设立官医制度应始于康熙三十四年(1695 年)。在这一制度下,官兵看病无须独立支付任何费用,官医诊疗所需的一切开支均由各城全体官兵分摊。官医制度的设立,很大程度上是为了抵制萨满教活动对黑龙江地方兵民生计的破坏性影响,力主革除以巫术治病的习俗。康熙四十五年(1706 年)以后,黑龙江地区始设有常驻官医,为该地区的各族官兵提供医疗服务,直到清末再未改变。

沈一民的《黑龙江驻防八旗兵额考述》(《满语研究》,2015 年第 1 期,第 120—125 页)指出,清代黑龙江驻防八旗的兵额始终处在不断的变化之中。《尼布楚条约》签订之前,驻防八旗的兵额从未超过三千。康熙二十九年(1690 年)以后,随着准噶尔部对清廷的威胁日益加剧,作为清朝防御的右翼,黑龙江驻防八旗的兵额开始有了第一次大幅度的提高。乾隆中后期,黑龙江驻防八旗逐渐成为清军的主力,驻防八旗的兵额也有了第二次大幅度提高,此时人数已经过万。近代以来,东北边疆危机日益加深,黑龙江驻防八旗兵额却没有相应地得到大幅度提高,这也最终导致东北地区大片领土的丧失。

张建的《黑龙江驻防火炮研究(1683—1860)》(《北方文物》,2015 年第 1 期,第 102—109 页),根据满文和汉文档案的记载,考察了 1683 年至 1860 年间黑龙江驻防军队的火炮种类以及黑龙江驻防实力由盛转衰的过程。文中指出,1683 年清朝为驱逐入侵黑龙江流域的哥萨克而设立黑龙江驻防军,并为其配备了大批火炮。至 1688 年,黑龙江驻防军已有炮 248 门,因此得以在边境军事冲突中占据上风。清朝在与俄国划定边界后,仍在黑龙江留有一支可观的炮兵力量,不仅调整了火炮种类,还设立了一套包括操演、维修、更换的制度。

(四)黑龙江地区官员的选任与管理

地方官员由国家选拔,派驻于地方,代表国家管理当地事务。清代的黑龙江地区出现了许多优秀的地方官员,他们积极推动地方建设,对黑龙江地区经济和社会的发展做出了重要贡献,相关研究成果主要有:

谭美君的《清代黑龙江地区的官吏铨选特色》(《黑龙江民族丛刊》,2008 年第 4 期,第 88—91 页)指出,作为满族发源地之一的黑龙江地区,在清代一直占有重要的战略地位,清朝将其作为"龙兴之地"。为了保持满族崇尚骑射的传统,维持八旗的战斗力,清政府在此地制定了特殊的政策,并对东北地区,特别是黑龙江地区实施了长达两百年的封禁。在统治机构的设置和行政的管理上,也采取了和其他地区完全不同的军政合一的管理体制。此外,黑龙江地区官吏的铨选和任用也与其他地区有所不同。文章从不以科举取士、官吏的来源与铨选途径、对黑龙江地区社会发展的影响三个方面对此进行了考证与说明。

杨静薇的《清前中期黑龙江地区守边官员浅析》(《黑龙江史志》,2015 年第 11 期,第 337 页)指出,清朝中期以前,对外面临沙俄的侵扰,对内又有部族的叛乱。在内忧外患的情况下,守边官员身兼重任,他们在对外御敌,对内平叛、发展经济等方面做出了巨大贡献。文章从清朝前期和中期黑龙江守边官员的出身、功绩及影响功绩的因素等方面进行论述,认为这些官员对于黑龙江的安定做出了巨大贡献,值得后代人尊敬。

第二章 社会与民族

随着政权的建立与更迭,古代黑龙江地区的社会进程发生着剧变。社会的变革,无论是对当地民族的发展,还是对当地居民的生活,都无疑产生了巨大的影响。关于黑龙江地区古代社会发展与民族演变的问题,历来都是学界关注的热点,相关研究成果大都集中于社会变迁、民族演进、杰出人物贡献等方面。

第一节 古代社会的演进与变迁研究

黑龙江地区虽然自远古时期就已经有人类居住,但其地真正的兴起和发展则是从秦汉时期开始的,至辽金时期,黑龙江地区走向繁盛。人口数量的变化是一地社会发展程度的最直接反映,因此,研究黑龙江地区的社会演进首先就要关注其地人口数量的变化。

一、黑龙江古代地理研究

黑龙江既是地名,也是河流名称。由于黑龙江系我国东北部门户,其对国家的安全和政权的稳定有着重要的意义。对于黑龙江古代地理的研究,相关学术成果较为丰富。

(一)黑龙江古代疆域研究

马越山的《黑龙江沿岸历史地理丛考》(《黑河学刊》,1986 年第 3 期,第 1—7 页)指出,黑龙江水势曲折,沿岸森林茂密,栖息着各种珍禽异兽,也蕴藏着丰富的资源。满族、汉族、蒙古族、鄂伦春族、鄂温克族、达斡尔族、赫哲族等民族及其先世，自古以来就在这里繁衍生息。他们创造了灿烂的文明，也留下了丰富的史迹。早在公元前十一世纪，生活在黑龙江流域的肃慎族就与中原王朝建立了联系。公元八世纪，唐朝开始在这里建立行政机构。此后的各个时期，各个王朝对这一地区的管辖都不断加强。而鸦片战争之后，沙皇俄国趁机使用武装侵略等手段强迫清政府签订不平等条约，企图侵占黑龙江的土地。作者指出，黑龙江沿岸历史地理内容纷繁复杂，研究黑龙江的历史地理有着重要的现实意义。

吴文衔、张泰湘、魏国忠的《黑龙江古代简史》（北方文物杂志社，1987年版）指出：黑龙江，古称黑水，自《辽史》成书后，始称黑龙江；黑龙江流域与黄河、长江流域一样，也是中华民族古代文化摇篮之一。书中利用地方历史文献、考古新材料以及前人、今人的相关研究成果，系统地阐述了古代黑龙江各个历史时期的社会经济、建置沿革和文化宗教等方面的特点，还探讨了黑龙江地区各民族的源流、演变及其与周边各族的关系。

隋岩的《黑龙江省疆域沿革考略》（《黑龙江史志》，2016 年第 3 期，第 4—8 页）指出，黑龙江省是我国的边疆省份，在长期的历史演变进程中，其疆域①形成和发展具有极其明显和突出的特点：既有多变性、不固定性，又有民族性和地域性。进入近现代以来，黑龙江的疆域变化又与周边国家和世界形势密切相关。文章从清以前的黑龙江疆域沿革，黑龙江省行政区域的产生，清代、民国时期、伪满时期黑龙江省的行政建置，抗战胜利后至 1949 年黑龙江省行政区域变化，1949 年以后黑龙江省行政区域变化等多个方面分别阐述了黑龙江边疆行政的沿革。

（二）黑龙江古代城市沿革研究

黑龙江地域辽阔，省内的城市较多，其中的很多城市有着悠久的城市历史和灿烂的文化。关于黑龙江古代城市沿革的研究，主要围绕对省内市

① 古代的疆域含义与现代意义上的领土概念是不同的。

县古代历史的考察展开，相关研究成果主要有：

徐博的《鹤岗地区古代历史脉络及代表遗址》(《黑龙江史志》，2011 年第 23 期，第 35—36 页)，通过对鹤岗地区历史脉络的梳理和典型遗址的介绍，从历史角度阐述鹤岗地区古代发展历程，并考察了边陲城市鹤岗与中原地区的紧密联系，充分说明鹤岗地区的历史是黑龙江流域历史发展的重要内容之一，也是中华民族传承的重要组成部分。

王禹浪的《乌裕尔河流域的历史与文化——以北安市为中心》(《哈尔滨学院学报》，2011 年第 7 期，第 1—22 页)通过对乌裕尔河地理环境、名称由来以及乌裕尔河文化与历史遗迹的考察和分析，指出乌裕尔河是哺育橐离、凫臾、夫余等民族的母亲河。文中还对乌裕尔河流域历史与文化的开发和利用提出了相应的建议。

孙明阳的《浅议七至十七世纪抚远地区建制沿革》(《兰台世界》，2017 年第 12 期，第 100—102 页)指出，抚远地处中国最东端，居于黑龙江、乌苏里江交汇的三角地带，在我国东北亚战略中有着极其重要的政治、经济地位。文章还梳理出从唐至明的中央王朝在抚远地区的行政建制，并对其在该地区的建制思想进行探讨。此外，文中还对抚远地区颇有特色的少数民族的情况进行了梳理，展现了当地的民族发展与演变历程。

二、古代黑龙江社会研究

聚居在古代黑龙江地区的少数民族先民，随着与迁入黑龙江地区的汉族居民联系的日益增多，逐渐受到中原文化的影响，随之而来的则是其社会生活方面的巨大改变。

(一)金代黑龙江社会研究

金朝是女真族建立的政权，该政权建立后的第一个都城上京会宁府位于今黑龙江省哈尔滨市阿城区辖境内，金朝迁都后，上京作为“金源故地”仍是重要的女真族聚居地。关于金代黑龙江社会的研究，相关成果主要有：

景爱的《金上京女真贵族的社会生活》(《学习与探索》,1986年第3期,第136—142页)指出,在与辽的斗争中,金朝统治者采取"富内地"的政策,有计划地将中原地区的汉族人迁往上京。这些被迁入"内地"的汉人带来了中原地区先进的生产技术,而且这其中还不乏优秀的手工业者和有才学之人,他们的到来对女真贵族的社会生活产生了巨大影响。这些影响体现在女真贵族的狩猎活动、寝居与饮食、宗教信仰,以及女真宫廷贵族的文化生活等多个方面。女真人社会生活的汉化也由此开始。

李宾泓的《金代上京地区女真人的饮食文化》(《北方文物》,1991年第1期,第65—70页)指出,上京地区女真人的主要食物均历史悠久,因此到金代能制作出品种繁多的主副食品,形成独具风格的民族特色饮食文化。现今黑龙江地区的许多饮食习俗,都留有金代女真人饮食的遗风。

丁柏峰的《文明的冲突——从会宁府的历史变迁看金的汉化过程》(《青海社会科学》,2005年第4期,第86—87页)指出,金上京会宁府位于今黑龙江省哈尔滨市阿城区辖境内,是由女真族所建立的金朝的第一个都城,从公元1115年金太祖完颜阿骨打建国、称帝,至贞元元年(公元1153年)海陵王迁都燕京,这里一直都是女真族的政治、经济和文化中心。会宁府是金代前期历史的一个缩影,深刻折射出文明程度相对较低的少数民族在征服中原过程中,不可避免地要接触先进的汉族文化的事实。在这一过程中,少数民族领袖和贵族受汉族习俗浸染、接受汉族文化,他们对汉族文化的接受和推广,对政权的进步与成熟起到了催化作用,但同时负面效应也较为明显,即他们最终丧失了自己的民族特质,并最终为新的异质文明所征服。上京的兴废与女真族改变旧俗、接受汉文化的程度有着直接的对应关系。

(二)其他时期黑龙江社会研究

黑龙江地区自远古时期就已经有人类居住,随着历史的发展以及与中原地区交流接触的日益增多,黑龙江地区古代先民的社会生活也随之发生了很大变化,与此相关的研究成果主要有:

吴敏的《浅析满族风俗的变迁——黑龙江省黑河市爱辉区调查》(《满族研究》,2008 年第 3 期,第 94—99 页),以黑龙江省黑河市爱辉区为例,通过对黑河地区满族风俗、习惯现状的调查,分析了黑河地区满族风俗、习惯的变迁,考察了其与当地汉族风俗习惯相互影响与融合的原因,并对满族风俗习惯变迁过程中存在的问题进行了思考,从而对探究民族风俗保护的具体措施、探讨民族的和谐发展之路提供颇具现实意义的参考和借鉴。

周喜峰的《黑龙江地区的远古人类及其生活》(《奋斗》,2018 年第 6 期,第 54—55 页)指出,黑龙江地区很早就已经出现了人类活动,劳动生产是远古人类生存和发展的重要前提。早在旧石器时代晚期,黑龙江地区的远古人类就已经懂得制造和使用简单的石器、骨器、木棒等工具,同时也积累了一定的狩猎、捕鱼经验和生活经验。新石器时代,黑龙江地区的远古人类已经进入到氏族社会阶段。这一时期,财产属氏族集体所有,人们共同劳动,共同消费,选举氏族长,民主议事。

刘文卿、陈莉、刘大平、董健菲的《东北边疆区人居空间营造特点的考古学阐释框架——以黑龙江流域古代人居遗址为例》(《建筑学报》,2021 年第 S1 期,第 7—11 页),将古代人居空间的地域性营造特点解构为人居遗址的时空分布特点、地景环境特点、空间表征特点、构筑技术特点和人居文化特点五个主要方面,并在历史文化考古学、过程考古学、后过程考古学三种考古范式中寻找相关研究方法,提出以人居遗址考古信息溯源、物质形态表征复原、文化内涵解码为主要环节的考古学阐释链,结合黑龙江流域古代人居遗址进行了具体论述。

三、古代黑龙江家族演变研究

家族是古代社会发展的基本细胞,也是受到社会变动影响最直接和最具体的单位。家族的兴衰演变是对当地社会变化的最直接的体现。学者们大都将家族演变置于社会变革的大背景下进行考察,并推出了一批类型多样、涵盖广泛的研究成果。

(一)金朝的家族演变研究

金朝建立以后,部分显赫家族不断发展壮大,并对当地社会的发展产生了重要影响。对金朝家族演变的相关研究,主要成果有:

王世莲的《完颜晏及其家世考述》(《学术交流》,1989 年第 2 期,第 143—145 页)根据传统文献资料,结合位于巨源镇城子村的完颜晏家族墓地考古发掘情况,对完颜晏及其家世进行了研究,指出完颜晏父子两代皆有功于国、有功于民,父为元勋、子为廉官。完颜晏留守上京并老死故里,他对上京的开发做出了重要贡献。

苗天娥、景爱的《黑龙江双城完颜氏家谱考释》(《北方文物》,2008 年第 4 期,第 100—104 页)指出,双城完颜氏家谱具有明显的女真遗民特点。此家谱形成于京旗移民之际,系从宗谱中抄录而出,由于抄录时间仓促,其中多有省略、误字。据此家谱所载,这支完颜氏家族,可能是完颜兀朮塍妾之后。后金初年,该家族投附努尔哈赤阵营,以功赐贝勒、贝子,后又随顺治帝迁都入关。嘉庆年间,由于京旗移民政策而定居双城正蓝旗二屯。

孙文政的《金上京路姓氏、婚姻家庭及人口》(《理论观察》,2019 年第 4 期,第 5—9 页)指出,女真族姓氏的分化、婚姻家庭的演变以及人口的迁移,都对金朝的社会发展与稳定产生了重要的影响。另一方面,上京路的自然环境、女真族发动的抗辽战争以及人口迁移,又对金代上京路姓氏的分化、婚姻家庭的演变产生了重要影响。

(二)渤海国家族演变研究

渤海国是建立于我国古代东北地区的一个地方少数民族政权。渤海国贵族的家族问题也受到部分学者关注,相关研究大都围绕渤海国王室大氏家族展开,主要成果有:

张碧波的《渤海大氏考》(《学习与探索》,1998 年第 5 期,第 118—124 页)以渤海国王室大氏家族为研究对象,探讨其在渤海国灭亡后的世族化转变等问题。文章指出,大氏家族领袖先被李唐王朝封为渤海郡王,进而封为渤海国王,其主要原因在于大氏为东夷族系,曾活动于山东东北部渤海沿岸，这一地区曾为汉代的渤海郡，系以大祚荣为首的大氏族团的“得姓之地”、氏族发祥地，故将“渤海”封为其国号。古有大人国，古史上东方大人国即渤海大氏的故国。大氏族团由山东半岛经海路到辽东半岛、朝鲜半岛北上，再来到东北地区，与东北古族肃慎族团融合，并随之得以发展。渤海国与唐朝建立藩属关系后，其王室大氏集团以唐代文化为依归，同时也受到黑龙江地区的古代民族室韦、契丹、突厥等族文化的影响，形成了其独特的民族文化。

张碧波的《汉唐郡望观念与渤海大氏——渤海大氏三考》（《学习与探索》，2002 年第 1 期，第 131—136 页）指出，郡望观念是中华传统文化的一个组成部分。郡望观念为汉唐以来历代封建王朝所尊崇。渤海爵号与国号的来源与李唐王朝遵循郡望文化传统有关。大祚荣为古东夷大氏族裔融入靺鞨者，李唐王朝尊崇其祖先大庭氏及其地望渤海郡，故册封大祚荣为渤海郡王，自是始去靺鞨名号，专称渤海。

四、黑龙江古代杰出人物研究

黑龙江虽地处边陲，但也曾涌现出许多杰出的历史人物，他们或是饱学之士，或是清正干练之官，他们来到黑龙江以后，为古代黑龙江的发展做出了巨大的贡献，他们的个人经历也成为黑龙江历史上浓墨重彩的一笔。

（一）金代黑龙江杰出人物研究

金代黑龙江的杰出人物可分为学士与官吏两大类，其中关于学士的研究成果主要包括：

禹宏、徐蓓文的《金代黑龙江的女真状元徒单镒》（《黑龙江民族丛刊》，1996 年第 2 期，第 49—52 页）通过对史书记载的分析指出，无论是从金代的科举制度，状元的称号，考试的等级、场地，还是从徒单镒考试的成绩来说，徒单镒都当之无愧是金代黑龙江的女真进士第一名（或称女真敕头，或称女真状元）。

官吏研究也是学术界对金代政治制度研究的一项重要内容，学者们借助文献记载和出土官印、碑刻等，对金代黑龙江的官吏进行了大量研究，主要研究成果有：

彭占杰的《金代泰州都统婆卢火》（《齐齐哈尔社会科学》，1993 年第 3 期，第 45—47 页）指出，金代泰州位于今黑龙江省泰来县塔子城，完颜部建立金国后，金太祖阿骨打为保卫新领土，于公元 1121 年加封开国功臣婆卢火为泰州都统，以震慑边陲。婆卢火以塔子城为中心点，治理泰州近二十年，是开发泰州的先行者，也是金代东北路长城的缔造者。文章从婆卢火的姓氏来源、灭辽建金的战功、开发泰州的举措三个方面，对婆卢火的生平做了介绍。文中指出，婆卢火一生为反对辽朝暴政、争取女真民族独立而不懈努力，他不仅是一位英勇无畏、功勋卓著的将领，更在镇守泰州期间兢兢业业为民造福，颁布多项利民举措，对婆卢火的研究不但可以推进金代历史的相关研究，更对丰富东北地区史志、研究东北古代杰出历史人物有着重要意义。

（二）清代黑龙江杰出人物研究

防卫是清代黑龙江作为边疆地区的主要议题，因而今人对清代黑龙江杰出人物的研究主要集中在清代黑龙江官员的生平及建树等方面。其中，黑龙江将军的设置是清代黑龙江地区的大事，首任黑龙江将军萨布素也广为学界所关注，相关研究成果主要有：

吴雪娟、李海军、夏春红的《萨布素生卒年限考》（《黑龙江档案》，1999 年第 6 期，第 43—44 页）指出，萨布素是清朝第一任黑龙江将军，也是任期最长的黑龙江将军。作者根据清初黑龙江将军衙门满文档案的记载，辅之以史书记载，确认萨布素出生于天聪八年（1634 年），卒于康熙四十四年（1705 年），卒年七十有一。

刘秀忠、陈巍的《萨布素与清朝前期的黑龙江边防基地建设》（《黑龙江史志》，2006 年第 8 期，第 53—54 页）指出，萨布素是清朝满洲镶黄旗人，他不仅是清朝在东北任命的第一任黑龙江将军，而且也是任职时间最长的一位。萨布素在黑龙江地区任职期间，一直很重视边防基地建设，使黑龙江地区的防务有了迅速的改进，他也成为黑龙江边防的重要建设者和奠基者。他所进行的边防基地建设，不仅对当时的黑龙江边防起了重要作用，也对后来的黑龙江边防产生了深远影响。黑龙江地区在后来相当长的一段时间里没有受外敌侵扰，与萨布素在任期间注重边防基地建设有很大关系。

李健民、李洪伟、张丽娜、刘天琦的《清代首任黑龙江将军萨布素满文题奏研究》（《满语研究》，2008 年第 2 期，第 69—74 页）指出，萨布素是清代首任黑龙江将军，他在清初抗击沙俄侵略、开发建设黑龙江地区等活动中做出了很大贡献。萨布素在任的十八年间，形成了很多的公文档案，其中给康熙皇帝的题奏，涉及清初抗击沙俄、黑龙江开发建设等诸多问题，具有重要的史料价值和研究价值。

周喜峰的《首任黑龙江将军萨布素》（《奋斗》，2019 年第 22 期，第 70—71 页），介绍了萨布素的家世背景和主要功绩。文章认为，作为首任黑龙江将军，萨布素不仅率领黑龙江官兵驻守边疆、抗击沙俄、进剿噶尔丹、筑修城池、开辟驿道，还曾设立官庄、兴办义学。萨布素为维护祖国统一，确保黑龙江地区和东北边疆的和平与稳定做出了重要贡献。

在萨布素以后，清政府还任命了其他的黑龙江将军，一些学者也对其进行了研究，相关成果主要有：

李永亮的《黑龙江将军塔尔岱纪略》（《齐齐哈尔社联通讯》，1987 年第 4 期，第 71—73 页）指出，黑龙江将军塔尔岱出生于今黑龙江省齐齐哈尔市地区，为满洲瓜尔佳氏。他历经康熙、雍正、乾隆三朝，由于在平定准噶尔叛乱中的战绩彪炳而屡获升迁，最后被擢拔为黑龙江将军。塔尔岱多年征战边陲，功勋卓著，为边疆的巩固、祖国的统一做出了巨大贡献。

李向辰的《黑龙江将军寿山研究点墨》（《黑龙江史志》，1994 年第 3 期，第 27—30 页）指出，寿山将军是著名的清末爱国将领，也是中国近代史上的名将，曾任黑龙江都统和黑龙江将军。文章从寿山将军的家世和生平出发，借助各类史料和相关记载，从多个角度还原寿山将军的生平事迹。文中指出寿山将军系明末兵部尚书袁崇焕的后代，并通过对寿山将军任职时间的推敲，认定寿山将军系“卒于任”，而非“因病出缺”，其所葬之地位于今杜尔伯特蒙古族自治县。

方衍的《曹廷杰与金上京》(《求是学刊》，1994 年第 4 期，第 111—113 页)指出，曹廷杰在《金会宁府考》中，依据《金史》《松漠纪闻》《三朝北盟会编》《奉使行程录》等书的记载，考据了金上京会宁府故址，并指出其应在阿勒楚喀城南四里的白城，即今天的哈尔滨市阿城区。光绪十一年(公元 1885 年)，吉林将军希元派曹廷杰去俄界考察，曹廷杰在考察后发现白城内有横城一道，横城南有子城，其南面有两土阜对峙，阜北有宫殿基，南北直向有围墙基。曹廷杰考察的成功轰动一时。

第二节　古代黑龙江人口研究

唐朝以前，居住在黑龙江地区的人口较少，且居住地较为分散。随着渤海国的建立与发展，首次出现了本地人口增长的小高潮。至辽金时期，才最终实现了本地人口的稳定增长。清朝以后，随着国家对黑龙江边防地位认识的提升，清政府开始有意识地向黑龙江移民，这也直接促进了当地人口的迅速增长。

一、辽代以前的黑龙江人口研究

辽代以前的黑龙江主要是少数民族的聚居地区，人口相对较少，在渤海国建立并壮大以后，黑龙江地区的人口迅速增长，对此部分学者也进行了相关研究，主要研究成果有：

魏国忠、朱国忱的《渤海人口考略》(《求是学刊》，1983 年第 3 期，第 85—93 页)通过对史书记载的分析，指出震国初期，其国内居民大概只有七八十万。渤海前期，黑龙江出现了长时期的和平、安定局面，为人口的自然增长提供了有利的环境。在此后的五十多年中，当地人口增至近二百万。在渤海国的全盛时期，其人口已经达到三百万以上，较其初年人口增加了约三倍。渤海国的人口发展速度，不但为其同时期的契丹、室韦诸邻族所不能比拟，就是在中原地区的历史上也是较为罕见的。

刘含若、谷风的《金代以前黑龙江历史人口探索》（《求是学刊》，1985年第4期，第91—96页），对古代肃慎民族的沿革进行了考察，指出肃慎是最早见于文献记载的东北古代民族。扶余时期，他们就已经开始使用青铜制品和铁农具，不仅有了先进的农业，而且开始进入奴隶制社会，这也是黑龙江地区历史上出现的第一个阶级社会。渤海国建立后，黑龙江地区进入了迅速发展的阶段，迎来当地人口的鼎盛期。渤海国为辽所灭后，辽代统治者为了稳固自己的统治地位，削弱渤海遗民的反抗力量，将原渤海国遗民分批迁往辽上京道和东京道各府州县，当地人口也随之出现了小规模的减少。

徐懿姣、傅国萍的《唐代黑龙江地区汉族人口之踪迹明显增加》（《黑龙江史志》，2004年第4期，第39—40页），通过对相关史书记载的对比分析指出：早在唐代，黑龙江地区的汉族人口就出现了明显增长的趋势，不仅有临时性移入的汉族人口，还有准常住性乃至常住性的汉族人口。这些人口构成的变化反映出唐代黑龙江人口的新情况。

二、辽金时期的黑龙江人口研究

辽、金时期是我国古代历史上的第二个南北朝时代。其时，辽、金两朝不仅完全控制了我国北方地区，而且还通过对宋作战的胜利，掠夺了大量汉族人口，加之当时黑龙江地区安定、繁荣的社会环境，都促进了辽金时期人口的迅速增长，与此相关的研究成果主要有：

魏国忠、刘玉琴的《“金源内地”人口知多少？》（《黑龙江史志》，1994年第1期，第46—48页）指出，“金源内地”是女真人的发祥之地。作者于文中分析了金源地区的人口结构，指出金初由于战争造成了人口的折损，金朝统治者将辽地、宋地的俘虏和人口大量迁入“内地”，在一定程度上缓解了黑龙江的人口问题。世宗继位后，又实行了一系列措施，实现了对上京地区的重新开发，并使当地的人口得到了自然的回升。世宗大定中后期至章宗时期，黑龙江的人口已达到了历史上的空前规模，不但远远地超过了此前任何时代，而且也为后来的元、明时代及清朝前期所不及。

庞子营的《略谈金代人口地理的几个问题》（《蒲峪学刊》，1999 年第 1 期，第 36—37 页），从人口地理学的角度出发，考察了金代的人口数量、人口变化、人口迁移等问题。作者认为，金代的汉人北迁是出于经济目的，在客观上也起到了促进人口迁入地经济发展的作用，而女真人的南迁则主要是出于军事和政治目的，这也是汉族和女真族两个民族人口迁移的根本差异。汉人和女真人人口的迁移，促进了我国古代北方民族的大融合。

张豉、吕秀伟的《辽代黑龙江地区汉族人口考述》（《黑龙江史志》，2004 年第 6 期，第 46—47 页）指出，唐朝末年，藩镇割据，社会混乱，人口大量减少，此时的辽王朝开始对中原地区的成年人口，特别是青壮年男性人口进行掠夺。作者通过史料分析与实地考察，提出辽代泰州所属兴国、乐康二县都有相当数量的常住汉族人口，这些汉族人口将中原文化传播到祖国北疆，与其他民族共同开发边疆地区，促进了当地文化水平和技术水平的提升。

裘真的《"实内地"与"迁中土"——民族征战中的双向移民》（《学理论》，2008 年第 7 期，第 73—74 页），分析了金朝所采取的"实内地"与"迁中土"政策的原因，指出：金代既有大量的汉族人口北迁，同时又有众多的女真族人南下，由此构成了"实内地"与"迁中土"的双向移民政策。其中"实内地"是为了补充由于战争造成的上京地区的人口不足，促进当地的经济发展，实现会宁府的繁荣；"迁中土"则是为了维护国家对新占领区域的政治统治，保持国家的稳定。

三、清初黑龙江人口研究

清初的黑龙江已经成为重要的边疆省份，承担着维护国家边防安全的重任，清朝政府也有意识地向黑龙江迁入人口，以实现其地人口的增长，提高抗击外部势力的军事力量。

薛子奇、王英利的《清初、中期黑龙江人口、民族构成演变与农业开发》（《黑龙江民族丛刊》，1997 年第 1 期，第 66—69 页）指出，清朝前、中期，由于受到气候条件和"封禁"政策的影响,黑龙江地区的汉族人口增长缓慢,但由于黑龙江的自然环境较好,加之其地丰富的渔猎资源,当地的少数民族人口有所增长。而随着移民的不断涌入,汉族人口得以迅速增长,农业生产规模和技术水平也得到很大提升,最终使黑龙江的农业结构在清朝中后期基本形成,实现了农、渔、牧、猎业的全面发展,也奠定了黑龙江现代农业的基础。

张光宇的《清代山东移民黑龙江述论》(《佳木斯大学社会科学学报》,2011年第3期,第79—81页)指出,清代作为山东人"闯关东"的初期阶段,移民人数虽不及民国,但时间漫长、意义深远,是一个重要的移民转型时期。文章对清代山东移民黑龙江的各个时期、原因、影响等加以阐述,指出清代山东人"闯关东"在一定程度上缓和了山东严峻的"人地矛盾",使耕地紧张状况得到一定程度的缓解,山东移民的进入也有利于山东和黑龙江两个地区实现优势互补和人员交流,建立紧密的社会经济和文化联系,促进共同发展。

第三节　民族关系研究

由于古代黑龙江地区民族众多,民族问题一直是历代王朝维系、稳固黑龙江的关键,加之黑龙江又地处边疆地区,其地之民族关系更直接影响着国家的安全,因此,各古代政权都对此极为重视。虽然相关材料记载零散,但近年来考古发掘成果的不断推出,为学者进行相关研究提供了便利,并已形成内容丰富、涵盖较广的众多研究成果。

一、黑龙江古代民族源流研究

古代的黑龙江生活着夫余、挹娄、鲜卑、沃沮、乌洛侯、豆莫娄等民族,其中有些民族还形成了部落体系下的行国政权,对这些民族源流的分析也一度受到学界关注,相关成果主要包括:

杨东晨、杨建国的《论秦汉时期黑龙江地区的民族与文化》(《哈尔滨师专学报》,2000年第6期,第26—30页)指出,秦汉时期的黑龙江地区有鲜卑、乌桓、橐离、夫余、挹娄等众多的少数民族居民以及少数的汉族居民。这些少数民族部落或王国,大都已经进入由原始社会向阶级社会过渡的阶段,有的甚至已经进入奴隶制社会阶段,他们也都直接或间接地受到汉族文化的影响,农业经济所占比重与畜牧业相当,并已经出现或使用铁器。早在先秦时期,已有少部分中原人逐渐迁徙进入黑龙江地区,秦汉时期又有少数汉人从内蒙古地区迁入黑龙江,中原文化逐渐开始与黑龙江地区少数民族文化相融合,形成了古代黑龙江地域文化。

王禹浪的《黑龙江流域及其古代民族与五大帝国王朝》(《中国古代社会与思想文化研究论集》,黑龙江人民出版社2006年版,第258—271页),从三个不同的角度,分别论述了黑龙江流域的概念、民族的分布及其经济形态。文章指出,在黑龙江流域的古代民族中,肃慎族系统曾经两次在黑龙江流域建立过王国政权,即勿吉王国和渤海王国。发展到女真族时期,又两次入主中原。黑龙江流域的古代文明,在中华文明的历史中具有一种神秘而特殊的地位。黑龙江流域的古代民族,为国家疆域的开拓、民族的融合、经济和文化的繁荣都做出了积极的贡献。

王乐文的《"三大族系"与黑龙江早期历史——兼论边疆古族研究的方法》(《黑河学院学报》,2018年第1期,第7—8页)指出,在探讨黑龙江早期历史时应主要依靠考古学资料。第一,要坚持以考古学为主,多学科交叉研究;第二,在使用传世文献资料时,要把史书中的古族传记史料视为古代民族志,并对其进行"历史性分析",说明其源流;第三,在探讨考古学文化的族属时必须遵循"时代相近、地域相合、文化特征相符"的基本原则;第四,在复原黑龙江早期历史与边疆古族面貌时,要充分挖掘、利用民族学材料。

王昊的《不应被忽略的前、后燕——对"黑龙江古代先民五次南下入主中原"说的一点补充》(《黑龙江档案》,2019年第1期,第107页)指出,"黑龙江古代先民五次南下入主中原"或"起源于东北的少数民族曾五次南下入主中原"的说法已经成为黑龙江史学界的一个基本共识。但也应认识到，除了北魏、辽、金、元及清五个朝代以外，东晋十六国时期，由鲜卑慕容氏在我国北方所建立的前、后燕政权，也有起源于东北的少数民族的一次入主中原。前、后燕存世长达五十余年，且疆域广大，是不应被忽略的。

魏存成的《东北古代民族源流述略》（《中国边疆史地研究》，2017 年第 4 期，第 27—45 页），参照金毓黻的"东北民族系统表"绘出"东北古代民族源流示意表"，然后以此为线索，将表中所列华夏－汉族、肃慎、濊貊、东胡四大族系之众多民族的发展历程和相互关系，进行了比较系统的简略梳理，说明了东北地区及东北民族在我们统一的多民族国家的形成和发展过程中所占据的重要地位及所做出的突出贡献。

关锐、尤文民的《肃慎系诸族（部）命名方式初探》（《黑龙江民族丛刊》，2017 年第 4 期，第 53—57 页）指出，历史文献资料的缺失以及对族称命名方式来源的模糊，导致了相关研究学者在探究肃慎族系民族族称命名方式上的困难。作者通过对肃慎女真族系诸（族）部在各时期族称的分析、整理，提出该族系内的部族有三种命名方式，即以生活生产方式命名、以地命名、以部落首领名字命名。

二、古代黑龙江的民族关系研究

黑龙江自古以来就是多民族聚居的地区，民族关系也成为黑龙江古代史研究的重要内容之一。

（一）黑龙江古代民族的整体研究

关于黑龙江古代民族的整体研究，相关成果主要有：

干志耿、孙秀仁的《黑龙江古代民族史纲》（黑龙江人民出版社，2010 年）运用大量的文献与考古资料，结合现代科学手段，将黑龙江地区的古代文化置于东北古代文化范围之中，对黑龙江古代民族形态及历史演变过程进行了深入研究。

日本学者外山军治的《金朝史研究》（李东源译，黑龙江朝鲜民族出版社，1988 年），从完颜阿骨打建立政权的过程着手，不仅考察了金朝政治的沿革及其对契丹人、渤海人等周边民族的管辖,更对金朝官员的任免,金朝与宋、蒙古等政权的和议、战争进行了考察。该书是介绍金朝历史沿革的重要著作。

仇伟、范忠泽的《论黑龙江省地名与古代民族的关系》(《黑龙江民族丛刊》,2004 年第 1 期,第 80—81 页)指出,黑龙江自古以来就是一个多民族融合及聚居的地区,不同民族之间的文化、习俗与生活方式的差异,造就了黑龙江地区文化的多元性和多样性,这些特征也反映在其地不同地域的命名上。例如,通过对“嫩江”一名的研究可以大体确定,嫩江流域千百年来一直生活着操阿尔泰语系的东胡 - 蒙古语族。黑龙江东部地区以黑龙江、松花江、乌苏里江为中心的三江平原是满族的发祥地,满族人的先世肃慎、挹娄、黑水勿吉、靺鞨等均居住在这一区域内,因此这里留下了大量的通古斯 - 满语地名。

魏国忠、朱国忱、郝庆云的《渤海国史》(黑龙江人民出版社,2014 年),以大量的文献记载与考古资料为依据,揭示了渤海国的盛衰演变历程,全面、系统地阐释了渤海国的疆域、民族、人口、政治体制、社会经济、文化宗教及风俗习惯等问题。书中还使用大量的渤海国考古与文物资料,补充了相关史料记载的不足。该书从民族学理论的高度,剖析了渤海国主体民族的族属问题,奠定了渤海国史和渤海民族史研究的史学理论基础。

魏国忠、杨雨舒的《渤海史》(中国社会科学出版社,2019 年),充分汲取改革开放 40 年来渤海国史研究所取得的丰硕成果,采用纪传体、编年体和纪事本末体相结合的方法,系统记述唐代渤海国兴起、繁荣、衰落的历史进程,全面梳理其政治制度、经济贸易、地理交通、对外交往、文化教育、民族习俗、社会生活等诸多方面的发展与进步,客观评价重要历史人物,考察和论证若干存在较大争议的问题。该书史料翔实,观点鲜明,深入浅出,富有新意,是一本重要的渤海国历史专著。

(二)元代以前的黑龙江民族研究

黑龙江自古以来就是多民族聚居的地区,只是由于元代以前史书的相

关记载较少,给今人的研究造成了一定困难,目前相关的研究成果主要有:

周喜峰的《先秦时期的黑龙江》(《奋斗》,2018 年第 8 期,第 58—59 页)指出,先秦时期,黑龙江西部、中部和东部地区主要生活着东胡、秽貊、肃慎三大具有代表性的古代民族。文章还分别介绍了这些民族的沿革、社会和阶级状况,以及黑龙江境内现存的部分遗址、遗迹。

周喜峰的《秦汉时期的黑龙江》(《奋斗》,2018 年第 12 期,第 45—46 页)指出,秦汉时期,尽管中原地区已经进入了大一统时期,但黑龙江地区的古代民族依然处于各自生存、相互独立的局面。当时黑龙江地区的居民主要有鲜卑、北夫余、挹娄、北沃沮、玄丘之民、赤胫之民、劳民等。文章还分别介绍了鲜卑、北夫余和挹娄等族的分布以及这些民族的社会状况等问题。

周喜峰的《魏晋南北朝时期的黑龙江》(《奋斗》,2018 年第 14 期,第 54—55 页)指出,魏晋南北朝的黑龙江地区进入到了民族融合的重要时期。室韦、勿吉、乌洛侯和豆莫娄等民族,构成了这一时期黑龙江的主要民族。鲜卑族南迁以后,其遗留在大兴安岭等地的部族与邻近部族形成了乌洛侯。北夫余则随着夫余国的灭亡而逐渐融入到黑龙江的其他民族之中,其遗族则形成了豆莫娄。在贝加尔湖以南、以东的黑龙江西部地区,广泛地分布着新兴起的室韦各部,而由肃慎、挹娄转化而来的勿吉,则雄踞于黑龙江东部地区。

刘晓东的《黑龙江先秦史研究中的几个问题——写在张忠培先生逝世一周年之际》(《北方文物》,2018 年第 3 期,第 88—93 页),提出并归纳了黑龙江先秦史研究中的三点认识:第一,在基础材料的使用方面,不应纠缠于神话故事、历史传说以及后世追补性文献的修订和考察,而应全面采用考古学提供的新资料、新成果;第二,在年代序列方面,对于已经进入中原王朝历史时期的时段,不宜再使用生产工具、武器质料的断代概念(如青铜时代、铁器时代等),而应使用体现与中原王朝相对应的断代概念(如夏商周时期、秦汉时期等);第三,在族源族属方面,不应笼统套用传统的东北土著民族三大族系说,而应具体研讨其先秦时期在黑龙江境内的分布情况,即主体部分、延及部分甚或有无等情况，同时还应审慎考虑其与同时段考古学文化的对接问题。

周喜峰的《元代黑龙江地区各民族及其社会经济》（《奋斗》，2019 年第 9 期，第 68—69 页）指出，元朝时期，黑龙江地区主要生活着蒙古、女真各部以及汉族等民族。辽金时期的契丹人、奚人及渤海遗民已经大多融入到蒙古、女真及汉族之中。元朝统治者在征服黑龙江地区各民族后，在对这一地区实行羁縻政策的同时，还对这一地区采取亲王封地、设治、派官、驻军、屯田、征税等一系列行之有效的措施，也在客观上促进了黑龙江地区的民族交流和民族融合。

（三）明、清时期的黑龙江民族研究

明清两代，出于维护边疆稳定的需要，中央王朝对黑龙江地区的民族状况关注较多，黑龙江地区的古代民族也于此时得到了更快的发展，相关的研究成果主要包括：

吴文衔的《明代黑龙江民族分布及其社会经济状况》（《黑龙江民族丛刊》，1989 年第 1 期，第 65—71 页）指出，明代奴儿干都司境内，居住着语言、习俗不同的众多氏族部落。其中从贝加尔湖以东到嫩江流域，为蒙古族的游牧地；松花江、乌苏里江两岸和黑龙江中下游的广阔地区，则为女真族的聚居地。蒙古族的鞑靼部在今黑龙江南北两源地区，兀良哈部则在大兴安岭以东、嫩江中下游一带。奴儿干都司东部是女真族居住地，主要有建州女真、海西女真和“野人女真”三部。在明朝中叶以后，女真各部和蒙古各部由于本身经济发展的需要，开始逐渐和外族建立经济联系，这也成为明朝中期之后黑龙江各部族频繁南迁的重要原因。

周喜峰的《明代末期黑龙江地区土著民族探析》（《东北史地》，2008 年第 5 期，第 77—82 页）指出，黑龙江地区历来是渔猎游牧民族繁衍生息之地，经过长期的民族间的交往和融合，到明朝末期，这里已经形成了西部以蒙古人为主、中部及东部以女真人为主的民族分布格局。蒙古族诸部、女真族诸部也成为明代末期黑龙江地区主要的土著民族，他们交错居住、生活，过着以游牧和渔猎为主的生活。这些黑龙江地区的土著民族先是和明朝保持着臣属或朝贡关系，明末女真族兴起和强大后，在努尔哈赤、皇太极父子的招抚与征服政策之下，他们逐渐成为后金（清）政权的属民。

周喜峰的《明朝末期黑龙江流域的少数民族》（《第十三届明史国际学术研讨会论文集》，湖南人民出版社 2011 年版，第 452—458 页）指出，明代黑龙江地区的少数民族主要有蒙古和女真，此外还有由布里亚特、科尔沁等蒙古诸部，被称为"北山野人"的鄂温克、鄂伦春、达斡尔先人组成的索伦诸部，以及呼尔哈、瓦尔喀、恰喀拉、乞列迷、苦兀等野人女真部落构成的土著居民。明朝政府于永乐七年（1409 年）在奴儿干地方（位于黑龙江下游黑龙江与阿姆贡河汇流处右岸）设立了奴儿干都指挥使司（简称奴儿干都司）。奴儿干都司所管辖的范围基本上涵盖了当时的黑龙江流域，奴儿干都司的设置进一步加强了明王朝对黑龙江流域各民族的管辖与统治。

三、黑龙江古代民族迁徙研究

由于古代聚居在黑龙江地区的北方民族大都是游牧或渔猎民族，一般有着追水草迁徙的特性，因此关于北方民族的迁徙与分布问题，学者们给予了一定的关注，并从多个角度进行了研究。

（一）清代以前的黑龙江民族迁徙研究

清代以前的黑龙江古代民族分布较为分散，这一时期其地大多数的民族都过着逐水草迁徙的生活。学界对清代以前黑龙江古代民族的迁徙行为进行了大量研究，相关研究成果主要有：

郝庆云的《黑龙江地区古代民族的分布与迁徙》（《哈尔滨师专学报》，1997 年第 4 期，第 146—150 页）利用近代考古学方法和研究成果，对汉代以来的夫余、挹娄、鲜卑、沃沮等民族的分布、迁徙和变迁等情况进行了探讨。

吴博的《唐代及其辽金室韦诸部地理分布研究综述》（《黑龙江民族丛刊》，2017 年第 2 期，第 93—98 页）指出，唐代形成的二十余部室韦中，黄头室韦和达姤室韦是历史文献记载较多的两个部落，其中黄头室韦是室韦二十部中较强大的一个部落，分布在今嫩江与松花江合流处以西、洮儿河以南的地区，即今吉林省农安、乾安、长岭一带，而与之毗邻的达姤室韦则分布在今吉林省扶余市附近地区。黄头室韦一直活动在嫩江与黑龙江流域之间的室韦故地，在晚唐时期分化为大黄室韦和小黄室韦，至辽代逐渐与契丹族融合。

何学娟的《黑龙江蒙古部落迁徙考》(《黑龙江民族丛刊》,2007 年第 6 期,第 67—72 页)指出，从辽金到清朝，先后有朵儿边部、豁罗剌斯部、帖木哥斡赤斤部、兀苏部、杜尔伯特部、郭尔罗斯部、泰赉部、巴尔虎部、依克明安部九个蒙古部落迁徙到黑龙江定居，其中朵儿边部、豁罗剌斯部、帖木哥斡赤斤部、兀苏部四个部落的蒙古人已融入其他部落或民族，杜尔伯特部、郭尔罗斯部、泰赉部、巴尔虎部、依克明安部五个部落的人则依然生活在黑龙江地区。其中，杜尔伯特部、泰赉(扎赉特)部、郭尔罗斯部和依克明安部更建立过旗级政权，现在的杜尔伯特蒙古族自治县，也是黑龙江省内唯一的蒙古族自治县。

周喜峰的《明代黑龙江女真人》(《奋斗》,2019 年第 15 期，第 70—71 页)指出，明代的女真人主要分布在东濒日本海、西隔嫩江与兀良哈蒙古相接、南邻朝鲜、北至外兴安岭的广大地域。明中叶以后，黑龙江东部的女真各部以其分布的地域和经济发展水平的不同，分为建州女真、海西女真和野人女真三大部。由于受到女真族本身社会生产力发展水平、各部之间争战，以及蒙古诸部势力东进和明朝大力招抚政策的影响，散居在松花江、黑龙江流域的女真部落纷纷迁徙南下，形成了由北向南的集团性迁徙活动。

(二)清朝前、中期的黑龙江民族迁徙研究

清朝前、中期的黑龙江民族迁徙，一直以来都是学界关注的重点，学者们也对此进行了较多的研究，相关研究成果主要有：

吴元丰的《柯尔克孜族东迁黑龙江地区考实》(《黑龙江民族丛刊》,2001 年第 1 期，第 69—74 页)指出，黑龙江境内的柯尔克孜族来自叶尼塞河上游，从特斯河和厄勒得河流域迁至黑龙江。他们原为准噶尔部属民，在随厄鲁特诸部台吉归附清朝后，清廷恐其日久滋事，决定将他们迁往黑龙江。清朝柯尔克孜族的东迁共分两批进行，第一批在雍正十一年（1733年），第二批在乾隆二十二年（1757年）。东迁后的第一批部民被编入齐齐哈尔、黑龙江、墨尔根等地的驻防八旗，他们披甲为兵，享有旗人的身份和待遇；第二批则被赏给布特哈、呼伦贝尔等地的八旗官兵为奴役使，他们的身份低下。文章从黑龙江柯尔克孜族起源，东迁黑龙江的原因、过程、分地、安置等多个方面，对柯尔克孜族的东迁予以充分阐述。

刘淑珍、苏静的《浅析清代鄂伦春满文户籍档案》（《满语研究》，2005年第2期，第36—40页）指出，黑龙江省档案馆馆藏的清代鄂伦春满文户籍档案包括户口册、三代红白册、官员名册、比丁册、牲丁册、部落花名册等种类，其中包含着大量的鄂伦春族的人口信息。这些户籍档案反映了当时鄂伦春民族的人口发展变化及其经济、军事等状况，具有较高的史料价值和学术价值。

阚凯的《清康熙年间黑龙江地区达斡尔人编旗驻防考实》（《山西大同大学学报（社会科学版）》，2013年第2期，第11—16页）指出，清代黑龙江地区的达斡尔人在康熙、雍正年间，经过了两次大规模的编旗驻防活动，极大地补充了黑龙江地区的兵员，在黑龙江八旗驻防体系中发挥了巨大的作用。

石企天的《论清代窝集部的渊流与构成》（《时代文学（下半月）》，2015年第11期，第159页）指出，清代的窝集部主要指东北东部地区广大山林中的通古斯人。窝集并不是某一族专有的族称，而是指大体居于同一区域内山林中的几个族群。秦汉时称夫租、沃沮（即勿吉）。隋唐以后的斡拙、吾者、如者等氏族都与勿吉有关。唐代靺鞨部中有铁利和拂涅两部，至辽时称铁骊、兀惹。明末清初，野人女真也称“东海女真”“渥集部”“七姓野人”，清代称“窝集部”。文中还指出，沃沮－吾者－窝集是不同时期对住在东北地区山林中渔猎民族的一种泛称，现在的乌德赫和赫哲，也是由窝集一词转变而来的。

吴丽华、高强、陈志贵的《清代达斡尔族对黑龙江边疆管理的贡献》(《齐齐哈尔大学学报(哲学社会科学版)》,2016 年第 5 期,第 84—86 页)指出,清代前期,近代中华民族基本成型,并体现出少数民族多居住于边境地区的民族分布特点。在后金改国号为清以前,达斡尔族就是分布在黑龙江以北、外兴安岭以南的边疆民族之一。在清朝以少数民族为东北边疆屏藩,反击沙俄侵略,驻守卡伦、巡边,开垦屯田,发展边疆经济的过程中,达斡尔族与有关兄弟民族一起,为黑龙江的发展做出了重要贡献。

汤洋的《清军对索伦部的统一与索伦鄂温克人的迁徙》(《黑龙江民族丛刊》,2017 年第 4 期,第 92—96 页)指出,鄂温克族由于历史上的不断迁徙和分散居住,加之因交通不便而互相来往少,始终处于相对隔绝的状态,并逐渐形成了区域性的经济和生活特色,他们也曾被其他民族分别称为"索伦""通古斯""雅库特"等。明朝万历年间,建州女真部的努尔哈赤为了解除后顾之忧,开始统一东海诸部以及黑龙江上、中游诸部。由于当时黑龙江上、中游索伦部区域的地理位置是决定对明作战胜利与否的关键因素之一,清军遂先后发动了三次统一索伦部的战争。此后,由于沙俄侵略军不断地在精奇里江、黑龙江流域进行侵扰活动,使居住在这里的索伦鄂温克人不仅不能安居乐业,甚至连生命财产安全也受到了威胁。但是此时的清军正忙于统一中原的战争,不能抽出兵力来支援当地居民进行抗击沙俄的斗争。因此,居住在精奇里江和黑龙江流域的索伦鄂温克人开始离开故土,向嫩江流域迁徙。

四、黑龙江古代民族社会生活研究

(一)黑龙江古代建筑研究

随着经济、文化的发展,技术水平的不断提高,以及迁入黑龙江地区居住的汉族居民居住习惯的影响等,黑龙江地区古代先民的生活发生着巨大的变化,城镇的发展及房屋建筑特点的变化,尤其受到当今学者的关注,相关研究成果主要有:

戴洪霞的《黑龙江流域满族先民居室初论》(《黑龙江民族丛刊》,2007年第2期,第183—185页),利用考古成果和文献资料,对黑龙江流域满族先民的居室发展情况做了研究。文章从巢居与穴居、黑龙江流域“生女真”和金初的居室、“生女真”与“野人女真”的居室三个方面对黑龙江流域满族先民的居住状况进行阐述,并对满族先民在我国历史上的发展情况进行说明。文章还提出,满族先民在历史上起伏明显、发展进程数次中断等特点,在其居室特征上也有所体现。

王禹浪、王海波的《黑龙江流域金代女真人的筑城与分布》(《满语研究》,2009年第1期,第122—129页)指出,金上京城的都市文明是金源文化的典型代表。从狭义上说,金源文化的地理空间是以阿什河流域为中心,包括今拉林河流域、呼兰河流域、松花江中游左右两岸的广大地区。从广义上看,金源文化的地理空间则包括金朝上京路所统辖的整片地区,即包括黑龙江中下游流域,以及乌苏里江以东的滨海边疆区和嫩江流域、松花江流域。目前已在金源地区内发现了大量的金代女真人的筑城,它们分属于京、路、府、州、县、城寨,以及猛安、谋克军镇等行政建制。这些女真人筑城的发现,为我们深入研究和探讨黑龙江流域的封建化进程提供了重要实证。

王禹浪、王俊铮、王天姿的《黑龙江流域古代民族筑城研究综述(二)》(《黑河学院学报》,2016年第8期,第9—14页)及《黑龙江流域古代民族筑城研究综述(三)》(《黑河学院学报》,2017年第1期,第6—14页及第65页)两篇文章更进一步指出,黑龙江流域古代民族的筑城史,最早开始于秽貊、索离、夫余等民族的筑城,延至元明清时期。在数千年的历史长河中,黑龙江古代居民的筑城几乎未有中断。索离、夫余的圆形土城和三江平原的汉、魏古城群,证实了黑龙江流域的古代民族已迈入文明时代。高句丽、勿吉、靺鞨、渤海国时期的筑城由山城转向大量修筑土筑平原城的历史阶段,并为辽、金两代的居民所继承,开创了黑龙江流域辉煌的城市文明。但至元、明、清三朝,由于国家重视程度的降低,黑龙江流域的筑城文明逐渐陷入低谷时期。

王禹浪、谢春河、王俊铮的《黑龙江流域黑河地区古代民族筑城初步研究》(《哈尔滨学院学报》,2017 年第 12 期,第 1—12 页)指出,黑河地区是黑龙江流域古代文明史上古代民族交错、融合的重要区域,在历史上拥有不曾间断的城市文明。黑河地区现有古代城址 18 处,其中以爱辉区西沟古城(老羌城),逊克县河西古城、西石砬子古城,北安市南山湾古城,嫩江市伊拉哈古城等最为重要。这些古城占据水陆要冲,在各个历史时期均设有级别较高的行政建置,亦是室韦诸部、黑水靺鞨、乌古敌烈、女真等古代民族活动的中心城邑。

王禹浪、王俊铮的《绥芬河流域的古代历史文化及其民族与城址》(《哈尔滨学院学报》,2019 年第 2 期,第 1—14 页)指出,绥芬河是黑龙江省唯一一条不注入黑龙江而单独入海的河流,也是中俄两国的跨国境河流。绥芬河流域地处黑龙江流域与图们江流域的结合部位,兼具黑龙江和图们江两大流域的文明特征,在东北古代流域文明史中占据重要地位。绥芬河流域是以大杏树类型、锡迭米文化、团结－克罗乌诺夫卡文化等为代表的早期古族文化的核心分布区。渤海国率宾府和盐州城、辽代率宾府、金代恤品路等的建立,使绥芬河流域被正式纳入行政管辖之中,开创了这一地区的城市文明。明代以后,这里逐渐成为建州女真的活动区,城市文明被中断,筑城时代结束。19 世纪末又因中东铁路的修建而迅速走向近代化。

(二)黑龙江古代经济与技术研究

随着考古发掘的推进,人们对黑龙江古代先民居住条件和技术水平的了解也日益增多,形成了一定的研究成果,主要包括:

杨光、李南竹的《论铁器在古代黑龙江下游少数民族的应用——以赫哲族为例》(《中国高校科技》,2017 年第 S1 期,第 54—55 页)指出,古代黑龙江下游少数民族社会生产力低下、生活水平较低且所居地域偏远闭塞,因此有很长一段时间这里并无铁器存在,这使包括赫哲族在内的广大黑龙江下游地区各民族的社会生产和生活面临着诸多不便。随着时代的发展,中原地区的铁器制造业已形成了相当的规模,而赫哲族的社会环境还没有达到铁器制造的技术能力,只能依赖于外界的输入才能获得铁器。由于自然地理和社会因素,中原地区的铁器输入赫哲族社会的较少,直到清朝的贡貂赏乌林等政策实施后,赫哲族社会才得到了一定量铁器流入,并开始进入到简单的铁器加工锻造阶段,铁器也对古代赫哲族社会生产和生活产生了重要的影响。

庄严的《勿吉、黑水靺鞨的经济社会性质》(《黑河学刊》,1986 年第 4 期,第 55—59 页)指出,勿吉、黑水靺鞨为女真族的直接先世。勿吉的经济以狩猎为主,但也已经有了农业和牲畜饲养业。在手工业方面,勿吉人已经掌握了较为复杂的酿酒技术。至隋朝时期,勿吉改称靺鞨,此时渔猎是他们主要的劳动生产方式之一。至黑水靺鞨时期,其农业发展已相对成熟,马的饲养也已在黑水靺鞨社会中占有一定比重,其社会内部的贫富分化已经产生,私有财产开始出现,由于受到社会生产水平的制约,其社会尚无自己的语言文字。在与唐朝建立起密切的关系后,唐文化的传入对其社会的发展起到了极大的促进作用。

第四节　黑龙江古代民族演进研究

在各古代民族中,东胡、肃慎和秽貊等族系都曾长期生存、繁衍于黑龙江地区,并先后演化出了众多的地方民族,其中鲜卑、女真不仅建立了自己的民族政权,统一北方地区,更曾入主中原,形成了对南方政权的压制之势。此外,黑龙江地区还有靺鞨、夫余、乌洛侯等族生活于此,这些民族也大都建立过自己的地方民族政权,更通过与中原政权的往来,提升了本民族的文化和技术水平。

一、东胡系民族研究

鲜卑、乌桓和乌洛侯都源自东胡族系,其中鲜卑族不仅建立了自己的民族政权,更成为首个入主中原的北方民族,学者们对东胡系民族的研究多集中于这些民族的构成与分布等方面。

（一）鲜卑族

鲜卑族发源于黑龙江省大兴安岭地区，其在发展壮大后，不仅建立起自己的民族政权，还统一了北方地区，更成为历史上第一个入主中原的北方游牧民族。学界对鲜卑族的研究成果主要包括：

温玉成的《嘎仙洞遗迹考察》（《中国国家博物馆馆刊》，2011 年第 10 期，第 44—53 页）指出，新发现的嘎仙洞洞顶遗迹，应是公元 443 年以后北魏太武帝修造祖庙的遗存，修造因其去世而废止。洞底的“八石阵”应是献帝隣氏“七分国人”，确立八个部落大联盟的遗存，“八石阵”是八个部落的“神主”。文章还通过对“祭祖祝文”等的分析，推断拓跋部起源于黑龙江东北的北夷索离国，他们南下“大泽”后建立八部联盟，第二次南下后乃自谓鲜卑。

苗霖霖的《鲜卑山地理位置考略》（《北华大学学报（社会科学版）》，2015 年第 2 期，第 60—63 页）提出，史书记载的五处鲜卑山事实上是三座山，分别为：鲜卑族的发源地，位于大兴安岭南段的“大鲜卑山”；慕容鲜卑部落联盟的聚居地，位于朝阳附近的鲜卑山；吐谷浑部落联盟的聚居地，位于敦煌附近的鲜卑山。

苗霖霖的《试析鲜卑山时代鲜卑部落的族群结构》（《陕西学前师范学院学报》，2016 年第 3 期，第 106—109 页）指出，史书记载的“鲜卑山”共有五处。作者还通过对比分析指出，这五处“鲜卑山”实际上指的是三座山。即鲜卑的发源地，位于大兴安岭南段的“大鲜卑山”；朝阳附近，混有乌桓、匈奴部落的慕容鲜卑部落联盟的聚居地“鲜卑山”；敦煌附近，以鲜卑为主体，包含乌桓、匈奴及氐、羌部落的吐谷浑部落联盟的聚居地“鲜卑山”。这三座山不仅是对鲜卑族兴起和发展阶段的展示，更是鲜卑诸政权的摇篮，对我国古代历史的走向有着重大影响。

（二）乌洛侯

乌洛侯也是从东胡族系中分化出来的民族，其一直生存、繁衍于北方地区，对其研究的相关成果主要有：

干志耿、李士良的《乌洛侯与黑龙江历史地理诸问题》(《求是学刊》,1981年第4期,第120—122页),通过对史书中相关记载的分析,指出乌洛侯应在嫩江上中游地区,即今嫩江市附近。乌丸故地约在小兴安岭西南麓,即今黑龙江省黑河地区。地豆于应在今齐齐哈尔以南,即今黑龙江、吉林两省西部相邻诸市、县,如泰来、白城等地。乌罗护(乌洛侯在唐亦称乌罗护或乌洛浑)东北的山北室韦、东南的黄头室韦,其地约为今绰尔河和嫩江下游之地,即今黑龙江、吉林、内蒙古三省区该江、河两岸诸县旗。达末娄,即北魏之豆莫娄,在今吉林省扶余市一带。

郑英德的《乌洛侯地理位置再探》(《黑龙江文物丛刊》,1983年第1期,第69—74页)通过考察史书的相关记载,指出乌洛侯东未至今黑龙江省嫩江市一带,西不过今大兴安岭,北不达今多布库尔河流域,南不至今阿伦河流域。文中还提出乌洛侯的族源为鲜卑,乌洛侯也是现代鄂伦春民族的祖先。

二、肃慎族系研究

肃慎族系的诸民族大都生活于我国北方地区,其后世民族更多次建立起地方性政权,不仅实现了自身民族的发展,更促进了古代民族的融合。

(一)女真研究

女真和满族是有着继承关系的两个民族,也是古代黑龙江地区影响最大的两个民族,女真建立的金王朝统一了北方地区,满族建立的清王朝统一了全国。学界对女真进行了较多研究,相关成果主要有:

苏联学者Э·В·沙弗库诺夫所著、朱国忱翻译的《从最新考古研究成果看女真文化源流的某些问题》(《北方文物》,1994年第2期,第100—102页及第117页)指出,由于农业和手工业突飞猛进的发展,猎人、渔民及畜牧业者的生活方式从半游牧转变为定居,从原始公社制社会关系转变成阶级社会关系,这些变化都对女真人的文化产生巨大影响。这一过程不仅伴随着女真族固有生活方式和社会结构的根本性改变,还有随之而来的这些改变与日趋陈旧的传统观念的矛盾。而此时,与女真人有着较近的亲缘关系的民族——渤海人,则成为其最早的老师和谋士。同时,也有相当数量的渤海人与女真人融合成一个共同的民族。

董万的《完颜女真发祥黑龙江说应当重新认识》(《北方文物》,2003 年第 2 期,第 60—67 页)指出,传统上认为女真族的发祥地在黑龙江。作者在进行综合分析后提出,虽然女真族完颜部的始祖函普“从高丽来”确有其事,但他不是高丽人,而是长白山“三十姓”女真人,女真族完颜部属多元构成,主体是长白山女真人。函普的后人为了凝聚血族、扩大兵源,采取了重返祖宗发祥故土的战略决策,也为阿骨打统一诸部、建立金国奠定了基础。

徐琳琳、李辉的《浅论先秦至隋唐时期满族族源及分布》(《长春师范大学学报》,2017 年第 5 期,第 47—50 页)指出,满族的先世从先秦至隋唐时期,先后被中原王朝称为肃慎、挹娄、勿吉、靺鞨。满族在不同历史时期,虽称呼不同、变化复杂,但其分布及发展脉络却清晰可辨。先秦时期,肃慎分布在长白山、东流松花江以及黑龙江下游的广阔地区;两汉及魏晋时期,挹娄的分布区域大致为东至日本海,南至长白山,北至乌苏里江汇流地及其下游,松花江、牡丹江中下游,西至张广才岭;南北朝时期,勿吉所辖地为东抵日本海,南至长白山,西至太沵河,北至黑龙江中下游地区;隋唐时期,靺鞨则主要分布在北至松花江及黑龙江上游、东至日本海、南至今朝鲜半岛北部、西南至辽河东岸的广大区域。

梁玉多的《黑水靺鞨小考》(《高句丽与东北民族研究(九)》,吉林大学出版社 2020 年版,第 180—196 页)指出,黑水靺鞨由多个民族或部族融合而成。黑水靺鞨与唐朝的关系总体良好,其虽附属于唐,但却与渤海大体是对立的。黑水靺鞨的主体后来变为女真。思慕部、郡利部、窟说部、莫曳皆部、拂涅、虞娄、越喜、铁力等部,均不属于黑水十六部。

(二)勿吉研究

勿吉也是生活于黑龙江地区的古代民族,源出于肃慎族系,但由于史书对该民族的相关记载较少,造成了学术研究的困难,因此学界对其关注

度整体不高,但也有部分学者克服重重困难,一直致力于对勿吉的研究,并形成了类型多样、内容丰富的研究成果,主要包括:

梁玉多的《论肃慎族系诸称谓的关系及勿吉的来源》(《满族研究》,2010年第3期,第38—42页及第48页)指出,肃慎、挹娄和勿吉是同一族系中不同的民族或部族,在不同的时期,他们分别代表了整个肃慎族系。勿吉有广义和狭义之别,狭义的勿吉是指肃慎族系中的一个民族或部族,广义的勿吉则是指南北朝时期由勿吉之名代称的整个肃慎族系。勿吉是民族融合的产物,它是由肃慎族系内不尽相同的民族或部族构成的,在形成和发展的过程中又融合了包括夫余、沃沮、豆莫娄等多个其他民族或部族。

范恩实的《勿吉兴亡史探微》(《北方论丛》,2010年第1期,第74—78页)指出,勿吉与靺鞨并不是简单的顺承关系,前者是族团概念,指475年入贡北魏的一支政治势力,后者则是族类概念,囊括了拥有类似文化特征,但未经过政治整合因而也不具有内部群体意识的一系列人群。从时空线索判断,勿吉只是靺鞨之一——粟末靺鞨。只有将有关勿吉、粟末靺鞨的文献记载、考古发现串联起来,才是勿吉兴亡史的全部。

梁玉多的《简析勿吉的对外扩张》(《北方文物》,2012年第1期,第45—49页)指出,勿吉强大起来以后,开始对外扩展势力,并通过占领北沃沮、袭扰高句丽、占领夫余、侵蚀豆莫娄,把疆域从三江平原一隅扩大到几乎占据东北的一半,其影响也随之扩大到相关地区。勿吉的攻守举动也对东北全局产生影响,更使之成为东北政治舞台上的主角之一。

王禹浪、王俊铮的《近百年来国内外勿吉研究综述》(《哈尔滨学院学报》,2015年第11期,第1—15页)指出,勿吉是中国东北古代民族之一,曾在中国历史上占据重要地位。长期以来,国内外学术界对勿吉称谓及含义、地理分布、考古学文化、民族源流及其与周边民族关系等方面进行了富有成效的研究,特别是近几十年来考古发掘的进行,为学界研究勿吉民族提供了新的实物资料。文章主要对近百年来国内外有关勿吉的研究成果进行综合概述,有助于相关学者开展进一步的研究。

梁玉多的《勿吉－靺鞨民族史论》(社会科学文献出版社,2017 年版)是学界第一本专门探讨勿吉－靺鞨沿革的专著。作者于书中探讨了勿吉－靺鞨这一民族或族系从出现到消失的全部历史,重点研究了勿吉－靺鞨在肃慎族系发展以及多源一体的中华民族发展历史进程中的作用。书中还考察了勿吉－靺鞨族的社会、政治、经济、生活习俗、宗教思想等各方面的状况,说明了勿吉－靺鞨与中原王朝的关系。

宁波的《黑龙江地区的挹娄与勿吉人》(《黑龙江史志》,2019 年第 3 期,第 34—37 页)指出,在黑龙江地区肃慎族系的发展序列中,挹娄与勿吉是对同一民族在不同历史时期的称呼,并不是肃慎系一个大的族群中的两个不同部族。但两者不能简单地划一,勿吉人在部落组织、社会经济、生活习俗、婚姻观念等方面较挹娄人的文明程度高,勿吉人是在挹娄人的基础上发展起来的,应将两部族区分看待。汉代黑龙江地区的挹娄与勿吉人是肃慎族系由边疆原始落后形态向中原式封建形态发展转变历程中的一个重要发展阶段。

(三)渤海研究

渤海国是存在于东北地区的古代民族政权,也是唐朝的羁縻州,其一度定都于黑龙江地区,对黑龙江的古代历史影响较大,学界对其关注较多,而且也形成了较多的研究成果,主要包括:

李殿福的《渤海咸和四年铭文佛龛考释》(《社会科学战线》,1994 年第 3 期,第 191—193 页),通过对渤海咸和四年铭文佛龛内容的研究,指出该铭文佛龛乃是渤海国佛教遗物无疑,其出土地点是渤海国上京龙泉府的某寺庙遗址,该遗物乃是渤海国的珍贵文物,再一次证明渤海国通用汉字,并有着与唐朝一样的汉文学水平。

张碧波的《高句丽与渤海论略》(《黑龙江民族丛刊》,2001 年第 3 期,第 72—83 页)指出,高句丽与渤海是中华古代两大古族古国,它们之间的关系也是中华史、东北史研究的一个热点问题。在高句丽国时期,臣服于高句丽的白山、安居骨等靺鞨诸部,成为高句丽向外扩张的重要军事力量,待高句丽灭亡后，高句丽以及白山诸部多散入渤海成为渤海编户。粟末靺鞨在其酋帅的率领下于隋朝末年内附，并参加了隋、唐征伐高句丽的战争。渤海国号源于唐朝对大祚荣代表的古大氏族团的尊崇。渤海王室大氏家族系渤海统治核心，高句丽遗裔乃渤海六大"右姓"之首，为渤海王室之辅弼，并已成为新兴的渤海民族的重要组成部分。渤海族的形成标志着以粟末部为首的靺鞨族已进入到一个新的历史阶段。

张碧波的《说渤海史一段公案——渤海许王府考辨》（《哈尔滨学院学报》，2001 年第 6 期，第 115—119 页）指出，许王府出于日本大原县美术馆馆藏的"渤海咸和四年铭文佛龛"中铭文。许王府涉及渤海建国史一段历史公案与诸多问题。作者经过考辨提出，许王府是大祚荣在建立震国之后，为肯定共同建国的乞四比羽及其族众而设，同时也表明靺鞨族与李唐王朝紧密的历史文化联系。

都兴智、孙艳的《关于渤海国及渤海遗民研究的几个问题》（《辽宁师范大学学报（社会科学版）》，2008 年第 2 期，第 113—116 页）指出，渤海政权建立之初，其自称震国，唐朝则称其为靺鞨国，两个国号在这一时期同时存在。而"渤海"这一国号应与以郡望封爵有关。渤海民族共同体大约在其第三代王大钦茂执政时期形成，其主体是靺鞨人。渤海遗民南迁的时间应在天显四年（公元 929 年），南迁渤海遗民之举是东丹王耶律倍的建议，并不是耶律羽之的自作主张。耶律倍没能继承皇位，也应该是辽太祖生前的安排。

邵颖涛的《"渤海咸和四年铭文佛龛"再辨》（《大连民族学院学报》，2009 年第 6 期，第 488—490 页）指出，"渤海咸和四年铭文佛龛"从形式上看当为"造像碑"，是为建树功德、祈求阖门安康而有意造刻的。作者认为此物无论在时间记载，还是雕刻佛像人物的风格特征上都存有一定的疑点，应该并非渤海时代的遗物。

王乐文的《挹娄、勿吉、靺鞨三族关系的考古学观察》（《民族研究》，2009 年第 4 期，第 70—77 页），从三江地区汉唐时期的考古学文化格局入手，探讨了挹娄、勿吉和靺鞨三族之间的关系，指出三江地区分南、北两大区域，分属挹娄和靺鞨文化系统。“勿吉”早期指的是属于挹娄文化系统的勿吉文化居民，晚期则是指来自北区的靺鞨文化系统的人群。传统文献把汉唐时期三江地区诸考古学文化的居民看作一个整体，把靺鞨人混同于已经消失的勿吉之中。作者还提出需要重新认识挹娄－勿吉－靺鞨一脉相承的观点。

梁玉多的《挹娄与周边地区关系考》(《东北史地》，2016 年第 4 期，第 74—77 页)指出，挹娄与外界的联系很频繁。两汉时期，挹娄部分部落与夫余、高句丽等政权均有接触，且经常侵扰、掠夺南邻北沃沮。魏晋时期，挹娄的力量壮大起来，并与中原的曹魏政权确立了臣属关系。挹娄在这些对外联系中，直接或间接地吸收了中原及周边地区的先进经济、文化经验，这些经验促进了挹娄的社会发展。

三、秽貊族系研究

秽貊族系是东北古代三大族系之一，虽然其后世民族在北方地区的规模和影响力较东胡和肃慎族系小，但不可否认其仍然对黑龙江古代历史的发展产生了一定影响。

(一)索离研究

索离国是黑龙江地区早期的一个民族政权，虽然史书对其记载较少，但考古发掘为后人揭开了这个政权的神秘面纱，学界也有相关研究成果推出，主要包括：

王禹浪、李彦君的《北夷“索离”国及其夫余初期王城新考》(《黑龙江民族丛刊》，2003 年第 1 期，第 93—99 页)，介绍了黑龙江省哈尔滨市宾县庆华遗址及巴彦王八脖子遗址的发现经过、分布情况和文化内涵等内容，并对北夷“索离”国及其夫余国初期王城进行了考证。

张碧波、庄鸿雁的《索离王国文明的探讨——从索离沟考古说起》(《北方文物》，2012 年第 3 期，第 55—58 页)通过对文献和考古资料的研究指出，索离沟位于黑龙江省宾县与巴彦县之间，其地十几处遗址体现出索离王国的规模,索离沟遗址应是索离国的"活化石"。文章还就学界对索离国位置的探寻做了梳理,并通过东明创生神话探讨了索离王国文明诸问题,揭示出中华文化多元一体的特征。此外,文章还通过考古与历史的整合研究,揭示出索离王国文明在中华文化史与中华文明史上的地位,最后还提出索离国与《晋书》上裨离国的关系问题。

温玉成的《论拓跋部源自索离》(《新疆师范大学学报(哲学社会科学版)》,2012 年第 6 期,第 39—44 页),通过对嘎仙洞"八石阵"(八部联盟)的解读,对南迁"大泽"的考古学文化的判定,以及对《魏书 · 序纪 · 力微纪》的剖析,提出了拓跋部系起源于古老的"北夷索离国"的论断。

书元的《索离人东明创建夫余国》(《黑龙江档案》,2014 年第 3 期,第 210—211 页)指出,索离人属于古代黑龙江地区三大族系中的秽貊族系。索离人是秽貊族系北支的主干,为西周时著名的古九夷之一的"凫臾"。今嫩江下游肇源县发现的白金宝遗址应该就是索离人的文化遗存,今宾县和巴彦县一带是索离部落文化圈的中心活动区域。索离人东明创建的夫余国是一个历史悠久的奴隶制地方民族国家,共立世700 余年,不仅是古代黑龙江地区,而且也是我国东北地区白山黑水之间,幅员辽阔、盛极一时的强国。

(二)豆莫娄研究

豆莫娄国是继索离国之后在黑龙江建立起的又一个地方政权,也有学者对此进行了研究,相关成果主要有:

林树山的《寇漫汗国与豆莫娄国试辨》(《黑河学刊》,1988 年第 2 期,第 86—88 页)指出,寇漫汗国(亦作"寇莫汗国")的直接记载仅见于《晋书》,该记载称其是挹娄的西邻。由于史料记载有限,目前尚无法知道寇漫汗国的起源,文章推测其可能是北狄系部落,更有可能是突厥语部落建立的联盟,其原因在于只有突厥语部族或部落建立的国家组织才称"汗国"。在最重要的族属问题上,文章通过对史书记载的考证,提出早期的寇漫人就是后来的库莫(奚)人。从各种史书记载中可以看出,同寇漫汗国相比,豆莫娄国在经济、物质、文化上都要略高一筹，且两国居民的生活方式、风俗习惯等亦迥然不同，因此晋代的寇漫汗国不可能是北魏的豆莫娄国。

四、其他古代民族研究

兀惹族也是黑龙江的古代民族之一，并建立过地方政权——兀惹国。学者在对其进行研究时一般都将文献研究与考古发掘相结合，以展示该民族及其所建立政权的发展脉络，相关研究成果主要有：

张泰湘、崔广彬的《铁利丛考》（《民族研究》，1988 年第 2 期，第 58—63 页）指出，铁利又作铁骊、铁离、铁甸等，是一个历史悠久的部落。文章通过对文献的研究指出，铁利初期由于不甚发达而被淹没于肃慎、勿吉、靺鞨之中而无名，后至唐时，该民族逐渐兴起，形成独立的一部，在东北活跃了数百年之久。女真兴起后，铁利人基本上都被吸收加入女真群体之中，有一小部分可能与兀惹等部落融合，活动于黑龙江中下游地区，元明时代称其为兀者（斡者）。

张泰湘、李延铁、张桂芝的《兀惹丛考》（《北方文物》，1993 年第 3 期，第 67—73 页）指出，兀惹是古代黑龙江流域一个著名的民族，其源于隋唐时期的黑水靺鞨，活跃于辽金两代的政治舞台之上。金代以后兀惹人中的大部分融入汉族和女真族之中，元明时期兀惹又经历了数次分化、迁徙，一直是东北大地上一个十分活跃的民族。至清初，留居在松花江下游、黑龙江中下游，以捕鱼为生的兀惹人改称“黑斤”，而生活在锡霍特山、黑龙江下游丛林中以狩猎为生的兀惹人则改称“乌德盖”或“乌德赫”。

朱国忱的《兀惹部、兀惹城研究》（《东北史地》，2007 年第 3 期，第 16—21 页）指出，渤海灭亡后，其遗族属部在故地建立了割据方隅的小王国或政权，有人称之为“后渤海”，它曾与辽廷对峙，后与北宋有过某种形式的交往，并由此留下了相关记录。文章主要探讨了这一所谓“后渤海”问题，论证并明确指出了《宋史》《文献通考》之“琰府”即《辽史》之燕颇，其定安国即《辽史》之兀惹部之兀惹城。

梁玉多的《定安国小考》（《北方文物》，2010 年第 1 期，第 68—72 页）

指出，兀惹是部族名，渤海国灭亡时，他们坚持抗辽，并建立了定安国。定安国是兀惹的国号，其主要区域在今绥芬河中上游地区，都城可能就是今黑龙江省东宁市道河镇五排村西南的五排山山城。燕颇与定安国是对等的合作、同盟关系，但燕颇的声势和实力显然超过了定安国。

刘盛宏的《黑龙江历史上的“他赍”族》(《黑龙江民族丛刊》,2016 年第 3 期，第 110—114 页)指出，“他赍”族属于历史上叶尼塞河上游柯尔克孜人的一部，在清朝前期征伐准噶尔的时代大背景下，于康熙六十一年(1722 年)作为准噶尔厄鲁特蒙古色布腾的属部随其降清，并由阿尔泰山北路一带东迁到黑龙江布特哈地区。雍正十年(1732 年)，其族民披甲入旗，被分驻到齐齐哈尔、墨尔根、黑龙江三城。乾隆元年(1736 年)之后，部分“他赍”作为驻防八旗移驻呼兰直至清末。“他赍”属于历史上东迁黑龙江的柯尔克孜人的一支，他们的东迁同样是柯尔克孜族东迁历史的组成部分。文章在探讨“他赍”族来源的同时，也使黑龙江柯尔克孜族的东迁研究得到了新的补充。

第三章　经济、文化与教育

古代的黑龙江地处边疆，是少数民族的聚居地。古代黑龙江地区的少数民族也建立过政权，这些政权与中原政权相互交往。在与中原政权交往的过程中，这些政权不可避免地受到汉文化的影响，在经济、文化与宗教方面呈现出与中原政权不同的特征。

第一节　古代黑龙江的经济

古代黑龙江地区生活着众多的游牧民族和渔猎民族，渔猎经济、游牧经济成为这一地区主要的经济类型。在与中原政权建立起联系后，随着与汉族的接触日益频繁，农业在古代黑龙江地区的社会经济中所占的比重逐渐增大。同时，黑龙江具有独特的地理环境和气候条件，适宜农作物生长。这使得古代黑龙江地区的农作物产量不断增加，生产规模不断扩大。最终，古代黑龙江地区成为重要的农作物产区。

一、金代以前黑龙江经济研究

金代以前，黑龙江主要居住着游牧和渔猎民族，汉族居民人数相对较少，这造成其经济类型以畜牧业为主。同时，其农业生产规模较小，农业生产技术相对落后，因此，其农业发展缓慢。

(一) 早期黑龙江农业发展状况

李延铁、干志耿、孙秀仁的《黑龙江古代农业文化概论》(《学习与探索》,1981年第5期,第139—144页)指出,黑龙江地区有文献和考古遗存可证的农业发展史,至少已有三四千年之久。秦汉之际,铁制农具在黑龙江地区的出现和使用,是农业生产力发展的重要里程碑。唐代渤海国的建立和区域性统一,使得黑龙江地区的农业生产进入一个新的阶段,特别是牡丹江流域的农业有了大幅度的发展。到了金代,黑龙江地区的农业得到迅速发展,在种植面积和耕作技术等方面,金代超过了以往任何一个历史时期。这一时期堪称古代黑龙江农业发展史上的繁荣时期。元朝灭金以后,由于受到战乱的影响,黑龙江地区人口流散,土地荒废,农业生产遭到严重破坏。元朝巩固政权后,在黑龙江地区各政治军事重镇附近发展屯田,并设立屯田总管府,屯田总管府负责管理屯田事务,黑龙江地区的农业在此之后得到恢复和发展。

李龙的《齐齐哈尔地区古代农业生产探源》(《齐齐哈尔社会科学》,1988年第2期,第60—61页及第44页),以考古实物资料为主要依据,对齐齐哈尔地区早期农业生产进行了探讨。文章通过对出土的各类农业生产工具进行分析,指出齐齐哈尔地区的先民早在7000年前就开展了平整土地、播种、收割和加工等一系列的农业生产活动。那时的农业经济已经同渔猎经济一起成为齐齐哈尔地区重要的经济类型。

关庆凡、崔建伟的《黑龙江地区原始农业的兴起与发展》(《农业考古》,2012年第4期,第43—46页)指出,黑龙江地区在中国的最东北部,属于温带大陆性季风气候,其肥沃的黑土地和适宜的气候条件有利于动植物生长,有利于人类获取丰富的资源,并吸引人类祖先迁徙至此繁衍生息。他们最初依靠采摘植物的果实和捕捉野兽、鱼类来获取食物。他们在积累采摘经验和渔猎经验的基础上,经过反复的尝试和实践,逐渐进行农业种植,黑龙江地区逐渐进入原始农业时期。

魏佳钰的《古代农耕用具的发展历程对黑龙江农业经济的影响》(《山西农经》,2018年第23期,第62—63页)指出,黑龙江地区的农耕文化历史悠久,黑龙江地区拥有适合农耕的地理环境和气候条件。在历史条件、地理条件、人文条件的影响下,黑龙江地区传统农耕用具的发展呈现出多样化的特征。而农耕用具的不断更新,促进了黑龙江地区农作物产量的提升,促进了黑龙江地区农业经济的发展。

(二)渤海国农业的发展

在渤海国研究方面,随着研究进程的推进,渤海国经济问题日益受到学者的关注,研究成果极具特色。

魏国忠、朱国忱的《论渤海经济》(《学习与探索》,1984 年第 2 期,第 134—141 页)指出,在渤海国存在的二百多年间,经济得到了很大的发展,渤海国曾以"海东盛国"的形象出现在唐代的史册中。尽管与当时的中原地区相比,其生产力水平相对落后,各地区之间还出现了发展不平衡的情况,但是不容否认的事实是,在这一时期白山黑水的广大地区得到空前的发展,逐渐缩小了与中原地区的差距。这一历史性的变化是渤海国人民共同努力、辛勤劳动的结果。

王德厚的《试论古代黑龙江地区社会经济发展的两个高峰》(《中国边疆史地研究导报》,1989 年第 5 期,第 14—22 页)指出,古代黑龙江地区的社会经济发展在渤海国和金朝出现过两个高峰,这两个高峰对于中华民族的形成和发展,以及祖国边疆地区的开发具有重要意义。这两个高峰使得古代黑龙江地区的社会经济呈现出马鞍形的发展趋势。文章还分析了古代黑龙江地区社会经济发展出现两个高峰的原因:一是政治中心具有凝聚力和辐射作用;二是接受先进文化。文章还指出,由于接受了中原地区的先进文化和技术,古代黑龙江地区的居民提高了文化素质,生产力和社会经济得到快速发展。

梁玉多、辛巍的《勿吉的农业及相关问题研究》(《黑龙江社会科学》,2012 年第 2 期,第 147—150 页)指出,勿吉的农业发展远逊于中原地区,与周边的豆莫娄等相比,其农业发展也比较落后。但是从纵向比较来看,勿吉在肃慎族系农业发展史上占有重要地位。勿吉的农业耕作方法主要是耦耕,但由于勿吉尚处于早期铁器时代,铁器比较稀少且昂贵,勿吉的农具以石器、木器、骨器为主。勿吉的农作物有谷子、小麦等。由于勿吉的粮食产量有所增加,并且局部地区的粮食有了剩余,勿吉人开始嚼米酿酒,酒在勿吉人的饮食生活中逐渐占有重要地位。

梁玉多的《勿吉的金属冶炼和制造业》(《北方文物》,2015 年第 4 期,第 60—62 页)指出,勿吉人能够冶炼铁、铜和铅,甚至还尝试炼钢,已经初步掌握了金属器物制作中的铸造技术和锻造技术。总的来说,勿吉的金属冶炼水平和制造业水平相对较高。

梁玉多的《渤海国农作物考》(《高句丽与东北民族研究》,2016 年,第 232—241 页)指出,渤海国的农作物种类丰富,粮食类主要有稻、大豆、小麦、谷子、糜子、苏子等;蔬菜类有葵、蒜、萝卜、葱等;经济类有桑树、大麻;园艺果木类有梨、李、杏、樱桃、山楂、莲藕等。其中,稻、蒜、梨、李、杏、樱桃、山楂等是由渤海人从外地引进来的。

胡梧挺的《渤海国道地药材与东亚医药交流——以渤海人参为中心》(《北方文物》,2018 年第 1 期,第 91—97 页及第 107 页)指出,渤海人参在渤海国内有很多产地,而五京地区是渤海人参的主产地。随着中原医家对人参产地和人参品质认识的变化,以及东北亚地区政治格局的变动,渤海人参作为一种道地药材逐渐为唐五代以来的中原医家所认识,并被本草典籍收录,后来又随着渤海国的灭亡和契丹的崛起而销声匿迹。渤海人参还向东输入到日本,对日本医学的发展起到了重要作用。

梁玉多的《渤海国的畜牧业考》(《黑龙江档案》,2018 年第 5 期,第 41—44 页)指出,畜牧业是渤海国的一个重要经济部门。在畜牧业方面,渤海国采取分散的、小规模的家庭饲养的方式,这与蒙古草原地区那种大规模游牧方式不同。目前已知的渤海人驯养的家畜、家禽主要有猪、马、牛、羊、鹿、狗、鸡等。

二、金代黑龙江经济研究

金朝建立后,定都于上京会宁府,上京会宁府曾一度成为金朝的政治、经济和文化中心。金朝也着力发展上京,这在客观上促进了古代黑龙江地区社会经济的快速发展。

（一）金代黑龙江地区经济的类型与特点

关于古代黑龙江地区的经济问题，学者主要围绕控制这一地区的政权来展开研究。

1. 农业

金朝将都城设于上京会宁府，而后又有意识地向黑龙江地区迁移人口，这直接促进了当地农业的发展。学者对金代黑龙江地区的农业发展问题及相关问题进行了研究，相关研究成果如下。

朱国忱的《略论金代黑龙江地区的农业发展》（《中国农史》，1987 年第 1 期，第 1—21 页）指出，早在数千年前，中华民族的祖先就在黑龙江地区繁衍生息，创造了黑龙江地区的古老文明。黑龙江地区曾是历史上著名的“海东文化”的发源地，也是“金源文化”肇兴地区。渤海国和金代这两个时期是黑龙江地区农业发展史上的重要时期，在“北大荒”农业发展史上占有重要地位。作者还对金代黑龙江地区的农业生产发展问题进行了简单概述，认为在金代犁耕基本上取代了锄耕，农业成为重要的经济部门。

孙文政的《试述金代黑龙江流域的农业》（《古今农业》，2008 年第 2 期，第 75—80 页）指出，世居黑龙江流域的女真族，在建立金朝后，把发展农业作为军事扩张的基础，重视黑龙江流域农业的发展。为了促进黑龙江流域农业的发展，金朝还引进了宋朝先进的农耕技术，农业生产力得到显著提高，土地种植面积不断扩大，粮食产量不断提高。金代黑龙江流域的农业进入了繁荣时期。

胡良的《试论辽金时期黑龙江地区农业经济》（《祖国》，2017 年第 13 期，第 67—68 页），以黑龙江地区出土的辽金时期的石臼作为切入点，探讨了黑龙江地区的经济发展问题，介绍了黑龙江地区先民的生活习惯和生活条件。

黄金玉的《以考古发现视角浅析黑龙江省古代农业发展概况》（《黑河学刊》，2020 年第 6 期，第 75—78 页）指出，农器是反映农业生产变化最典型的器物，它的形制变化标志着生产力的发展水平。从考古发掘出土的农器来看，黑龙江省的农业发展经历了先秦时期、汉魏时期、唐渤海时期、辽金元时期四个主要时期，农器类型不断丰富，技术含量逐渐提高。农业生产经验的积累和中原地区的人口迁移，推动了古代黑龙江地区的农业不断发展。

何元龙的《金代黑龙江地区出土的铁犁和农田耕作技术及农田面积的初步探讨》（《古今农业》，2020 年第 3 期，第 59—68 页）指出，黑龙江地区出土的金代铁犁类型多样，功能各异。金代黑龙江地区普遍采用了牛耕技术和垄作技术，耕地主要分布在河流沿岸，耕种面积和耕种技术水平超过了以往任何一个时期。虽然金代黑龙江地区的人口密度非常低，开垦的土地非常少，但是金代仍然是黑龙江地区古代农业发展史上的一个重要时期。

2. 手工业和盐业

除农业外，金代黑龙江地区的手工业和盐业也得到了一定的发展。学者对此进行了研究，相关研究成果如下。

王禹浪、崔广彬的《金代黑龙江流域的农业和手工业》（《黑龙江民族丛刊》，2005 年第 3 期，第 41—46 页）指出，金朝建立政权后，通过军事战争，扩大了领土和疆域，原来居住在中原地区的劳动人民带来了中原地区成熟的农业技术和先进的生产工具。女真人从中原地区的劳动人民那里学到了先进的耕种技术。同时，女真人也把长期以来积累和掌握的宝贵经验分享给中原地区的劳动人民。这种交流和学习对金代黑龙江流域的农业发展起到了积极的作用。金代是黑龙江流域农业、手工业和商业迅猛发展的时期。

吴树国的《试述金代黑龙江流域的盐业》（《北方文物》，2007 年第 4 期，第 90—94 页）指出，金代黑龙江流域的食盐生产形式多样，肇州、乌古里石垒部和速频路分别为土盐、池盐和海盐的产地。黑龙江流域除了保留原有的盐税制度外，还吸纳了北宋中原地区的盐专卖法。其中，灶户制度、盐引制度，以及官定盐价、划区销售等模式，都在黑龙江流域得到推行。盐场和盐使司负责盐务管理，盐利岁额固定和盐官分办的管理模式在黑龙江流域逐步构建起来。女真族对黑龙江流域的开发，以及黑龙江流域与中原地区交往的加强，都推动了黑龙江流域盐业的发展，金代成为黑龙江流域盐业发展的重要时期。

（二）上京会宁府及上京路的经济特点

上京会宁府是金朝第一个都城，在金朝迁都后，上京会宁府和上京路仍然受到重视。上京会宁府和上京路的经济状况一直受到学者的关注，相关研究成果如下。

王德厚的《金上京城市经济初探》（《北方文物》，1993 年第 4 期，第 63—70 页）指出，金上京经济迅速发展，这主要体现在商业贸易繁荣、手工业发达，以及建筑业和其他行业兴盛三个方面。文章还分析了金上京经济迅速发展的原因：一是上京作为金初的都城受到重视；二是人口急剧增加；三是农业迅速发展，为经济的发展提供了保障；四是交通发达，便于商品贸易。

赵鸣岐的《金代上京路地区的土地开发与农业技术水平的提高》（《北方文物》，1995 年第 1 期，第 76—85 页）指出，金建立政权前，上京路地区就已经有了农业，江河流域和平原地区的土地得到一定程度的开发。金建立政权后，随着对辽、对宋战争形势的发展，农业的地位不断提升，金统治者进一步提高了对农业的认识，在上京路地区推行了一系列有利于农业生产的政策和措施，有力地促进了该地区土地的开发和农业的发展。

吴焕超的《金初上京地区的经济危机——兼论金朝北部边境危机出现的真相》（《农业考古》，2016 年第 1 期，第 96—104 页）指出，上京地区受到自然条件等因素的限制，经济较为落后，蓄养大量人口的能力严重不足。金统治者为解决金朝初年上京地区的粮食问题，采取了迁都燕京的举措。作者经过分析发现，金朝迁都燕京与北部边境危机的出现并没有直接的因果关系，金朝后期北部边患严重的主要原因是金朝对契丹人实行不平等的民族政策。

孙文政的《金代上京路经济的繁荣与发展》（《理论观察》，2017 年第 3

期，第 101—112 页）指出，女真族统治者特别重视“金源内地”的经济建设，在金初就推行了一系列有利于经济发展的措施，实行“移民实内”的政策，将中原地区的汉族人迁往上京路。这些汉族人为“金源内地”带来了先进的生产技术，这促进了上京路经济的发展。虽然迁都燕京在一定程度上影响了上京路经济的发展，但是在世宗继位后，金朝推行了有利于上京路经济发展的政策，促进了上京路经济的发展与繁荣。

（三）上京路辖区的农业

部分学者关注金代上京路辖区的农业问题，他们的研究成果具有明显的针对性和地方特色。相关研究成果如下。

赵文生的《金代上京蒲峪路的经济布局》（《农业考古》，2017 年第 1 期，第 61—64 页），依据文献和考古资料，结合古今自然地理条件，提出金代上京蒲峪路有五大经济区：一是以斯塔诺夫山脉（外兴安岭）为中心的采集狩猎区，其经济形态以采集狩猎为主，兼有农业；二是黑龙江中游两岸及结雅－布列亚平原的渔猎农耕区，其经济形态以农业为主，以其他行业为辅；三是小兴安岭山地采集狩猎区，其经济形态以采集狩猎为主，兼有农业和手工业；四是以乌裕尔河流域为中心的农业、手工业、畜牧业、商业综合经济区，这是蒲峪路辖区内经济最发达的地区；五是松嫩平原农业区，其经济形态以农业为主，兼有狩猎业。

王景义的《略论绥化地区金代古城与农业经济》（《绥化师专学报》，1993 年第 4 期，第 60—63 页）指出，绥化地区已发现的 31 座金代古城可以分为猛安谋克城、驻军贮粮城和交通驿站城三类。文章还指出，这些古城对当时的经济发展都起到了重要作用，成为当地军民物品交换的中心。

梁玉多的《金代黑龙江地区女真人的农业》（《北方文物》，2021 年第 2 期，第 92—96 页）指出，牛具税地制是金代女真人独特的土地制度，迁到中原地区的女真人逐渐废弃了这一土地制度，而黑龙江地区始终实行这一土地制度。中原地区人民的迁入使得黑龙江地区获得了大量的劳动力和先进的技术，铁制农具在黑龙江地区得到广泛使用，农业不断发展，耕地面积逐渐扩大,粮食产量逐渐提高,农作物品种也逐渐丰富。

三、元明时期黑龙江经济研究

在金朝灭亡后,黑龙江地区作为“金源故地”,一直受到元朝的监督和管辖,其政治地位受到削弱。自元朝开始,作为边疆省份,黑龙江对于国家安全的作用日益凸显出来。

(一)元朝时期黑龙江的经济

元朝时期,黑龙江的农业经济主要是随着屯田制度的推行而兴起的。学者从农业发展的角度进行了研究。

魏国忠的《元代黑龙江地区的社会经济》(《黑河学刊》,1991 年第 1 期,第 100—106 页)指出,虽然元代黑龙江地区的社会经济发展水平在总体上低于金代,但是元代黑龙江地区的社会经济也并非像人们所想象的那样萧条和凋零。在局部地区,如泰宁府一带,其社会经济得到了一定程度的发展。驿站和驿路在客观上适应了社会发展的需要,为各地之间物资的交流提供了有利的条件。文章还指出,应深入发掘史料,加强对相关内容的研究,还原历史的本来面貌。

白晓清的《元代黑龙江地区的屯田》(《黑龙江民族丛刊》,1994 年第 4 期,第 77—79 页)指出,元代黑龙江地区的屯田基本上属于民屯,元朝在黑龙江地区设置了肇州蒙古屯田万户府、蒲峪路屯田万户府和水达达路屯田总管府。屯田在当时黑龙江地区的政治、经济、军事方面具有重要作用,而且农业作为畜牧业、渔猎业的补充,在元代黑龙江地区的经济发展中起到了重要作用。

(二)明朝时期黑龙江的经济

关于明朝黑龙江地区的经济问题,学者关注得较少,目前的研究成果如下。

杨光的《明王朝对生女真社会经济发展的影响》(《知与行》,2016 年第 5 期,第 101—104 页)指出,虽然明代之前的生女真具有广阔的生存空间,但是由于地域偏远,生女真地区的社会经济发展水平仍然比较落后。明代以来,随着对黑龙江下游少数民族地区统治的加强,中央王朝逐渐对生女真地区实施有效的行政管辖,不但设立了卫所、努尔干都司,而且开辟了海西东水陆城站,这一切都促进了生女真地区社会经济的发展。在明朝积极的政策扶持下,生女真地区与熟女真地区社会经济发展水平之间的差距逐渐缩小。

四、清代黑龙江经济研究

清代黑龙江地区的农业飞速发展,农业已经成为当地的经济支柱,对经济发展产生了深远的影响。学者已关注到这一问题,并从多个角度、多个层次进行了研究。

(一)清代黑龙江财政收入研究

财政收入是反映一个地区经济发展状况的重要指标。对于清代黑龙江地区的财政收入问题,学者进行了研究,主要研究成果如下。

王晓辉的《清代黑龙江财政岁入研究》(《长春师范学院学报》,2002 年第 21 卷第 4 期,第 42—45 页)指出,清代黑龙江的财政体制大致经历了三个时期:清初至咸丰三年(1853 年),属户部关领时期;咸丰四年(1854 年)至光绪三十二年(1906 年),属部拨、协饷时期;光绪三十三年(1907 年)至宣统三年(1911 年),属自筹时期。文章还指出,清代黑龙江财政体制的变化是由岁入来源的变化引起的,清代黑龙江的财政体制在发展过程中出现了向近代财政体制转化的趋势。

赵璐迪的《清代黑龙江财税管理状况略论》(《黑龙江史志》,2014 年第 3 期,第 298 页及第 300 页)以清代黑龙江的财政管理体制为视角,对新政前期黑龙江的财税管理状况进行论述,认为随着财政收入的变化,清代黑龙江的财税管理体制经历了一个逐步变化的过程。文章指出,财税机构的变化,使得地方财政管理机构逐渐完备,为新政时期的黑龙江财税改革奠定了基础。文章还指出,清代黑龙江的财税管理体制大致经历了两个阶段：一是清初至咸丰初年的户部关领、各省协饷阶段；二是咸丰初年至新政前期的设立民治机构和税局阶段。在第一个阶段中，清政府实行的是一种集权式的管理方式，中央户部管理全国财政。但在太平天国运动爆发后，清政府财政收入锐减，随着中央集权财政体制的瓦解，地方财政逐渐从中央财政中分离出来，中央财政对地方财政失去控制。

（二）清代黑龙江驿路经济研究

驿站是清朝重要的联络机构，承担着发展农业生产的任务，这使其成为极具地方特色的古代机构之一。学者对此进行了研究，相关研究成果如下。

徐小慧、卢玉华的《试论清代黑龙江地区驿站与经济发展》（《满语研究》，2001 年第 2 期，第 114—117 页）介绍了清代黑龙江驿站的设置、分布和管理等，指出驿站的建设促进了经济的发展，驿站为黑龙江地区经济的发展、城市的繁荣做出了重要贡献。

许铭的《清代黑龙江地区驿站的土地开发》（《边疆经济与文化》，2010 年第 6 期，第 98—100 页）指出，清代在黑龙江设立驿站后，将旗地制度使用于驿站，并对驿站周围的土地进行了开发。清统治者入主中原后，在东北地区仍然实行土地国有政策，并对土地进行了严格的控制，严禁私人随意开垦。为了避免土地荒废，清政府对东北地区采取了奖励垦荒的政策。驿站所经营的土地，并不分到站丁的名下，而是由各个驿站统一雇人耕种。对于驿站周围土地的开发，在康熙二十四年（1685 年），清政府做出了统一的安排。清末，黑龙江地区进行了多次大规模的放荒，并对驿站周围的荒地进行了大规模的开垦。

刘晨曦的《清代黑龙江驿路沿线的农业开发——以站人为中心的研究》（《理论观察》，2013 年第 12 期，第 66—67 页）指出，站人为清代黑龙江地区驿路沿线的农业开发做出了重大历史贡献，这主要表现在耕地面积不断扩大和站人农业聚落形成等方面。尽管站人在农业开发中面临一些不利的局面，但是他们取得了重要的成就。文章从站人从事农业开发的历史背景、站人对黑龙江地区农业开发的贡献、站人在农业生产中面临的不利因素等方面,对清代黑龙江地区驿路沿线的农业开发进行了详细的阐述。

(三)清代黑龙江农业发展研究

有关清代黑龙江地区的农业生产与农业发展的研究成果如下。

李帆的《试论清代黑龙江地区的官庄》(《北方文物》,1986 年第 4 期,第 97—100 页及第 107 页)指出,清代黑龙江地区的官庄可以分为兵屯官庄和旗屯官庄两种,官庄的土地都是国有土地,由国家统一派遣官员进行经营和管理,由旗兵、旗丁等进行耕种,土地的大部分收获物亦归国家所有。清代黑龙江地区的官庄具有以下四个特点:第一,以开垦荒地为主,具有屯田的性质;第二,劳动者基本上是旗人,普通民众不得参与耕作;第三,官庄维护了剥削制度;第四,官庄在很长时期内实行按丁征粮的剥削方式,直到清末才有所改变。

徐广巍的《双城堡京旗回屯问题研究综述》(《黑河学院学报》,2012 年第 3 卷第 1 期,第 113—116 页)指出,京旗回屯是清朝为了解决八旗生计问题,将北京的八旗兵丁回迁至东北进行屯田的一项措施。双城堡京旗回屯作为一个典型案例,一直是京旗回屯研究的重中之重。通过对以往研究成果的梳理,文章指出这些研究成果具有一定的趋同性,即研究主要集中在屯田的历史进程、东北土地开发、京旗文化、人物和家族个案等方面。现有的研究虽然取得了一定的成果,但是也存在一些问题,即缺乏地方的视角和对“人”的研究。

第二节　古代黑龙江的文化

古代的黑龙江已经形成丰富且独具特色的地域文化,并出现了很多特有的文化符号。其中的“渤海文化”“金源文化”“驿路文化”“流人文化”成为古代黑龙江文化的重要组成部分。

一、早期黑龙江的文化

早期生活在黑龙江的是少数民族，经济和文化相对落后，他们与中原地区联络得较少，这导致史书中的相关记载也较少。学者一般是在考古研究的基础上结合史书的记载对黑龙江早期文化进行研究。

（一）先秦时期的黑龙江文化

秦以前，黑龙江地区就已经有了人类活动的足迹，并且部分地域已经形成了相应的地域文化。

1. 先秦时期的地域文化

黑龙江地区土地面积较大，其内部还有不同的河流。受到环境的影响，黑龙江地区形成了不同类型的文化，学者对此进行了研究。相关研究成果如下。

张泰湘的《绥芬河流域原始文化初探》（《社会科学战线》，1982 年第 2 期，第 181—184 页）指出，绥芬河在很早以前就出现在我国古代文献中，唐代称之为率宾水，辽仍沿用此名，金代改称恤品河、苏滨水、速频水等，明代称之为率宾江，清代才开始称之为绥芬河。"率宾""恤品""苏滨""速频""绥芬"均为满语"锥子"之意。根据绥芬河流域的考古发掘情况，文章还指出绥芬河流域从旧石器时代起就已经有人类居住，一直都是人类活动的地区之一。

杨志军的《牡丹江地区原始文化试论》（《黑龙江文物丛刊》，1982 年第 3 期，第 52—64 页）指出，牡丹江位于黑龙江省东南部，有牡丹江、绥芬河、穆棱河三大水系。文章不仅对牡丹江地区的牛场遗址、大牡丹遗址、东康遗址、大城子遗址、团结遗址等出土的陶器、石器进行了全面的对比和分析，还对各种遗址所属时期的关系和发展状况进行了考证。

2. 黑龙江流域文明

随着研究的深入，黑龙江流域文明的形成与特征逐渐成为研究的热点，相关研究成果如下。

史红的《肇源白金宝遗址与黑龙江文明起源》(《哈尔滨学院学报》,2017 年第 38 卷第 5 期,第 1—5 页)指出,文明起源是一个量化过程,文明起源研究是文明进程化的研究,需要借助考古学方法,黑龙江地区在唐渤海国之前的历史都应属于文明起源范畴。白金宝遗址是松嫩平原迄今为止持续时间最长、文化内涵最丰富、规模最大的聚落遗址。通过探究白金宝遗址,不仅可以看出不同文化聚落相互演进的关系,还可以看出黑龙江地区自夏至汉代以前的文明化历程。

王禹浪、王志洁的《黑龙江流域古代历史与文化概述》(《黑龙江民族丛刊》,2000 年第 4 期,第 83—89 页)指出,黑龙江一名始于辽代,黑龙江流域指今黑龙江主流和流入主流的诸水系所流经的区域。考古资料证明,黑龙江流域不仅拥有历史悠久的史前文化,还拥有辉煌灿烂的古代文明。远古人类就已经在这块土地上繁衍生息,新石器时代的史前文化遗存十分丰富。白金宝文化标志着古代国家文明的肇始。公元 7 世纪至 13 世纪,黑龙江古代文明发展到最辉煌的历史阶段。无论是以靺鞨人为主体建立的“海东盛国”——渤海国,还是发祥于黑龙江流域的鲜卑、契丹、女真、蒙古、满族所建立的五个入主中原的王朝——北魏、辽、金、元、清,都有力地推动了黑龙江流域政治、经济和文化的迅速发展,使得黑龙江流域的区域文明与长江、黄河流域的中原文明融为一体。

吴丽华的《黑龙江流域文明的起源和文化特色》(《黑龙江社会科学》,2012 年第 2 期,第 142—145 页)指出,黑龙江流域同黄河、长江流域一样,不仅是中华民族文明的摇篮之一,也是中华民族文明的重要发祥地。黑龙江流域文明在发展过程中形成了自身的特色。黑龙江流域古代文化具有地域性、久远性、多民族性和开放性等特色。黑龙江流域文明在中华民族文明形成的过程中起着重要作用。

苗芳舒的《黑龙江流域古代音乐文化探析》(《北方音乐》,2014 年第 10 期,第 7 页)指出,黑龙江自古以来就是少数民族的聚集之地,古代黑龙江地区长期保持着原始生态风貌,渔猎成为古代黑龙江地区主要的生存方式。在渔猎文化的基础上,古代黑龙江地区产生了独具特色的音乐文化。

以往专门研究黑龙江流域古代音乐的成果较少。作者针对这种情况进行了一次有针对性的研究,旨在丰富黑龙江流域古代音乐文化的内涵。

(二)黑龙江古代民族文化与特征

古代黑龙江地区一直都是少数民族的聚居区,形成了具有地域特色的少数民族古代文化。学者主要从黑龙江古代民族文化演变的角度进行研究,相关研究成果如下。

杨东晨的《论先秦时期黑龙江地区的民族和文化》(《哈尔滨师专学报》,1999 年第 3 期,第 86—91 页)指出,黑龙江地区的新石器时代文化是从该地区旧石器文化发展而来的,形成了鲜明的地方特色和独立的发展序列。夏、商、周及春秋战国时期是社会制度变革、经济文化大发展的时期,黑龙江地区沿着自身发展的道路逐步进入父系氏族社会、奴隶制社会和封建社会,并出现了莺歌岭文化、白金宝文化、平洋文化等。

曹志的《黑龙江古代民族的演进及历史遗存所展现的文化之光》(《黑龙江省社会主义学院学报》,2012 年第 1 期,第 30—33 页)指出,黑龙江地区古代先民的三大族系具有悠久的历史文化,这充分证明黑龙江地区的古代先民在经历了渔猎稼穑的艰辛和部落的兴衰嬗变之后实现了文明的跨越,而且古代先民为黑龙江地区的开发、发展和统一多民族国家的形成做出了重要贡献。

项福库的《黑龙江古代民族与桦木、桦树皮文化初探》(《中国地方志》,2008 年第 1 期,第 57—59 页)指出,黑龙江古代民族在漫长的历史进程中,不仅孕育出了纯朴的桦木、桦树皮文化,也孕育出了黑龙江地区的古代文明。桦木、桦树皮不仅是先民们生产、生活中重要的原材料,也是黑龙江地区与中原地区进行频繁交往的一种媒介,促进了黑龙江地区与中原地区政治、经济和文化的交流。

冯恩学的《黑龙江中游地区靺鞨文化的区域性及族属探讨》(《吉林大学社会科学学报》,2005 年第 45 卷第 3 期,第 99—103 页),对黑龙江中游地区的靺鞨文化遗存及其族属问题进行了探讨,指出黑龙江中游沿岸地区的靺鞨文化遗存分为三江平原区和结雅－布列亚平原区两区。三江平原区的靺鞨考古遗迹的族属是黑水部，结雅－布列亚平原区的靺鞨考古遗迹的族属是思慕部。以往有关黑水靺鞨的文献资料较少，在黑龙江中游沿岸地区发掘出的大量靺鞨文化遗存，为学者研究黑水靺鞨的历史提供了丰富的资料。

张飚、袁俊华的《黑龙江流域原始岩画与鄂伦春族绘画探源》（《阜阳师范学院学报（社会科学版）》，2015 年第 1 期，第 146—150 页）指出，原始岩画是人类重要的文化遗存，利用原始岩画对绘画艺术的发生、发展问题进行探讨是一种独特的视角。文章结合前人对我国牡丹江流域的群力屯岩画，以及大兴安岭“交唠呵道”“阿娘尼”等处岩壁画的研究成果，运用图像分析的方法，探寻其与鄂伦春族的文化关联性，还对鄂伦春族存在原始绘画的可能性进行探讨。

杨旸、柳岚的《有清一代中华服饰经由黑龙江及库页岛地区东传北海道溢彩》（《黑龙江社会科学》，2001 年第 6 期，第 43—46 页）指出，清朝对黑龙江下游及库页岛地区实行噶珊制度，其中重要的内容是“贡貂与赏乌林制”，这致使蟒袍、锦缎、丝绸等通过黑龙江下游及库页岛地区传入北海道。噶珊制度的实行是北海道“虾夷锦”产生和发展的主要原因，库页岛民族“至西山国穿官”是中国物品进入北海道的主要渠道。

二、“渤海文化”

渤海国是我国古代东北地区的地方民族政权，曾一度创造出灿烂辉煌的文化，并有了“海东盛国”之名。学者一般以渤海上京文化为中心来对“渤海文化”进行研究。

（一）渤海上京文化研究

上京龙泉府不仅是渤海国的都城，也是渤海国的文化中心。学者对上京文化进行了研究，相关研究成果如下。

郑敦发的《关于渤海国上京城文化的探讨》（《黑龙江史志》，2014 年第

1期,第314页)指出,上京城是唐代渤海国的五京之一,上京城文化是“渤海文化”的重要组成部分。渤海国上京城文化不仅体现出了“渤海文化”的内容和形式,也体现出了渤海国吸纳多种文化、促进多种文化交流的特征。深入研究渤海国上京城文化对于东北亚文化的交流与发展具有重要意义。

刁丽伟的《渤海上京文化研究的回顾与思考》(《满族研究》,2010年第4期,第7—11页),对渤海上京文化的含义做了进一步阐释,对渤海上京城遗址的调查情况和考古发掘情况,以及渤海上京文化研究领域所取得的成绩等做了简要的回顾。文章还提出了渤海上京文化的历史地位问题,以及上京文化与唐中原文化、东北亚文化的关系问题,并对上京文化研究中的研究对象定位、研究范畴、民族属性等问题,以及渤海上京文化中民族精神的挖掘问题进行了探讨。

李莹的《黑龙江省渤海国文学研究——以牡丹江流域上京文学的生成演进为考察视角》(《牡丹江师范学院学报》,2018年第4期,第65—69页)指出,唐代渤海国曾两次定王城于上京龙泉府,不仅留下了著名的上京城遗迹,而且孕育出了珍贵的上京文学,上京文学在文学交往中得到了唐代文人的肯定。这体现了民族文化的交流与碰撞,为后人留下了一笔难能可贵的精神财富。上京文化成为地域文化的代表,成为具有延续性和丰富性等特征的边疆文学典型。

张碧波的《渤海国与中亚粟特文明考述》(《黑龙江民族丛刊》,2006年第5期,第70—76页)指出,从文献学与考古学的研究情况来看,粟末靺鞨在营州期间就与粟特移民建立起密切的关系,并参与了隋唐时期在营州地区的政治、军事活动,这为粟末部的崛起奠定了基础。渤海国建立后,原营州的粟特移民亦随之成为渤海国的编户,他们不仅在渤海国与日本的经济、文化交流中发挥了重要作用,也在渤海国的经济贸易、金融流通和宗教文化建设中发挥了重要作用。

(二)“渤海文化”与唐文化关系研究

渤海国是我国古代东北地区的地方民族政权,由于与唐朝往来密切,深受汉文化的影响。学者对“渤海文化”与唐文化的关系进行了研究，相关研究成果如下。

徐德煜的《探讨中原文化对渤海国的深刻影响》(《黑龙江史志》,2014年第7期,第363页)指出，渤海国在黑龙江流域的历史长河中占有极为重要的历史地位，渤海国以唐制为基本模式，构建政治管理体制。在与唐朝的频繁交往中，渤海国不断吸纳儒家的思想观念，定期选派学生赴唐学习。这些学生不仅积极学习唐朝的先进文化，也将大量的文献典籍带回渤海国，这使得中原文化在渤海国得到广泛传播，推动了“渤海文化”的发展。

李春杰、苗威的《渤海派遣学生赴唐学习情况探析》(《东疆学刊》,2017年第34卷第2期,第81—86页)指出，渤海国是由我国古代地方少数民族建立的政权，并且与唐朝确立了臣属关系。渤海国从建立政权初期便开始向唐朝派遣学生学习先进的科技文化和典章制度。渤海国还积极推行“唐化”政策，从而逐渐摆脱了氏族部落和奴隶制的原有特征，发展成为以儒家经典为治国理念的区域强国。因此，在对渤海国的“唐化”过程进行研究时，最重要的就是对渤海国学生在唐学习情况进行探究，这也成为深入研究渤海国存亡历程的重要途径之一。

(三)渤海国科技研究

梁玉多的《渤海国的科学技术述略》(《中国科技信息》,2005年第12期,第196页)指出，渤海国上京龙泉府等大城市的街市里坊规划得非常整齐，这说明渤海人掌握了一定的测绘学知识。而测绘学以子午线的测定等天文学知识为基础，这也从一个侧面反映了渤海国天文学的发展成就。渤海国的建筑学成就尤为显著，渤海人掌握了“减柱”技术、“企口”技术、“抢阳”技术。此外，渤海国还有专职医生，渤海人掌握了药材的加工方法。在金属冶炼和加工方面，渤海人掌握了冶铁技术和冶铜技术，其金银冶炼水平和金银器制造水平也很高。

三、“金源文化”

“金源文化”一般是指形成于金朝上京地区的女真文化。在对“金源文化”进行研究的过程中，学者一般将其与金朝的历史联系起来，并注重探究其独特性。

（一）“金源文化”的总体研究

随着金朝的迁都与汉化，“金源文化”发生了变化。学者对“金源文化”的形成、变化等问题关注得较多，并进行了细致的研究。相关研究成果如下。

李成的《略论“金源文化”及其当代价值》（《北方论丛》，1999 年第 3 期，第 92—96 页）指出，女真族创造了以本民族文化为根脉，融渤海文化、契丹文化和中原汉文化为一体的“金源文化”。文章对“金源文化”的特征、地位、影响和当代价值做了新的阐述和客观的评价。

李成的《再论“金源文化”的特征》（《哈尔滨师专学报》，1999 年第 1 期，第 5—8 页）指出，“金源文化”是在女真族半农、半牧、半渔猎的生活方式的基础上和历史发展过程中形成的具有开放性、开拓性和创造性特征的文化类型。“金源文化”促进了北方民族文化的发展，促进了南北文化的交流与融合，丰富了中华民族文化的宝库，在中国文化史上占有一定的地位。

李成的《“金源文化”简论》（《社会科学战线》，1999 年第 2 期，第 259—260 页）指出，“金源文化”是农业文化、草原文化、渔业文化交融互补型的文化，是在历史发展过程中形成的独具特色的文化。“金源文化”富有活力和生气，具有流动性、创造性、适应性和开拓性等特征。

王可宾的《释金源文化》（《史学集刊》，2001 年第 4 期，第 98 页）指出：“金源”一词原本只是地域之名，金初称“内地”，后改称上京；金灭亡后，“金源”一词由地域之名转变为其他意义。“金源文化”后来专指有金一代金源地域文化，也可引申为金代文化或女真文化。

王禹浪的《论金源文化》（《黑龙江民族丛刊》，2003 年第 3 期，第 65—72 页），从金源文化的概念入手，介绍了金源地区发现的古城、陵墓，以及出土的铜镜、官印、玉器、碑刻、铁器等，指出这些遗存构成了哈尔滨地区独特的历史人文景观。

王久宇、刘丽丽的《也论“金源文化”》(《黑龙江史志》,2007 年第 11 期,第 43—44 页及第 50 页)指出,“金源文化”的时间下限应在现在,地域空间范围应是阿什河流域,“金源文化”是生活在阿什河流域的各民族共同创造的民族文化。

(二)“金源文化”的形成与特征

“金源文化”虽然是形成于“金源内地”的女真族文化,但是随着历史的发展,以及女真族的迁都和汉化,发生了一些变化。学者对“金源文化”的形成与特征进行了研究,相关研究成果如下。

孙秀仁的《生女真文化的渊源与构成——以黑龙江地区考古资料为主的论述》(《黑龙江民族丛刊》,1990 年第 3 期,第 56—60 页)指出:一般来说,狭义的“金源内地”主要指上京地区;广义的“金源内地”则包括上京路及其下辖的蒲峪路、胡里改路、恤品路和曷懒路等五个路的地界。文中所论及的女真人,主要是指以完颜部为核心的金朝内地女真人及与之属于共同族源的北部生女真。文章还指出,黑龙江流域的靺鞨文化是女真文化的主要渊源之一。

曹志的《大金国的崛起与金源文化的成因》(《黑龙江省社会主义学院学报》,2007 年第 3 期,第 5—8 页)指出,完颜部女真人不仅建立了少数民族政权——金朝,而且还创造了辉煌灿烂的金源文化。由于时事更迭,沧桑巨变,金源文化的辉煌成果遭到了严重破坏。文章还指出,应当根据金源文化的历史遗存来研究和探寻金源文化的全貌,为黑龙江文化的历史传承做出贡献。

李秀莲的《金源文化阶段性发展述论》(《北方论丛》,2005 年第 5 期,第 90—94 页)指出,随着创造文化的主体——女真人地位的变化,金源文化呈现出阶段性发展的特征。从发展历程来看,金源文化先后经历了地域文化阶段、民族文化阶段、金代主流文化阶段,以及民族解体与文化分流四个阶段。文章还指出,11 世纪初至女真建国是金源文化的生成期,即地域文化阶段;阿骨打建国至海陵王迁都是金源文化的发展时期,即民族文化阶段；迁都燕京至世宗巡幸上京是金源文化作为金代主流文化的地位逐渐消逝的时期；金朝灭亡后，女真民族解体，金源文化失去内在的张力，开始分流。后金政权建立后，建州女真再次整合东北地区的民族文化，金源文化逐渐成为满族文化的一部分。

王禹浪、王宏北的《金代黑龙江流域的历史与文化》（《哈尔滨学院学报》，2006 年第 27 卷第 1 期，第 1—15 页）指出，金朝的建立对于黑龙江流域古代文化的发展具有特殊的意义。女真族以飓风之势入主中原，这导致时代震荡和社会大变动的局面出现了。尤其是在与契丹族、汉族进行大规模战争的过程中，女真族不仅加速了封建化的进程，而且将契丹文化和汉族文化作为新鲜活力注入自己的整个民族肌体中，为本民族营造了一种奋发向上的气象。金代黑龙江流域文化的更新和精神面貌的转换，深刻影响了当时北亚及东北亚地区政治、军事和文化格局的演变，推动了黑龙江流域文化的发展。

王禹浪、郭丛丛的《金代金源地区形成的历史背景及其文人与作品》（《黑龙江民族丛刊》，2012 年第 3 期，第 76—81 页）指出，金朝建立初期，按出虎水流域形成了一个极具特色的文化区域，即金源地区，金源文化是一种别具一格的新型的复合型文化。文章主要根据金源地区形成的历史背景，以及金源地区的女真人和汉族文人留下的文学作品，探讨金源文化形成的特点，并对女真人在汉族文化向东北亚地区传播的过程中所起到的作用进行初步的研究。

（三）金朝的礼仪制度

在迁都燕京、进行全面汉化改革后，金朝在金源文化的基础上出现了新的礼仪制度和规范，这是金朝作为封建王朝的显著标志之一。学者对此也有所关注，对相关内容进行了研究。

常晓宇、李秀莲的《阿骨打拜天射柳》（《黑龙江史志》，2008 年第 13 期，第 25—26 页）指出，女真人吸收北方民族树木崇拜的思想，接受契丹人的射柳文化，这使得射柳祭天的文化习俗形成了。在部落制时代，阿骨打为了联合诸部,有意识、有目的地进行射柳祭天活动。金朝建立政权后,将“拜天射柳”定为礼制。文章从金朝完善这一礼制的历史过程入手,探讨并揭示了金源地区崇柳文化的发展与变迁。

徐洁的《金上京太庙考述》(《北方文物》,2011 年第 1 期,第 47—51 页)指出,金熙宗首创金朝正规的太庙,但由于史书对金朝庙制缺乏记载,学界尚无人对此进行系统研究。文章通过对金熙宗创建太庙和建立皇家宗庙制度的史实进行梳理和探究,提出金初实行的是“七世之庙”制度。

刘冠缨的《金上京城市文化与金初民族文化融合》(《满族研究》,2017 年第 1 期,第 101—106 页)指出,金上京城作为金代的第一个都城,自公元 1115 年金太祖完颜阿骨打建立政权至公元 1153 年海陵王完颜亮迁都,一直是金代的文化中心,是金源文化的发祥地。上京城的音乐、歌舞、语言、文字、文学作品、宗教等体现了金初多民族文化有机融合的特点。

四、“驿路文化”与“流人文化”

“驿路文化”和“流人文化”都是在清代黑龙江地区形成的特有的地域文化。“驿路文化”和“流人文化”根植于当时黑龙江地区社会和历史的土壤中,具有明显的地域性特点。

(一)“驿路文化”的形成与特征

“驿路文化”是基于清代在黑龙江设置的“驿路”而形成的文化。学者对此有所关注,并进行了研究,相关研究成果如下。

许铭的《略论黑龙江站人文化的形成》(《齐齐哈尔师范高等专科学校学报》, 2008 年第 5 期,第 110—112 页)指出,站人是对东北地区从事驿站工作的站丁及其后代的一种称谓,他们是我国东北地区具有特殊属性的群体。站人出现在清代康熙年间,在长达三百多年的时间里,这些特殊人群形成了一个比较固定的文化圈,形成了极具地域特色的文化群体。文章探讨了清代茂兴至瑷珲的驿站站人及其后裔在三百多年中形成的特殊的文化圈,对站人文化的形成与内涵进行了初步分析和总结。文章指出,站人文化是一种在特定历史环境中形成的具有移民文化倾向的地域文化。

郭风岚的《黑龙江站话的分布区域与归属》(《方言》,2008 年第 1 期,第 76—80 页),根据对史料的详细分析和实地调查,提出站话的分布区域应当是从今天的黑龙江西部的肇源蜿蜒向北到黑河瑷珲附近。站话是由北方方言的变体演化成的特殊的“民系”方言。除了与新移民快速涌入等客观因素有关之外,站话的衰颓也与站人本身希望摆脱原有身份有着直接的关系。

(二)“流人文化”的形成与特征

“流人文化”是在黑龙江地区的“流放罪民”中形成的独特文化。由于被流放者的身份和地位不同,他们的流入使得古代黑龙江地区的文化增加了新的内涵。学者对此关注得较多,相关研究成果如下。

曹志的《黑龙江文化的振兴与清代“流人”的贡献》(《黑龙江省社会主义学院学报》,2007 年第 1 期,第 33—36 页)指出,黑龙江文化是以中华文化为底蕴的具有民族融合特点的地域文化,其中,清代“流人”在黑龙江文化的形成和发展过程中发挥了重要作用,对黑龙江文化的传播做出了重要贡献,也为黑龙江留下了珍贵的历史遗产。对于清代“流人”为黑龙江文化发展做出的贡献,作者从三个方面进行阐述和说明:一是黑龙江文化的辉煌历史及其长期衰微的原因;二是清代“流人”的构成、特点及其对文化振兴的作用;三是清代“流人”的珍贵遗产及其对文化发展的贡献。

吴丽华的《黑龙江流域文明与古代北亚区域文化》(《社会科学家》,2010 年第 6 期,第 152—155 页)指出,黑龙江流域河流众多,山脉纵横,是华夏文明的发祥地之一,孕育了黑土先民,形成了多元文化。黑龙江流域的古代民族创造了独具特色的历史文化,黑龙江流域文明与整个中华民族文明有着不可分割的内在联系,在中华民族文明形成过程中起着重要作用。由于中华文化北传东渐,黑龙江流域不仅是东北亚腹地文化的集中区域,也是以中华文化为主体的东北亚腹地文化向外辐射和传播的重要地区。

吴丽华的《黑龙江流域古代文化述论》(《社会科学战线》,2010 年第 9 期,第 124—126 页)指出,黑龙江流域古代文化不仅是整个中华民族文化的重要组成部分,也是在原生态文化的基础上发展起来的地域文化、民族文化。此外,黑龙江流域古代文化与中原汉族文化存在着久远的、双向的、密切的关系。

吴丽华、张守生的《清代齐齐哈尔流人社会及其文化述略》(《黑龙江社会科学》,2014 年第 3 期,第 145—148 页)指出,清代齐齐哈尔流人大都是因罪被清廷及其各地司法机关按照大清律例强制流放至齐齐哈尔服刑、服役的犯人。受清廷流人政策的影响,至乾嘉时期,齐齐哈尔地区的流人数量已经达到一定的规模。齐齐哈尔地区的流人群体规模庞大,成分复杂,呈现出特殊的生存状态和生活状态,齐齐哈尔地区形成了独具特色的流人文化。这种社会现象对齐齐哈尔地区的发展产生了深远影响。

李德新、孙国雁的《流人遣戍与清代东北儒学的演变》(《北华大学学报》,2017 年第 18 卷第 2 期,第 35—39 页)指出,“有罪见流徙者也”是对流人一词的解释,流人在史学上被认为是“东北开发的先驱者”。自清初至清末,流人被流放至东北地区这种现象一直存在,流人将中原地区的汉文化带到东北地区,汉文化与东北地区的地域文化相互融合,东北地区逐渐形成了独具特色的流人文化。儒学作为汉文化的核心,是流人文化的重要组成部分。儒学在东北地区的传播是“用夏变夷”和“忻慕汉化”共同作用的结果,促进了东北地区的民族融合与发展。

第三节　古代黑龙江的教育和宗教

教育和宗教都是文化的体现。教育不仅有利于提升文化水平,而且有利于培养人才。宗教作为一种特殊的文化现象,在民众的生活中发挥着重要作用。

一、古代黑龙江的教育

古代黑龙江地区的政权有意识地通过教育活动来培养人才，渤海国时期就已经有了教育活动，至清朝时期，教育活动达到了高峰，并已经能够基本满足人才培养的需求。

（一）渤海国的教育

渤海国是我国古代东北地区的地方民族政权，在与唐朝的交往中，不仅提升了文化水平，而且吸取了唐朝的教育经验，设立了专门的教育机构。学者对此进行了研究，相关研究成果如下。

何鑫的《论渤海国与黑龙江流域书法史的肇端》（《黑龙江民族丛刊》，2010 年第 2 期，第 102—105 页）指出，黑龙江流域的书法史，始于公元 7 世纪的渤海靺鞨。在这一时期，渤海靺鞨在与唐王朝的频繁往来与不断学习的过程中，培养了本土的书法人才。在这一时期，上至王室，下到工匠，长于书法者不乏其人。作者通过考证认为，无论是从书体类别、风格形式、文字载体来看，还是从书写目的来看，渤海靺鞨的书法都表现出相当的丰富性。

綦中明、姜华昌的《渤海国上京教育探微》（《北方文物》，2013 年第 2 期，第 55—58 页）指出，渤海国上京教育不仅有官学教育、私学教育，而且还有留学教育。除国学外，渤海国上京官学还有律学、术学、算学、医学、音乐学、航海学等专业教育的学堂。渤海国上京私学不仅进行儒学、汉学的教育，而且十分注重职业知识的传授与职业技能的培养。渤海国还不断向唐朝派遣留学生，留学教育成为上京教育的重要组成部分。

（二）清代黑龙江地区的教育

清代黑龙江地区的教育分为官学教育与私学教育两种。其中，官学教育一般体现在“八旗官学”之中，私学教育则随着流人数量的增加而逐渐开展。学者对此有所关注，并进行了研究，相关研究成果如下。

梁玉多的《清代黑龙江教育初探》（《北方文物》，1990 年第 2 期，第

82—86 页)，将清代黑龙江的教育分为早期的私塾教育、康熙至同治年间的官办教育、光绪年间的官办教育和清末以来的学堂教育四个阶段，并对每个阶段教育的特征进行了介绍和分析。文章指出，清代黑龙江的教育有了较大的发展，为以后黑龙江教育的发展奠定了一定的基础。

张杰的《清前期吉林黑龙江的八旗官学》(《社会科学战线》，1994 年第 2 期，第 203—207 页及第 166 页)指出，八旗官学是清前期吉林和黑龙江地区成立最早且居主导地位的教育机构。以"清语骑射"为突出特点的八旗官学适应了居住在当地的满族和其他少数民族的文化需要，培养了大批急需的人才，加强了各民族的团结和融合。

李桂芹的《清代黑龙江的教育》(《黑龙江史志》，1994 年第 2 期，第 28—30 页)指出，清初宁古塔将军和黑龙江将军先后设立，大批流人进入宁古塔和黑龙江地区，这使得黑龙江的文化教育事业有了较大的发展。清代黑龙江的教育可以分为早期私塾教育、地方学校教育两大体系。文章指出，从康熙到光绪的 200 年间，黑龙江官学、义学和府、州、县学，以及书院、私塾都很完备，为国家和地方培养了大批的人才。

周喜峰的《清朝前期黑龙江地区的少数民族教育》(《北方文物》，2005 年第 1 期，第 68—74 页)指出，清朝初年，黑龙江地区的少数民族教育几乎一片空白，但随着满族、汉族的迁入，以及清政府行政管理的加强，黑龙江地区的少数民族教育得到了初步发展。清朝前期，清政府对编入八旗的少数民族进行满化教育，并开办八旗官学，对一些少数民族子弟进行国语、骑射方面的教育，而汉族流人则以一些满族贵族的子弟作为教育对象，对他们进行以汉文化为主的私学教育。虽然这种教育的规模和效果很有限，但是它拉开了清代黑龙江地区少数民族教育的序幕。

梁玉多的《清代黑龙江宁古塔地区的教育小考》(《黑龙江省首届社会科学学术年会优秀论文集》，黑龙江人民出版社，2008 年，第 648—653 页)指出，宁古塔是清代黑龙江地区教育的一个中心，宁古塔的教育取得过很大的成就，并对当地近现代教育产生了一定的影响。清代宁古塔地区的教育可以分为清中期以前的传统教育和晚清的近代教育两个阶段。在传统教育阶段，主要有八旗官学、义学、书院、私塾四种形式。流人在这一阶段的教育发展中发挥了重要作用。1905 年，清政府进行近代化改革，即所谓“新政”，宁古塔地区的教育在这一潮流中开始了向近代化的转变。

金鑫的《康熙朝黑龙江八旗官学教育释疑》(《满族研究》,2012 年第 3 期，第 65—72 页)指出，康熙时期黑龙江所设的八旗官学，应包括位于墨尔根城的两所敕建官学，以及瑷珲、齐齐哈尔、博尔德三城的地方自办官学，其教育对象有明确的区分。八旗官学初设时，敕建官学的教师称“助教官”，由朝廷自京城或盛京选派；自办官学的教师只称“师傅”，从各城识字官兵中选任。康熙年间的黑龙江八旗官学的教授内容不仅有满语文，也有汉语文，其文化教育的核心内容是传统的儒家经史。康熙四十七年(1708 年)，黑龙江八旗官学曾一度因故停办，直至乾隆九年(1744 年)始行复设。

(三)清代黑龙江地区的教育特点与成果

关于清代黑龙江地区整体的教育水平与教育状况等问题，学者进行了专门研究，相关研究成果如下。

梁玉多的《清代鸦片战争前黑龙江教育的特点及其历史作用》(《黑龙江史志》,2005 年第 9 期，第 46—48 页)指出，清前期，黑龙江教育呈现出教育内容多元化，以及发展的不平衡性和不稳定性等特征，清代鸦片战争以前的黑龙江教育在东北教育史中起到了承上启下的作用，清前期黑龙江教育的发展对东北文化的兴起和繁荣起到了极大的推动作用，教育的发展对黑龙江地区政治、经济的发展也产生了显著的影响。

王海波的《清末移民对黑龙江地区教育礼俗宗教的影响》(《知与行》,2017 年第 10 期，第 81—84 页)指出，黑龙江地区的移民从清初就已经出现。早期的移民主要是流人、站人和戍边的八旗军。到了清朝末年，随着边疆危机的加深，清政府逐渐认识到移民实边的重要性，进而加快了对黑龙江地区的开发。黑龙江地区的移民促进了黑龙江地区农业、矿业、林业、商业等领域的开发。随着黑龙江地区的开发，行省制度逐步建立起来，新型城镇走向兴盛。黑龙江地区的教育、礼俗和宗教信仰受到移民的影响，发生了深刻变化。这主要表现在三个方面：首先，汉族人的移入最终导致满族和其他民族接受了汉语，满语则逐渐被废弃，汉语成为黑龙江地区各民族的通用语言；其次，在婚礼、丧礼、祭礼方面，汉族与满族、蒙古族存在差异，但着装、饮食、住宿等基本相同，这是移民社会普遍具有的特征；最后，清末黑龙江地区移民的信仰结构更加复杂。

有学者对形成于清代以黑龙江地区为背景的作品进行了研究，相关研究成果如下。

赵忠山的《清初黑龙江卜魁流人方氏父子的悲苦情结》（《教育教学论坛》，2015 年第 13 期，第 78—79 页）指出，悲苦的流人生活、独特的塞外风貌，使得黑龙江卜魁流人方登峄、方式济父子有了独特的生命体验，他们创作了《星砚斋诗稿》《葆素斋集》《葆素斋古乐府》《葆素斋今乐府》《如是斋集》等。

关儒茜、李德山的《清代黑龙江方志文献研究》（《学术交流》，2016 年第 8 期，第 201—205 页）指出，方志类文献对于研究当地的疆域沿革、山川地理、社会人文、经济贸易等均具有不可替代的作用。文章还指出，黑龙江地区清代方志文献兼具普遍方志和本地区方志两方面特征。同时，在研究黑龙江古疆域、经贸、宗教等方面，黑龙江地区清代方志文献也具有很高的史料价值和学术价值。

二、古代黑龙江的宗教

清朝与金朝一样，是由古代黑龙江地区的少数民族建立的政权，但随着汉族文化的全面推行，其宗教信仰发生了变化。古代黑龙江地区存在着少数民族的原始宗教——萨满教。在接受汉族文化后，佛教和道教逐渐为当地民众所接受。其中，佛教最终发展为当地信仰人数最多的宗教。对于古代黑龙江地区的宗教，学者主要针对萨满教和佛教来展开研究。

（一）萨满教研究

萨满教是黑龙江地区古代民族所信奉的原始宗教。在黑龙江地区，萨满教不仅存续时间较长,而且还与当地居民的生活紧密联系在一起,成为早期黑龙江地区居民主要信仰的宗教。学者对此进行了专项研究,相关研究成果如下。

梁玉多的《清代黑龙江省宗教与祠祀的特色》(《黑河学刊》,1987 年第 1 期,第 72—74 页)指出,清代黑龙江在宗教方面最突出的特色表现为:黑龙江地区没有与封建正统观念相抵触,甚至是“倡言天下大乱”的宗教。道教、佛教和萨满教是古代黑龙江地区的主要宗教,其中,萨满教占据着重要的地位。

廉岚的《黑龙江原始社会美术与萨满信仰》(《艺术教育》,2016 年第 1 期,第 265 页),从萨满信仰的主旨、萨满信仰在黑龙江原始社会美术中的影响与体现等方面,对黑龙江地区的原始社会美术及其与萨满信仰的关系进行了探讨。文章指出,原始信仰是人类物质生产实践的产物,它只是作为一个中间环节又派生出一些艺术形式而已,它们共同服务于物质生产实践,萨满信仰对黑龙江美术的产生和发展具有一定的促进作用。

(二)佛教

佛教兴起于古代印度,自汉代开始经西域传入我国。在进入我国后,佛教最初只是在中原大地盛行。随着黑龙江地区与中原地区的频繁交往,佛教逐渐进入黑龙江地区,并逐渐为当地居民所接受。金朝建立前,女真族主要信仰萨满教。金朝建立后,佛教随着汉化政策的推行而逐渐在黑龙江地区盛行。相关研究成果如下。

韩锋的《浅谈金上京地区佛教的流行》(《黑龙江农垦师专学报》,2003 年第 3 期,第 6 页)指出,女真人在建立政权之前主要信仰原始的萨满教,在与辽、宋作战的过程中,女真人接触到汉族文化,逐渐接受了佛教。文章还指出,金朝统治者主要是出于政治上的需要才接纳了佛教,以争取信仰佛教的汉族人、契丹人、渤海人的拥护和支持,从而达到巩固政权的目的。金朝统治者给予佛教极高的社会地位,这不仅是其封建统治的需要,也是民族文化融合的结果。

金宝丽的《金代上京地区佛教发展情况考证》(《黑龙江史志》,2007 年第 5 期,第 23—24 页及第 43 页)指出,由于受到佛教的影响,金朝建立后,一部分女真人由信仰萨满教转为信仰佛教,佛教文化在上京地区得到了广泛的传播。在金朝迁都燕京后,上京地区的佛教恢复了平淡,但是对金朝历史产生了深远的影响。

刘文卿、刘大平的《黑龙江流域古代汉传佛寺空间形制及地域特点初探》(《古建园林技术》,2021 年第 4 期,第 44—48 页)指出,汉传佛教文化在黑龙江流域的传播受地缘因素的影响而表现出滞后性和流变性等特点,受渔猎、游牧文化和自然环境的影响而表现出一定的地域性特点,这体现了外来宗教文化与本土原生文化的交互作用。黑龙江流域古代佛寺在承袭中原地区佛寺模式的同时,在空间布局、建筑形制、营造技艺等方面形成了具有少数民族文化痕迹的地域性汉传佛寺特质,这些地域性汉传佛寺特质基于对本土人文环境和自然环境的长期响应,产生并固化于具体的佛寺建筑中,从而影响了北方边疆地区的文化形态。

(三)其他相关研究

董万仑的《清始祖发祥地传说研究的反思》(《满语研究》,2002 年第 1 期,第 63—67 页)指出,通过对《旧满洲档》的满文进行解读可以发现,三仙女沐浴的布儿湖里泊的满文为"水冒出湖"之意,从而可以认定布儿湖里泊就是今天的镜泊湖。文章还指出,清始祖部落集团就是发祥于这一带,并非发祥于江东六十四屯。清始祖神话反映出建州女真发源于长白山及其东北部,后北移到牡丹江口,元初形成斡朵怜部和胡里改部,他们就是建州女真斡朵里部和火儿阿部的两个母体。

第四章　考古遗址与遗迹

对于黑龙江地区的考古，我国开展得较早，尤其是在新中国成立以后，相关的考古工作得到系统的开展。近年来，随着科技的进步，考古学得到长足的发展，重大成果不断涌现出来。考古发掘成果为学者研究黑龙江的历史提供了重要的依据。

第一节　黑龙江考古发掘

随着科技的进步，黑龙江考古得到了长足的发展。无论是辽金考古，还是渤海考古，都取得了新的进展。这些考古发掘成果，为推进黑龙江的历史研究奠定了坚实的基础。尤其是对于黑龙江先秦时期遗址的发掘，为后人了解黑龙江早期历史提供了可能。

一、考古发掘综合研究

随着考古学的发展，考古研究逐渐深入，不仅有综合性、整体性的成果，也有专门性的成果。黑龙江从旧石器时代开始就已经有了人类活动的足迹，自秦代以来成为少数民族的聚居地。尤其是在唐代，黑龙江已经出现了城市，清代则正式建省。学者针对黑龙江考古的整体状况进行了研究。

孙秀仁的《黑龙江历史考古述论（上）》（《社会科学战线》，1979 年第 1 期，第 220—225 页）和《黑龙江历史考古述论（下）》（《社会科学战线》，1979 年第 2 期，第 197—201 页），梳理了黑龙江地区自远古时期至清朝的考古发掘情况与相关研究情况，并分别对原始社会、东汉、南北朝、唐、辽、金、元、明、清等不同时期的遗址进行了系统介绍。

张泰湘的《黑龙江地区古代山河变迁几则——从历史学、考古学上的观察》(《黑龙江文物丛刊》，1984 年第 1 期，第 71—76 页)，对黑龙江地区的历史地理变迁情况进行了介绍，其中包括大小兴凯湖湖岗的形成、二克山火山爆发的年代、呼伦贝尔草原上的古河道、哈拉哈河畔的古代渠道、呼伦湖大小变化、拉林河河道滚动的幅度、清代汤旺河的一次特大洪水、乌裕尔河变成内陆河的时间等。文章对于学者了解古代黑龙江的地理变迁情况具有重要的参考价值。

谭英杰、孙秀仁、赵虹光、干志耿的《黑龙江区域考古学》(中国社会科学出版社，1991 年)，介绍了黑龙江地区从旧石器时代到明代的考古遗址、遗迹和文物，以及与之相关的考古发掘成果，尤其是对渤海国和金源地区古城的介绍，凸显了黑龙江古代政权的历史面貌。该书全面地展现了古代黑龙江先民的生产状况、生活状况和古代黑龙江的经济发展状况。该书是一部全面总结黑龙江考古发掘成果的专著。

志文的《黑龙江考古述要》(《黑龙江史志》，1996 年第 1 期，第 56—60 页)、《黑龙江考古述要(续)》(《黑龙江史志》，1996 年第 2 期，第 58—60 页)、《黑龙江考古述要(续)》(《黑龙江史志》，1996 年第 3 期，第 61—64 页)、《黑龙江考古述要(续)》(《黑龙江史志》，1996 年第 4 期，第 63—64 页)、《黑龙江考古述要(续)》(《黑龙江史志》，1996 年第 5 期，第 51—55 页)，分为旧石器时代考古、新石器时代考古、青铜与初期铁器时代考古和早期铁器时代考古四个专题，对黑龙江古代墓葬与出土文物的整体情况进行了介绍。黑龙江青铜与初期铁器时代的考古遗存主要集中在西部地区的松嫩平原上。20 世纪 50 年代和 60 年代，黑龙江省博物馆的考古工作者在松嫩平原地区发现了一批青铜与初期铁器时代的遗址，如肇源白金宝遗址、望海屯遗址、肇东七棵树遗址和富裕小登科遗址等。20 世纪 70 年代和 80 年代，考古工作者对松嫩平原青铜与初期铁器时代的遗存进行了较为全面、系统的调查。文章从考古发现情况和地区发展的不平衡性入手，对不同地区的文化特征及其与邻近考古文化的关系进行分析，从居住空间与经济生活的关系等角度对考古发掘成果和考古现象进行研究。

黄立平的《黑龙江省古城遗址略论》（《戏剧之家》，2013 年第 6 期，第 96 页），分析了塔子城、蒲与路古城、上京龙泉府古城的地理位置、名称由来等。文章指出，塔子城遗址位于齐齐哈尔市泰来县、嫩江支流绰尔河畔的塔子城镇，塔子城是黑龙江省最大的一座辽代古城，与唐代渤海上京龙泉府、金代上京会宁府一起并称为黑龙江省三大古城。塔子城在辽代称为泰州，金初归属上京路管辖，清代改称绰尔城。清晚期至民国初年，塔子城已经发展为盛极一时的进行贸易的集散地。蒲与路古城位于齐齐哈尔市克东县金城屯，该古城保存得相当完好，城垣为夯土版筑，垣上有供士卒登城瞭望、守御用的“马面”。上京龙泉府古城遗址位于牡丹江宁安市东京城，渤海国共设有五京、十五府、六十二州。上京龙泉府是五京之首，也是渤海国的都城。

二、先秦时期考古

黑龙江从旧石器时代起就已经有了人类活动的足迹，但是由于当时的黑龙江与中原地区距离较远，往来不便，因此史书记载较少。随着考古发掘的不断推进，考古发掘成果为学者开展研究提供了可能。

（一）史前考古

对于黑龙江史前考古，学者主要介绍了考古发掘状况和出土情况，相关成果如下。

魏正一的《龙江史前考古》（黑龙江教育出版社，2009 年），从古地理、古环境、古动物、石器时代考古、译文及其他等五个部分，论述了黑龙江史前考古的整体成就，便于后人进行查阅。

李延铁的《黑龙江地区史前社会经济与农业生产的发展》（《农业考古》，2010 年第 1 期，第 25—33 页）指出，黑龙江地区冬季寒冷、干燥，夏季温热、湿润，日照时间较长，在这种特定的自然环境和气候条件下，黑龙江地区的远古居民不仅创造了与地域特点相适应的社会经济与农业生产文化,也形成了自己的传统和风格。在旧石器时代,黑龙江地区以渔猎经济为主;在新石器时代,农业有了很大的发展;在青铜时代,西部地区的畜牧业发展得较快,黑龙江地区的经济类型已经由过去的渔猎经济发展为以畜牧、渔猎为主,有少量农业的混合经济。

李延铁的《黑龙江史前考古文化》(黑龙江人民出版社,2014 年),分为上、下两篇,利用中、俄两国的考古资料,结合中国史籍的相关记载,对黑龙江地区的史前考古文化做了较为详细的介绍和研究。通过对考古发掘成果的整理和研究,提出位于宾县的索离沟和庆华遗存,就是文献记载的古“索离”人的文化遗存,并对古“索离”文化的产生和发展,以及建立“夫余国”的史实进行了详尽的考证和研究。

石岩的《20 世纪黑龙江地区史前考古简论》(《东北史地》,2013 年第 4 期,第 16—25 页)指出,黑龙江地区的史前考古工作开始得较早,但由于早期参与的人员比较复杂,形成的资料也不系统,黑龙江地区的史前考古工作到新中国成立后才逐渐步入正轨。文章从史前考古历程的阶段分析、主要遗存、时空框架三个方面,对 20 世纪黑龙江地区的史前考古历程做了梳理。

(二)先秦时期考古

随着历史的发展和演进,生活在黑龙江地区的人越来越多,活动范围不断扩大。由于黑龙江较为偏远,古代先民与中原王朝联络得较少,他们很少出现在史籍记载中。但考古发掘成果为人们展现了这一时期的人类活动情况,对研究黑龙江古代历史具有重要的意义和作用。

张泰湘、范忠泽、王世杰的《从最新考古学成就看鲜卑族的渊流与发展》(《黑龙江民族丛刊》,2003 年第 2 期,第 63—68 页),利用最新的考古学材料,把鲜卑族先世的历史推到旧石器时代晚期。

李岗的《黑龙江青铜时代的考古发掘与秦汉至南北朝时期的黑龙江地区的考古发掘》(《黑龙江科技信息》,2007 年第 21 期,第 172 页),通过对黑龙江地区出土文物的介绍指出，在夏、商、周和春秋战国时期，黑龙江地区的早期先民还处于原始社会生活阶段，而此时的中原地区已经进入青铜时代。在与中原地区的频繁接触中，黑龙江地区也出现了青铜器，但仍以石器的使用为主。

李有骞的《黑龙江流域及东临地区旧石器的发现与研究》（《哈尔滨学院学报》，2011 年第 32 卷第 6 期，第 13—19 页）指出，黑龙江流域及东临地区的古代人类交往比较密切，并形成了相对独立的文化区。黑龙江流域的古代文化与黄河流域、长江流域的古代文化一样，是东亚地区历史文化的重要组成部分。文章整合了该地区旧石器时代考古的重要发掘成果和研究成果，认为黑龙江地区的旧石器遗存发现的阶段可以分为萌芽期、诞生期和发展期，旧石器遗存的研究主要包括对本地区考古学文化内涵的研究、对与相邻地区考古学文化关系的研究，以及对石器制作、石器功能和人类行为特征的研究等。

崔昊、张辛欣的《黑龙江流域原始石器文化概述》（《理论观察》，2017 年第 8 期，第 5—7 页）指出，从美术考古学和美术史学的角度来看，黑龙江流域石器文化的属性呈现出北方草原石器文化，尤其是细石器文化的原始美术特征。黑龙江地区的原始石器分布广泛，且与当地的水系、矿产、动植物等自然资源的分布密切相关。具体来说，黑龙江地区的原始石器分布在嫩江流域、黑龙江主航道两侧、松花江流域、乌苏里江流域、克鲁伦河流域、石勒喀河流域、俄罗斯远东地区等。

张碧波、庄鸿雁的《昂昂溪文化与北發族狩猎文明》（《学理论》，2008 年第 22 期，第 19—25 页），根据松嫩平原区域文化中的昂昂溪文化的狩猎文化特点，并根据“發”字的甲骨文和金文，认定北發族为手持投枪或大弓箭的狩猎民族。文章指出，这一民族在远古时期就已经与中原进行交往，并向西周王朝贡纳奇兽。在春秋时期，这一民族与中原有“文皮”经贸文化交流，齐国的斥山则是北發、朝鲜“文皮”集散地。两汉之后，北發族不见史载，其大部当与挹娄族融合，另一部迁徙到北亚地区，《庄子》《列子》中的“穷髮”“终髮”当是北發族的文化遗留。文章还指出，北發族创造的狩猎文明模式在黑龙江流域文明史上占据重要地位。

三、渤海国考古

渤海国和辽、金都是生活在北方地区的古代民族建立的政权，这些政权不仅彰显了黑龙江古代民族的实力，而且直接推进了我国历史的发展进程。由于这些民族长期生活在黑龙江地区，遗迹、遗存也相对较多。随着考古工作的不断开展，相关研究成果不断推出。

（一）渤海国综合考古成果

渤海国是建立在我国古代东北地区的地方民族政权。由于建立该政权的民族兴起和繁衍于黑龙江地区，建立政权后也定都在黑龙江地区，在黑龙江地区留下的遗址、遗迹较多。这些遗址、遗迹成为黑龙江考古的重点，相关的综合介绍类成果如下。

石岩的《20 世纪黑龙江省渤海时期考古的历史与成就》（《北方文物》，2013 年第 2 期，第 31—37 页），对 20 世纪黑龙江地区有关渤海国时期的考古历程和发掘状况进行了梳理，并从渤海国时期的考古发现与研究，以及主要遗存和取得的主要成就三个方面进行了总结。

吕丽辉的《渤海国历史遗址探微——对渤海上京遗址景区旅游规划之思考》（《学习与探索》，2007 年第 3 期，第 230—233 页）指出，渤海国是我国唐代东北地区重要的少数民族政权，其都城上京龙泉府的建筑规模宏大，上京龙泉府遗址具有重要的历史价值。针对渤海国遗址的保护和利用问题，文章指出应在加大保护力度的基础上，进行良好的旅游规划，实现其应有的社会价值和经济价值。

王禹浪、树林娜的《黑龙江流域渤海国历史遗迹遗物初步研究》（《哈尔滨学院学报》，2008 年第 29 卷第 9 期，第 1—23 页），主要依据 20 世纪 70 年代以来考古学界的考古发现与文物出土情况，对渤海国上京城遗址、二十四块石遗址、边墙遗址、寺庙遗址等进行了介绍，还对这些遗址中出土的碑刻、壁画，以及渤海国时期的铁器、铜器、金银玉器、陶器、瓷器、货币等进行了系统的梳理。文章指出,这些遗迹和遗物的发现为研究缺乏史料记载的渤海国历史与文化提供了重要的实物资料,为复原部分渤海国历史提供了依据,也为学术界提供了渤海国历史遗迹和遗物的清晰的分布规律。

(二)渤海国上京考古成果

上京龙泉府不仅是渤海国的都城,也是渤海国的政治、经济和文化中心。由于深受唐朝文化的影响,渤海国自身的文化展现出了一些汉文化特色。尤其是上京龙泉府的建筑是仿照唐朝长安城的建筑,结合地域特色而兴建的。这成为学者研究的重要内容之一,相关研究成果如下。

黑龙江省文物考古工作队的《渤海上京宫城第2、3、4号门址发掘简报》(《文物》,1985年第11期,第52—61页),介绍了渤海国上京宫城第2、3、4号门遗址的特征与出土遗物,指出2号门应为当时渤海国上层统治者出入所用,位于南墙正中,3号门为运输及宫廷其他人员出入所用,4号门则为行政性的假门。

刘晓东、魏存成的《渤海上京城主体格局的演变——兼谈主要宫殿建筑的年代》(《北方文物》,1991年第1期,第46—50页),针对上京城在不同时期的格局变化,进一步分析和探讨了现存上京城遗址中宫城宫殿遗址的建筑年代和相关问题。

黑龙江省文物考古研究所、牡丹江市文物管理站的《渤海国上京龙泉府外城正北门址发掘简报》(《文物》,2000年第11期,第4—12页及第22页),介绍了渤海国上京龙泉府正北门遗址的位置、构成,以及出土的遗物,指出正北门遗址的发掘为探讨渤海国上京的用门制度、都城建制和建筑形式等提供了科学的资料。

李陈奇、赵虹光的《渤海上京城考古的四个阶段》(《北方文物》,2004年第2期,第44—49页),将20世纪30年代至21世纪初的渤海上京城考古工作划分为四个阶段,不仅充分肯定了学界对上京城主体建筑格局、建筑渊源、建筑序列进行研究所取得的重要成果,还总结了各阶段的工作概况、新的发现和上京城考古的意义,同时指出了各阶段的局限性。

日本学者井上和人著、吴丽丹译的《渤海上京龙泉府形制新考》(《边疆考古研究(第4辑)》,科学出版社,2006年,第157—193页),介绍了渤海国都城上京龙泉府的调查研究状况和遗址发掘状况,并根据日本学者千田稔、小方登的复原方案制作了上京龙泉府的复原图,认为上京龙泉府的基本布局模仿了唐长安城,设计方法类似日本平城京。无论是渤海国上京龙泉府,还是日本的平城京,都是以森严的政治作为背景而修建的。

王禹浪、程功、刘加明的《近30年来渤海上京城研究综述》(《黑龙江民族丛刊》,2012年第6期,第84—91页)指出,上京龙泉府不仅是渤海国的政治中心,也是渤海国的文化中心。20世纪30年代,日本"东亚考古学会"对渤海上京城进行了大规模的调查与发掘,这为渤海史研究提供了不可或缺的宝贵资料。文章还通过对前人的研究资料和既有的史料进行对比研究,运用专业的史学知识和理论,还原了渤海国的历史和文化。

王禹浪、于彭的《近十年来渤海国五京的考古发现与研究综述》(《黑龙江民族丛刊》,2014年第3期,第79—84页及第89页)指出,渤海国五京包括上京龙泉府、中京显德府、东京龙原(源)府、西京鸭绿府和南京南海府。在学术界,渤海上京龙泉府、中京显德府和东京龙原(源)府的地理位置已成定论,即上京龙泉府位于黑龙江省宁安市渤海镇,中京显德府位于吉林省和龙市头道镇西古城,东京龙原(源)府位于吉林省珲春市三家子满族乡的八连城。西京鸭绿府和南京南海府的地理位置则一直存在争议。一般认为,西京鸭绿府位于吉林省临江市市区附近,南京南海府位于朝鲜咸镜南道北青郡的青海土城。文章主要从渤海国五京的地理位置、地理环境、建筑形制、五京制度、历史地位与作用等方面,对渤海国五京的考古发现与研究状况进行梳理。

黑龙江省文物考古研究所的《黑龙江宁安渤海上京城宫城北门址发掘简报》(《文物》,2015年第6期,第4—13页)指出,渤海上京城是渤海国的都城,早期被称为"渤海王城",在渤海国实行五京制度之后改称"上京龙泉府",晚期被称为"忽汗城"。文章还指出,渤海上京城遗址位于黑龙江省宁安市渤海镇,现今遗址内有渤海镇及其所属白庙子村、双庙子村和西地村等。

王培新、卢成敢的《渤海上京城考古研究学术史回顾》(《社会科学战线》,2017 年第 2 期,第 118—125 页),梳理了 20 世纪以来渤海上京城考古研究的发展过程,并从学术史的角度将渤海上京城考古研究划分为考古学研究的奠基、城址形制的考古学探索、都城考古学术研究的拓展、课题意识下的学术认识转变等不同的发展阶段。文章还总结了深化学术认识的途径,反思了研究的方法和观察的取向,阐释了渤海城市考古研究的学术动态。

四、辽金考古

辽、金都是北方民族建立的政权,不仅曾控制黑龙江地区,而且通过与宋朝的交往和战争,发生了强烈的社会变革。由于辽、金统治黑龙江地区的时间较长,辽、金时期的考古成为黑龙江考古的重要内容,相关研究成果如下。

赵永军、李陈奇的《黑龙江金代考古述论》(《北方文物》,2011 年第 3 期,第 25—35 页)指出,黑龙江流域是女真文化的发祥地,在中国辽金考古中占据着重要的位置。上京会宁府城址、刘秀屯建筑基址、蒲峪路城址、八里城、奥里米城址、中兴城址、车家城子城址等历史遗址的考古工作取得了一定的成绩。在黑龙江地区已经发掘的金代墓葬主要有中兴墓群、奥里米墓群、新香坊墓群、阿城城子村金齐国王夫妇合葬墓。文章通过对黑龙江地区金代考古发展历程和研究现状进行回顾与总结,进一步推动黑龙江地区金代考古工作的深入开展。

金朝曾定都于黑龙江,上京会宁府虽然在迁都过程中遭到了焚毁,但是仍然留下了很多地基和相关建筑。近年来,随着上京城考古发掘工作的推进,相关研究成果不断涌现出来。

赵永军、刘阳的《大遗址保护视角下的金上京考古工作》(《北方文物》,2015 年第 2 期,第 49—53 页),介绍了大遗址的概念,以及大遗址对考古工作的新需求,指出金上京遗址是重要历史时期的大遗址,也是构成黑龙江省文化遗产保护框架体系的重要一环。文章还通过对上京城考古工作、研究现状的分析和梳理,结合大遗址保护的具体实践,提出了今后上京城考古工作和相关研究的方向和意义。

王禹浪、寇博文的《近三十年金上京研究综述——金上京考古发现与文物研究综述》(《哈尔滨学院学报》,2015 年第 36 卷第 10 期,第 5—12 页)指出,上京会宁府是金朝前期的都城,也是金朝的政治、文化和经济中心。上京会宁府是我国历史上重要的都城之一。文章从考古发现与出土文物等方面对有关金上京的研究进行了梳理,并总结了金上京周边出土文物所反映的文化特征,同时提出金上京文化具有多民族文化交融的特征。

五、明代考古

由于明代在黑龙江地区留下的遗址、遗迹较少,黑龙江地区的相关考古工作开展的时间也比较晚。但近年来黑龙江地区的明代考古工作形成了一定的规模。

张泰湘、尚咏黎的《黑龙江省明代考古学研究》(《北方文物》,2007 年第 1 期,第 53—57 页)指出,黑龙江省的明代历史研究有了许多新的突破。这主要包括两个方面。一是元明斡朵里城的确认和研究。斡朵里部是形成满族的重要部分。根据史料和考古发掘成果,文章指出马大屯古城就是元明时代的斡朵里城,是满族的发祥地。二是蒙古山寨的发现与研究。通过调查,确定了蒙古山寨位于今木兰县西侧蒙古山南部余脉中。蒙古山寨依山势而建,东部靠石头河,城垣为掘土堆筑而成。蒙古山寨内出土了大量辽金时代的文物和新石器时代至青铜时代、早期铁器时代的文物。

第二节　地域性考古成果

黑龙江省幅员辽阔,考古遗址、遗迹呈现出分散性特点,在部分地域,学者取得了丰硕的考古研究成果。

一、综合性考古成果

黑龙江地区自远古时期起就有人类居住，而后成为众多北方民族生存和繁衍的地区。随着时代的变迁，以及与中原交流的加强，黑龙江地区提升了文化水平和科技水平，并逐渐形成了“滚兔岭文化”“昂昂溪文化”等独具特色的考古文化类型。学者对此有所关注和研究，相关研究成果如下。

黑龙江省博物馆的《牡丹江中下游考古调查简报》(《考古》,1960 年第 4 期，第 23—30 页)，介绍了牡丹江中下游的考古调查工作，以及在这一地区发现的各时代的遗址。

张泰湘的《关于齐齐哈尔古代史研究中的若干问题》(《齐齐哈尔师范学院学报》,1985 年第 3 期，第 92—96 页)指出，齐齐哈尔市的历史可以追溯到遥远的新石器时代，考古工作者发掘出了昂昂溪新石器时代遗址，以昂昂溪为代表的新石器时代文化可称为昂昂溪文化。文章不仅介绍了昂昂溪文化和昂昂溪新石器时代遗址的特征，还指出南北朝时期至隋唐时期，齐齐哈尔一带居住的是乌洛侯族，隋唐以后直至辽代，齐齐哈尔一带居住的是室韦族，在清代，为了遏制沙俄对黑龙江流域的入侵，齐齐哈尔成为清代黑龙江地区的政治、经济、文化中心。

绥化地区文物管理站的《呼兰河中游考古调查简报》(《黑龙江文物丛刊》,1982 年第 2 期，第 66—73 页)指出，呼兰河中游地处松嫩平原腹地，地势平坦，河床两岸形成许多陡峭的台地。文章对具有代表性的厢兰头遗址、通江遗址、练兵台遗址和郝家城子古城做了简要介绍。这些遗址既有联系，又不尽相同。这些遗址面积大，堆积厚，出土的遗物也比较丰富，这说明这些遗址经历了相当长的时期。

郝思德、李砚铁的《黑龙江肇源小拉合、狼坨子青铜时代遗址调查简报》(《黑龙江文物丛刊》,1984 年第 4 期，第 60—64 页)指出，小拉合、狼坨子遗址出土的遗物说明当时的人们主要从事渔猎活动，也开始经营原始农业，过着定居的氏族村落生活。

黑龙江省文物考古研究所的《黑龙江省双鸭山市滚兔岭遗址发掘报

告》(《北方文物》,1997年第2期,第6—15页)指出,黑龙江省双鸭山市滚兔岭地势东高西低、北高南低,地势由岭脊向西南两侧倾斜。滚兔岭遗址的半地穴坑构筑在岭的慢坡上,呈阶梯状分布。该遗址共出土遗物60余件,主要以陶器为主,也有石器和铁器。文章还指出,滚兔岭遗址是黑龙江省东北部三江平原西南部聚落遗址群中一处规模较大的遗址,有其自身的特色,其文化面貌新颖,文化性质和年代也较为清楚。

高爱霞的《黑龙江省集贤县腰屯乡文物遗址调查简报》(《边疆考古研究(第6辑)》,科学出版社,2007年,第412—420页),对集贤县腰屯乡所辖区域的永红西山遗址、永红西南遗址、永红西丘城址、永红馒头山遗址、索伦岗城址、兴久西南山包遗址、兴久西南遗址、兴久北山遗址、古城村东城址、古城村西北遗址、繁荣遗址等进行了介绍。文章指出,采集到的陶器均以夹砂黄褐陶为主。

二、先秦时代地域性考古成果

在黑龙江地区,先秦时代的考古发掘以石器时代和青铜时代的遗址、遗物为主。学者对此进行了系统的介绍,相关研究成果如下。

黑龙江省博物馆的《黑龙江东宁大城子新石器时代居住址》(《考古》,1979年第1期,第15—19页)指出,大城子遗址的房址均为半地穴式,石器以磨制石器为主,陶器为手制陶器,常呈红褐色或黑褐色。大城子遗址出土了陶甑、陶豆。大城子遗址出土的陶豆、甑和穿孔石刀、石镰等都是黄河流域原始居民创造、使用的富有特色的生活用具和生产工具。它们在绥芬河流域的出土,证明从远古时期起,居住在白山黑水间的原始部族就与黄河流域的古代先民具有密切的联系,他们共同创造了我国辉煌灿烂的古代文化。

黑龙江省文物考古研究所的《黑龙江尚志县亚布力新石器时代遗址清理简报》(《北方文物》,1988年第1期,第2—7页)指出,黑龙江省尚志市亚布力遗存出土了石斧、石锄、石铲、石磨盘、磨棒等农业生产工具,这说明当时黑龙江地区的农业已经有了一定程度的发展。这些出土遗物不仅为研究黑龙江地区新石器时代的农业生产状况提供了珍贵的资料,而且为探讨黑龙江地区新石器时代文化的渊源、类型、分布情况等提供了极其重要的线索。

张泰湘、曲炳仁的《黑龙江富裕县小登科出土的青铜时代遗物》(《考古》,1984年第2期,第187—188页及第174页),对黑龙江省齐齐哈尔市富裕县小登科遗址出土的陶罐、铜镞、石范等文物进行了详细的介绍。文章指出,小登科遗址出土的铜镞和石范证明小登科遗址的相对年代已经到了青铜时代。石范的发现证明了嫩江流域早在商周之际就能够冶炼青铜,由于冶炼青铜的技术来自中原地区,它是两个地区古代文化交流的实物例证。

黑龙江省文物考古研究所、吉林大学考古学系的《黑龙江省海林市三道河乡东兴遗址1994年考古发掘简报》(《北方文物》,1996年第1期,第2—6页),对东兴遗址的地层堆积、遗迹、出土遗物等进行了详细的介绍。文章指出,从陶器的特征来看,东兴遗址的陶器在文化面貌上与滚兔岭遗址的陶器既有联系,又存在着差异。与滚兔岭遗址出土的陶器相比,东兴遗址出土的陶器以素面居多,纹饰不发达,多平底器,少见实圈足,鸭嘴形器把的形态、小陶罐和碗的造型与滚兔岭遗址的基本相同,但滚兔岭遗址出土的较有特色的敞口高颈带把罐和大敛口钵等没有在东兴遗址中发现。东兴遗址出土的敛口鼓腹罐、碟等没有在滚兔岭遗址中发现。

三、汉魏以来地域性考古成果

汉魏时期的黑龙江地区已经成为少数民族重要的聚居地。由于与中原地区不断加强联系,黑龙江地区获得了先进的文化和科学技术。虽然史书对此记载较少,但是随着考古工作的不断推进,学者对此进行了较多的研究,相关研究成果如下。

张泰湘的《东宁考古拾零》(《黑龙江文物丛刊》,1983年第1期,第93—95页),对黑龙江省东宁市的团结遗址、大城子古城的考古发掘情况进行了介绍,还对三岔口进行了简要的介绍。这些内容有助于学者加深对渤海古城的了解。

黑龙江省文物考古研究所的《黑龙江省海林木兰集东遗址》(《北方文物》,1996年第2期,第23—25页),对木兰集东遗址的地层堆积、遗迹、遗物等进行了详细的介绍。文章指出,从木兰集东遗址出土陶器的质地、纹饰、器形、制法等方面来看,该遗址有三个不同时期的文化堆积。文章还指出,木兰集东遗址的房址的建筑规模、建筑形式、建筑方法和所使用的建筑材料都说明当时居民房屋的营造已趋于规范化。

黑龙江省文物考古研究所、吉林大学考古系的《黑龙江海林市渡口遗址的发掘》(《考古》,1997年第7期,第16—26页)指出,渡口遗址包含四个不同时期的考古学文化遗存,其年代大致是从两汉时期到辽金时期。其中,第一期文化遗存的遗物以陶器为主,有少量的骨器和石器。第二期的文化遗存属于靺鞨文化系统,这一时期的陶器以夹砂褐陶为主,次为泥质褐陶。第三期文化遗存的遗物发现得相对较少,主要为陶器口沿。第四期文化遗存以石墙为主。

黑龙江省文物考古研究所的《黑龙江友谊县凤林城址二号房址发掘报告》(《考古》,2000年第11期,第35—41页)指出,黑龙江省友谊县凤林城址二号地发现房址八座,这些房址基本保存完好。这些房址具有特殊的结构,每座房址中都出土了特色鲜明的器物。文章还指出,凤林城址的发掘,填补了黑龙江考古工作的空白。

黑龙江省文物考古研究所的《黑龙江双鸭山市保安村汉魏城址的试掘》(《考古》,2003年第2期,第24—33页)指出,1998年黑龙江省文物考古研究所制定《七星河流域汉魏遗址群聚落考古计划》的目的是弄清七星河流域汉魏时期考古学文化的性质、分布和编年,了解七星河流域汉魏时期的古代社会原貌和人类生存的环境,从而为三江平原汉魏遗址群的考古工作奠定基础,为我国开展聚落考古研究工作积累经验。

黑龙江省文物考古研究所、中国社会科学院考古研究所的《黑龙江绥滨同仁遗址发掘报告》(《考古学报》,2006年第1期,第115—140页)指出,绥滨同仁遗址发掘出土了隋唐至北宋时期的房址2座、窖穴4座,南宋时期的房址1座、窖穴3座，发掘出土的遗物有陶器、骨器、玉石器和金属器。文章还指出，同仁遗址地层关系明确，房址结构具有鲜明的特征，器物群也具有自身的特色，同类文化遗址在黑龙江中下游流域有较大的分布范围。遗址中心的房址代表两个不同的时期，属于同一文化系统不同时期的遗存。

冯恩学的《黑龙江中游沿岸地区的靺鞨房屋》（《边疆考古研究（第6辑）》，科学出版社，2007年，第274—289页），以黑龙江中游沿岸地区的靺鞨房屋为研究对象，对这些房屋的结构及其反映出来的文化特征进行剖析。文章将同仁遗址房子、格里亚兹努什卡河畔遗址2号房子、斯捷潘尼哈谷遗址房子、奥西诺沃湖遗址房子等与牡丹江流域的靺鞨房子进行对比，总结出了黑龙江沿岸靺鞨房子的结构特点。黑龙江沿岸靺鞨房子为半地穴式房子，木构结构以四斜脊从中心延伸到房的四角为主要特征，表现立柱支撑结构的柱洞以回形分布为基本形式，竖劈圆木板排列于穴壁，形成木板墙壁，房灶基本上是长方形的，设走烟的天窗口。

苏亮的《牡丹江地区古代遗迹述略》（《文学界》，2011年第12期，第83—85页）指出，从3000多年前的莺歌岭原始村落遗址到名扬中外的唐代“海东盛国”渤海国，从金朝的完颜故地到清代的宁古塔将军治所，这些重要的历史阶段将牡丹江塑造成具有厚重的人文内涵的城市。

王舜业的《双鸭山地区古城址的发现与研究》（《理论观察》，2016年第6期，第110—113页）指出，在三江平原地区发现了大量的汉魏时期的城址、聚落址，其中，凤林古城是目前所知的三江平原乃至东北亚极边地区发现的结构最复杂、规模最大、保存最好的汉魏时期的都城。凤林古城和七星祭坛是汉魏时期当地民族的王都遗存。这些都说明2000年前的七星河流域曾出现过一个繁荣时期，这很可能是黑龙江东部地区已进入文明时代的标志。

黑龙江省文物考古研究所的《黑龙江省抚远县黑瞎子岛考古调查收获》（《北方文物》，2016年第2期，第35—37页及第49页）指出，黑瞎子岛位于黑龙江省抚远市东北角黑龙江、乌苏里江汇合处，考古工作者在黑瞎子岛发现了隋唐时期的遗物和辽金时期的遗物,如陶瓷片、陶瓮等,且多为残片。黑瞎子岛的考古调查使得考古工作者对黑瞎子岛的历史文化与近现代遗存有了初步的认识。

王禹浪、王俊铮的《牡丹江流域早期考古学文化与古代民族的遗迹》(《满族研究》,2016 年第 3 期,第 35—45 页)指出,牡丹江流域早期考古学文化内涵丰富,遗址包括镜泊湖畔的莺歌岭遗址、牡丹江中游的宁安石灰场遗址、海林振兴遗址及下游的依兰倭肯哈达洞穴遗址等;东兴文化、河口文化等属于早期铁器时代的考古学文化;海林河口四期与振兴四期、海林渡口二期等为勿吉族的遗存。作者认为,渤海国的建立和定都上京龙泉府开创了牡丹江流域辉煌的都市文明,推进了牡丹江流域的城镇化进程,并对周边地区形成强大的辐射效应。

黑龙江省文物考古研究所的《黑龙江哈尔滨市李家马架子遗址发掘简报》(《北方文物》,2018 年第 4 期,第 3—12 页)指出,李家马架子遗址位于哈尔滨市阿城区东北、松花江支流蜚克图河下游左岸的岗地上,考古工作者对该遗址进行了抢救性考古发掘工作,共清理房址 5 座、灰坑 33 个、灰沟 5 条,出土陶器、石器、铁器、骨器及动物骨骼等文物 200 余件。文章还指出,该遗址至少包含三个不同时期的考古学文化遗存:第一期文化遗存与宾县庆华遗址及索离沟遗址早期遗存的文化面貌比较接近,属扶余文化系统的旁支,年代大概是两汉时期;第二期文化遗存与宾县索离沟遗址晚期遗存、老山头遗址部分遗存的文化面貌最为接近,属靺鞨文化系统的粟末集团某部的遗存,年代大致是南北朝晚期至隋代,下限可能是唐代初期;第三期为辽金时期文化遗存,年代大致是辽代晚期至金代早期。

四、渤海国及辽金时期的地域性考古成果

渤海国和辽、金都是东北地区的古代民族建立的政权。其中,渤海国和金朝曾定都于黑龙江地区,对黑龙江地区的发展产生了深远的影响,也在黑龙江地区留下了较多的遗址、遗迹。相关考古工作的开展,直接加深了后人对黑龙江历史的了解。

（一）渤海国的地域性考古成果

刘晓东、祖延苓的《南城子古城、牡丹江边墙与渤海的黑水道》（《北方文物》，1988 年第 3 期，第 30—35 页）指出，黑水部属于渤海国的时间当在渤海国后期，即渤海国十世宣王大仁秀“讨伐海北诸部”之后。渤海国建立之初，在渤海国与黑水部之间存在一条较为固定的交通道路，黑水部朝唐必须经过渤海国，渤海国使者也常与黑水部使者一同朝唐，而牡丹江边墙的修建在渤海国抵御外来威胁、切断黑水部与唐朝的联系方面起到了重要作用。

黑龙江省文物考古研究所、吉林大学考古学系的《1996 年海林细鳞河遗址发掘的主要收获》（《北方文物》，1997 年第 4 期，第 43—46 页）指出，海林市细鳞河遗址分布在细鳞河与牡丹江交汇处西北方，考古工作者在该遗址发掘出了房址、灰坑、窖穴、灶、井等遗迹，出土了大量的陶器、铁器、铜器、骨角器、骨角料、石器、兽骨和炭化农作物种子等遗物。文章还指出，细鳞河遗址为一处渤海国时期的聚落遗址，该遗址出土遗物的文化特征与渤海上京城遗址出土遗物的文化特征接近，年代应大体相同。文章还指出，房址、灰坑等遗迹的发现，可以帮助我们更好地掌握渤海国民居的建筑形式等方面的信息。

王禹浪、于彭的《论牡丹江流域渤海古城的分布》（《哈尔滨学院学报》，2014 年第 35 卷第 8 期，第 1—11 页），从牡丹江流域的地理环境与地貌特征入手，梳理了牡丹江流域渤海古城及重要遗址的分布状况，并从牡丹江流域的地理空间角度分析了渤海古城及遗迹分布的一般规律，从而揭示出了渤海国政治统治中心区域的历史文化面貌。文章指出，渤海国众多的山城、平原城、寺庙、二十四块石、窑址、佛塔、宫殿址、御花园、桥梁、墓葬、王陵区等都分布在牡丹江流域的两岸。

王禹浪、王俊铮的《牡丹江、延边地区渤海历史遗迹考察》（《黑河学院学报》，2015 年第 6 期，第 18—31 页）指出，渤海国地域涵盖黑龙江省牡丹江流域、吉林省延边地区，留下了丰富的遗迹，在东北历史的发展中占有重要地位。通过对两个地区的遗迹、遗物进行考察,基本上明确了渤海国与中原王朝之间在政治、文化方面的联系,以及渤海国对东北地区的发展所做出的贡献,这对揭示渤海国发展的轨迹有所帮助。

黑龙江省文物考古研究所、吉林大学边疆考古研究中心的《黑龙江海林市细鳞河遗址发掘报告》(《北方文物》,2018 年第 1 期,第 3—25 页)指出,细鳞河遗址为一处渤海国时期的聚落遗址,位于黑龙江省海林市。在该遗址发现的主要遗迹是房址和灰坑。考古工作者在该遗址发现半地穴式房址 8 座、灰坑及窖穴 45 个、灶址 8 个、水井 1 口、输水沟渠 1 条。该遗址还出土了陶器、铁器、铜器、骨角器、石器、动物骨骼和炭化植物种子等遗物。此外,两座房址内出土了唐"开元通宝"铜钱。

(二)辽金时期的地域性考古成果

思德、张鹏的《黑河地区金代遗址考古调查》(《黑河学刊》,1990 年第 1 期,第 114—120 页),对具有代表性的东风遗址、永远遗址、合安遗址、胜利遗址、新安遗址、小山湾遗址、石中遗址、新民遗址、兴胜遗址、沾河达遗址、三合遗址、卜达敏遗址、新立遗址、四新遗址、泡子沿遗址等进行了介绍。文章指出,金代遗址多分布在江河沿岸台地上,临近水源,交通便利,这些遗址中出土的农具在形制和风格上与中原地区的同类器物十分相近,甚至有的器物与中原地区的器物完全一致,这些器物是辽、金与中原地区往来的重要证据。

第三节　黑龙江古代遗址、遗迹

黑龙江地区的古代遗址、遗迹的类型丰富多样,时间跨度比较大。从类型来看,一般以宫殿遗址和边墙遗址为主;从时代来看,渤海国、辽金时期的遗址居多。由于历史的变迁和更迭,黑龙江地区的古代遗址、遗迹遭到了一定的破坏,遗址、遗迹的开发与保护成为现今工作的重点。

一、先秦时期的遗址、遗迹

先秦时期的黑龙江地区人口较少，加之受到交通条件的限制，这一时期黑龙江地区的历史较少被史书记载下来。近年来，随着考古学研究的不断深入，黑龙江地区的先秦考古取得了突破性进展，相关研究成果为人们揭示了黑龙江地区古代先民的生产情况、生活情况等。

（一）石器时代的遗址、遗迹

黑龙江地区先秦时期的遗址以石器时代的遗址为主，相关研究成果随着考古学研究的深入而不断涌现出来。黑龙江地区先秦时期的遗址可以按照时间分为旧石器时代遗址、新石器时代遗址和铁器时代遗址三大类。

1. 旧石器时代的遗址、遗迹

有关黑龙江地区的旧石器时代的遗址、遗迹的研究成果如下。

于汇历、邹向前的《黑龙江省龙江县缸窑地点的细石器遗存》（《北方文物》，1992 年第 3 期，第 8—15 页）指出，1988 年作者在缸窑地点采集到一批石制品，这是一处旧石器时代的遗迹，为研究嫩江沿岸地区旧石器时代向新石器时代过渡的文化形态，提供了重要的依据。文章还将 1982 年以来作者调查和试掘所获得的材料进行了整理，并根据考古学以小地名命名遗址或地点的惯例，将原来的"景星地点"改称为"缸窑地点"。

黑龙江省文物考古研究所的《黑龙江省呼玛老卡遗址调查简报》（《北方文物》，1996 年第 2 期，第 19—22 页）指出，老卡遗址位于大兴安岭地区呼玛县三卡乡老卡村西北约 200 米处，面积约为 3 万平方米，该遗址保存较好。遗址表面为耕土，其文化遗物均为石制品，石制品包括石核、石片、石器。通过对该遗址出土遗物的考证，作者推测老卡遗址的时代相当于旧石器时代晚期。

李有骞的《黑龙江省中部山区旧石器遗存的发现与认识》（《草原文物》，2016 年第 1 期，第 62—69 页）指出，黑龙江省中部山区由南部的张广才岭山脉和北部的小兴安岭山脉组成，以往报道的中部山区的旧石器遗址有阿城交界遗址和嘉荫常兴屯遗址，但学界对于在这些遗址中发现的所谓石制品的人工性质还存在争议，该地区的旧石器考古基本上处在空白状态。作者通过分析认为最近几年新发现的材料在很大程度上改变了这种状况，对于这些遗址的研究已经开始，该地区旧石器时代文化的大致特征也已初露端倪。

2. 新石器时代的遗址、遗迹

黑龙江地区也发现了一些新石器时代的遗址、遗迹，学者对此进行了介绍和研究，相关研究成果如下。

杨永才的《黑龙江饶河县渔丰南城址发现的新石器时代文化遗存》(《北方文物》,2016 年第 2 期，第 12—16 页)指出，渔丰南城址位于黑龙江省饶河县西丰镇渔丰屯南 400 米挠力河右岸的孤立小山上，从出土的遗物来看，在该遗址发现的石器较少，发现的遗物主要是纹饰丰富的陶片。陶器纹饰以单头戳印的带有圆柱形凸点的菱形纹最具特色，多为菱形纹与组合篦点纹构成的组合纹饰。这些出土遗物反映了该遗址与新开流—鲁德纳亚文化和孔东文化具有密切的关系。此外，渔丰南城址第 3 层出土遗物与周边地区新石器时代遗存具有明显的相似性，具有较强的时代特征。

黑龙江省文物考古工作队的《密山县新开流遗址》(《考古学报》,1979 年第 4 期，第 491—518 页)，介绍了新开流遗址的概况、文化层堆积、遗迹、遗物等，指出新开流遗址的鱼窖、葬俗具有特色，石器、骨器、陶器等构成一个富有特征的器物群。文章通过与相关遗址、遗迹的对比指出，新开流遗址的墓葬比较集中。新开流遗存与昂昂溪、青肯泡等遗存在年代、经济类型、所处社会发展阶段等方面具有一定的相近性，相似器物的数量较少，它们各自的特征大于共性。

裴红善的《黑龙江省穆棱市四方台遗址调查简报》(《北方文物》,2006 年第 3 期，第 18—19 页)指出，四方台遗址位于黑龙江省穆棱市福录乡四方村南，该遗址出土了大量的陶器、石器、铁器等残片，其中，陶器均为手制夹砂陶，以黄褐陶为主，陶器均为素面，部分安有圆柱状器耳，可辨识的器形有罐、碗、杯、豆等。文章还指出，虽然这些器物仅是从地表和断层中采集而得的,但是数量较多,种类丰富。

3. 其他石器时代的遗址、遗迹

黑龙江省文物考古工作队的《黑龙江宁安县莺歌岭遗址》(《考古》,1981 年第 6 期,第 481—491 页)指出,莺歌岭遗址位于黑龙江省宁安市镜泊湖南端东岸上,该遗址是牡丹江流域典型的原始文化遗存,有上、下两层不同时代的文化遗物。上文化层的陶器以夹砂黑灰陶和磨光黑灰陶为主,素面的陶器最多,有纹饰的陶器较少。下文化层的陶器以夹砂红褐陶为主,纹饰种类较多,富于变化。该遗址上、下文化层之间的关系,有待进一步研究。

李砚铁、刘晓东、王建军的《黑龙江省依兰县桥南遗址发掘》(《北方文物》,2000 年第 1 期,第 1—9 页)指出,桥南遗址位于依兰县南部,遗址面积较大,且沿江分布。人们在江边的断层上可以清楚地看出房址遗迹。地表遗物也十分丰富,除了一些早期陶片以外,还有辽金时期和清代的陶片、瓷片、铜钱等。桥南遗存与黑龙江地区各文化遗存具有明显的区别,代表了一种新的考古学文化。桥南遗址出土的陶器具有鲜明的特征。桥南遗址的发掘,为黑龙江地区的史前文化研究提供了宝贵的资料。

黑龙江省文物管理委员会的《黑龙江友谊县凤林古城址的发掘》(《考古》,2004 年第 12 期,第 50—65 页)指出,凤林古城址位于黑龙江省友谊县成富乡凤林村,其文化遗存可以分为早期文化遗存和晚期文化遗存。早期文化遗迹有房址,遗物有陶器和玉器。晚期文化遗迹有房址、灰坑和城垣,遗物有陶器、石器、骨器、铜器和铁器等。文章还指出,通过发掘凤林古城址,我们可以了解当时城墙、房址的特殊形式,进一步认识到一种新的考古学文化。

佳木斯市文物管理站的《佳木斯市郊凤凰山遗址调查》(《北方文物》,2005 年第 1 期,第 53—54 页)指出,凤凰山遗址位于佳木斯市郊长发镇良种场村西北 500 米处的凤凰山上,该遗址出土陶器 3 件、器底 1 件。文章还指出,凤凰山遗址出土的斜口器和陶罐在绥滨同仁遗址中都曾出土,此类陶罐的器形与萝北团结墓葬出土的同类器物的器形基本一致。

黑龙江省博物馆、中国社会科学院考古研究所的《黑龙江省绥滨县蜿蜒河遗址发掘报告》(《北方文物》,2006 年第 4 期,第 12—20 页)指出,蜿蜒河遗址位于黑龙江省绥滨县新城镇东 2 千米处,该遗址发掘的面积不大,遗址内有房址 2 座、窖穴 1 个。该遗址的堆积层相对简单,耕土层下有上、下叠压的文化层。上层发现房址 1 座,下层发现房址 1 座。遗址内出土的遗物较少,主要有石器、铁器、骨器。

李陈奇、张伟、赵永军的《黑龙江省莲花、尼尔基、磨盘山库区考古的主要收获》(《北方文物》,2012 年第 4 期,第 3—12 页)指出,莲花库区遗迹的类型有大型聚落、单一建筑、墓群、城址、岩棚址等,这些遗迹基本上可以勾勒出这一地区古代文化发展的大体脉络。尼尔基库区发掘出旧石器时代遗址 1 处,新石器时代、青铜时代至早期铁器时代遗址 24 处,辽金时期遗址 1 处,清代墓葬 18 处。其主要成果突出表现在三个方面:一是旧石器时代考古发掘取得新的成果;二是青铜时代至早期铁器时代遗存的发掘取得新突破;三是清代墓葬的发掘丰富了黑龙江清代考古的内涵。磨盘山水库发掘出青铜时代遗址 4 处、早期铁器时代遗址 1 处、唐代渤海时期遗址 1 处、金代遗址 13 处、金至明清遗址 19 处、清代遗址 2 处、清末至民国时期遗址 1 处。作者认为,磨盘山水库考古发掘工作取得的成果,极大地丰富了拉林河流域的历史文化内涵,为黑龙江流域文明的研究提供了难得的实物资料。

(二)早期先民的遗址、遗迹

先秦时期的黑龙江地区是游牧或渔猎民族的聚居地,也有少量的汉族人在这里生活。古代先民在黑龙江地区繁衍生息,孕育出影响深远的靺鞨、女真族等民族。发掘出来的遗址反映了古代先民的生产状况和生活状况,以及民族演变的情况。学者对此进行了介绍和研究,相关研究成果如下。

李岗的《黑龙江青铜时代的考古发掘与秦汉至南北朝时期的黑龙江地区的考古发掘》(《黑龙江科技信息》,2007 年第 21 期,第 172 页)指出,在中原地区进入奴隶社会的夏、商、周和前期封建社会的春秋战国之时，黑龙江地区的早期先民还停留在以石器为生产工具的原始社会生活阶段。在与中原地区的频繁接触中，黑龙江地区也出现了青铜器的形式，但由于受到当时交通条件和技术条件的限制，黑龙江地区的先民仍然主要使用石器。这一时期，虽然黑龙江地区的文化水平和科技水平仍然落后于中原地区，但是从发现的遗存实物来看，相对于原始社会时期，技术水平还是有所提高的。

张向凌的《关于在志书中记述黑龙江古代先民问题的探讨》（《黑龙江史志》，1998 年第 3 期，第 10—12 页）指出，对五常龙凤山乡学田村的发掘，证明早在 42000 多年前，这里已有古代先民活动的足迹；对哈尔滨阎家岗的发掘，证明早在 2 万多年前，这里也已有古代先民活动的足迹。文章还指出，探讨有关黑龙江古代先民的问题，需要注重考古成果，如五常学田村、哈尔滨阎家岗、塔河十八站、齐齐哈尔昂昂溪、密山新开流、饶河小南山、宁安莺歌岭、肇源白金堡等遗址中发现的遗迹，同时也要研究古籍中有关黑龙江古代先民的记载内容，以弥补考古之不足。

刘晓东、胡秀杰、王乐文、李有骞的《先秦时期黑龙江古族及其与考古学文化对接问题》（《北方文物》，2017 年第 3 期，第 35—44 页），通过对文献史料（侧重于先秦文献史料的拣选）和考古资料（侧重于考古学文化谱系源流的分析）的进一步梳理、归纳和分析，系统地探讨了先秦时期黑龙江地区的古代民族与考古学文化的对接问题。文章指出，先秦时期，虽然中原地区与边远地区在文化上有了一定的交流，但是相互之间的了解和认知仍然是有限的。秦汉以后，中原地区对东北乃至黑龙江地区的认知水平有了明显的提高。随着田野考古工作的开展，黑龙江地区考古学文化的时空框架和文化谱系得以进一步构建和细化。

张伟、田禾的《挹娄、勿吉文化的考古学考察——以滚兔岭文化与凤林文化为中心》（《北方文物》，2017 年第 3 期，第 45—47 页及第 63 页）指出，滚兔岭文化和凤林文化的时空范围与黑龙江地区古代“肃慎族系”的活动区域多有重合。作者通过梳理文献记述与研究的挹娄、勿吉的民族特征、生活习性,对滚兔岭文化和凤林文化进行了更深入的研究。作者还提出,滚兔岭文化、凤林文化分别与文献记述与研究的挹娄、勿吉相符,滚兔岭文化属于挹娄,凤林文化属于勿吉。

二、两汉、魏晋时期的遗址、遗迹

两汉、魏晋时期,虽然黑龙江地区的人口数量有了明显的增长,但是由于此时黑龙江地区的先民与中原王朝交往得较少,他们极少出现在史书的记载中。这导致黑龙江地区留存的两汉、魏晋时期的遗址、遗迹较少。

(一)两汉、魏晋时期的遗址、遗迹

两汉时期,在黑龙江地区生活的仍然主要是少数民族,由于与中原王朝来往较少,史书记载不足。由于时代久远,相关遗址、遗迹留存得较少。相关研究成果如下。

张泰湘、邹越华的《从考古学材料看历史上的夫余、沃沮人》(《黑龙江民族丛刊》,2002 年第 4 期,第 60—63 页),利用考古发掘成果,采用类型学的方法,对黑龙江流域古代三大民族之一的夫余族及其先世的源流问题进行了探讨。文章指出,夫余族发源于黑龙江省南部地区,以后又逐渐迁徙到松花江上游吉林市一带,并建都于吉林省吉林市东团山山城,建立了汉代著名的夫余奴隶制国家。

魏晋时期历经了中原大地的大动荡。由于与中原交往较少,北方地区受到战争的影响较小。这导致魏晋时期留存的考古遗址明显多于汉代。相关研究成果如下。

万大勇的《黑龙江省嘉荫仁合古城调查简报》(《北方文物》,2003 年第 1 期,第 23—24 页)指出,嘉荫仁合古城依山势修建,位于观音山脉北端,应是当时抵御外来侵略的要塞。该古城为椭圆形,东西径约为 150 米,南北径为 120 米,城墙建于半山腰上,城墙的南、西、北三面各有一处距离不等的豁口。文章对采集到的数件陶片和石器进行了分析,认为嘉荫仁合古城是一座典型的汉魏时期古城。

乔梁的《黑龙江汉晋时期考古学遗存的分布与文化格局》(《边疆考古研究(第13辑)》,科学出版社,2013年,第197—206页),通过对汉晋时期考古遗存在黑龙江地区的分布状况及其所反映的文化格局进行了分析。通过分析相关遗存的现状和相关记载,文章指出,汉晋时期遗存在黑龙江地区所处地理位置的情形反映出了地理分布上的不平衡性,即东南多,西北少。这与遗存年代的判断和登记中出现的偏差有一定的联系。文章还指出,汉晋时期人类遗存分布的密度,在黑龙江不同的自然地域单元也存在着较大的差异。

(二)鲜卑遗址、遗迹

鲜卑族是发端于黑龙江省大兴安岭地区的古代民族,鲜卑族在发展壮大后,自东汉末年开始南下发展,并于东晋末年建立了众多政权,开创了南北朝时期,实现了我国北方地区的统一。对于这个曾生活在黑龙江地区的古代民族,学者给予了较多的关注,进行了研究,相关研究成果如下。

米文平的《鲜卑石室的发现与初步研究》(《文物》,1981年第2期,第1—7页),介绍了嘎仙洞的地理位置和石刻祝文的内容,对前人的相关研究成果进行了梳理。文章指出,石刻祝文的发现,证实了嘎仙洞是北魏拓跋鲜卑祖先居住的旧墟石室,证实了大鲜卑山的位置。这一考古成果有助于确定位于嘎仙洞南的乌洛侯国的地理位置。

米文平的《鲜卑石室所关诸地理问题》(《民族研究》,1982年第4期,第34—40页及第47页),根据鲜卑石室的位置,结合文献的记载,考证了大鲜卑山、大泽、乌洛侯、地豆于、难水、失韦(室韦)等的地理位置。文章指出,《魏书》所载之大鲜卑山就在大兴安岭北部;"大泽"是呼伦湖;乌洛侯国位于嫩江中游,即今齐齐哈尔以西直到大兴安岭一带;地豆于位于洮儿河上游以南的大兴安岭山地;难水即今嫩江;北魏时之失韦,则在今嫩江之北。

三、渤海时期的遗址、遗迹

渤海国是由东北地区的古代先民建立的地方民族政权,由于其较少受到战争的波及,加之建立政权后曾一度将都城设于黑龙江地区,黑龙江地区留下了较多的遗址、遗迹。尤其是渤海国宫殿遗址,成为目前学界研究的主要内容。

(一)渤海国宫殿遗址

对于渤海国宫殿遗址,学者主要针对渤海国都城上京龙泉府的宫殿遗迹进行研究,相关研究成果如下。

黑龙江省文物考古工作队的《渤海上京宫城第一宫殿东、西廊庑遗址发掘清理简报》(《文物》,1985 年第 11 期,第 48—51 页),根据出土的建筑材料,推断出东、西廊庑和整个宫城的主要建筑皆毁于同一场大火。这很可能是契丹灭渤海后,出于某种需要而进行的大规模焚城,但史书对此没有记载。作者依据对遗存的分析,推断该焚城事件应该发生于东丹国南迁前后。

李殿福的《渤海上京永兴殿考》(《北方文物》,1988 年第 4 期,第 33—35 页),通过对渤海上京龙泉府遗迹的考证,从中国古代建筑风格方面论证了宫殿遗址的特征,认为上京龙泉府是仿照隋唐两朝都城的形制兴建而成的。根据史书记载和考古发掘成果,作者认为,上京城宫城中轴线上的"永兴殿"是渤海国王"中朝"场所,也是当时处理朝政的地方。

黑龙江省文物考古研究所、吉林大学考古学系、牡丹江市文物管理站的《渤海国上京龙泉府宫城第二宫殿遗址发掘简报》(《文物》,2000 年第 11 期,第 13—22 页)指出,渤海国上京城宫城第二宫殿是宫城内规模最大、最重要的宫殿,对其基址的发掘,为研究渤海国的建筑规模、建筑形制、建筑技法等提供了新资料。

黑龙江省文物考古研究所、吉林大学考古学系、牡丹江市文物管理站的《黑龙江宁安市渤海上京龙泉府宫城第三宫殿遗址的发掘》(《考古》,2003 年第 2 期,第 34—41 页),介绍了渤海国上京龙泉府第三宫殿遗址的发掘情况,指出该遗址的主体呈长方形,北部中央有一廊与第四宫殿相接,第三宫殿由正殿,以及殿左、右及北中部与第四宫殿相接的廊组成。文章指出，渤海国上京龙泉府第三宫殿遗址的发掘，为研究渤海国上京城的建筑，以及中国古代都城制度和古代建筑提供了新的资料。

黑龙江省文物考古研究所、吉林大学考古学系、牡丹江市文物管理站的《黑龙江宁安市渤海国上京龙泉府宫城4号宫殿遗址的发掘》（《考古》，2005年第9期，第42—49页）指出，渤海国上京城的宫城分为东、西、中三区，其中4号宫殿是宫城中区南起第四重宫殿，其南部有过廊与3号殿的正殿相连，北部以一墙与5号殿相隔。文章还指出，4号宫殿在形制上与前面的三座宫殿有明显的区别，它由主殿、东配殿、西配殿三部分组成，台基较为低矮；其主殿室内采用了减柱的建筑形式，宫殿内有取暖设施。此次发掘又进一步确认了3号宫殿与4号宫殿共处于连成一体的殿基之上，它们可能是一座宫殿的前后部分。作者还根据考古发掘成果推断，渤海国上京龙泉府的宫城同唐长安城大明宫一样实行宫城三殿制。根据出土的兽头、铁钉和砖瓦等遗物，结合宫殿的基层土质、地层堆积等，作者指出，4号宫殿在建筑饰件的使用上带有明显的等级色彩，这为研究建筑等级和建筑饰件的对应关系提供了依据。

赵虹光的《渤海上京城宫殿建制研究》（《边疆考古研究（第8辑）》，科学出版社，2009年，第176—187页）指出，渤海上京城宫城自南向北所建的五座宫殿分别由殿、廊、墙、门等围成相对独立的四个宫殿区。文章不仅详细地介绍了各个宫殿区的特点，而且指出了渤海上京城宫殿的建筑理念和建筑形制。该遗址是现存的唐代建筑中保存最完整的一个。

（二）渤海国上京遗址

上京龙泉府是渤海国的都城，相关遗址的发掘工作开展得较早，而且成果也比较丰富。

1. 都城遗址的发掘

上京龙泉府是渤海国的都城，是仿照唐长安城而兴建的。随着上京龙泉府遗址的发掘，相关的研究成果不断地涌现出来。

陈显昌的《唐代渤海上京龙泉府遗址》（《文物》，1980年第9期，第

85—89 页)指出,渤海国上京龙泉府曾经两度作为渤海国的都城,是当时我国北方地区规模最大的城市。在都城的建设上,上京龙泉府仿效当时唐朝长安城进行兴建。文章通过对现存的城址、宫阙、街坊等进行分析,探讨了唐朝长安城对上京龙泉府的影响。文章还指出,上京龙泉府分为外城、内城和宫城三大部分,考古工作者在上京龙泉府遗址发现了不少遗物,遗物有陶器、铁器、铜器、石制品、建筑材料等。

赵虹光的《渤海上京龙泉府城址调查发掘工作的回顾》(《北方文物》,1988 年第 2 期,第 26—29 页)指出,历年来渤海上京龙泉府城址的考古调查、发掘的成果主要有两个方面:一是通过对上京城址的考古调查、发掘,认定其规划、布局和建筑风格等都仿照唐长安城;二是根据已发掘的建筑遗址之间相互叠压的现象,确认该城址内各建筑的时间。

姜华昌的《渤海上京龙泉府与唐长安城建筑布局的比较》(《北方文物》,1988 年第 2 期,第 29—32 页)指出,渤海国在兴建上京龙泉府时仿照了唐长安城,充分吸取了唐长安城建筑精华,继承和发扬了北方民族传统的建筑风格,使上京龙泉府既有唐长安城的风格,又有自身的特点。上京龙泉府的建筑布局和建筑风格是中原文化和东北地方少数民族文化相结合的产物。

刘晓东、李陈奇的《渤海上京城"三朝"制建制的探索》(《北方文物》,2006 年第 1 期,第 38—47 页)指出,渤海上京城仿唐长安城而建,存在"三朝"制建制。渤海上京城以宫城正南门为元旦冬至日之朝(仿古之外朝),以宫城 1 号殿为塑望日之朝(仿古之中朝),以宫城 2 号殿为常朝日之朝(仿古之内朝)。通过分析,作者认为渤海上京城"三朝"制的主体建筑完成于渤海第十一代王大彝震之世。

王禹浪、刘述昕的《黑龙江流域渤海古城的初步研究》(《哈尔滨学院学报》,2007 年第 28 卷第 12 期,第 1—9 页)指出,渤海国在黑龙江流域修建了一百多座古城,推进了这一地区的城镇化和封建化的进程,同时对辽金两朝产生了较大的影响,许多古城相继被辽、金沿用,其中上京龙泉府是当时东北亚地区最大的城市之一。从 20 世纪至今,在黑龙江流域范围内,考古工作者发现了大量的渤海古城址,这些古城址分布在河谷平原和江河两岸,原始森林中也有众多的渤海时期的山城。这些古城址的发现,不仅揭示了当时渤海国行政建制的规模,也为人们了解渤海国提供了大量的资料,有助于人们了解渤海国时期黑龙江流域封建化的过程。

董智的《唐代渤海国上京龙泉府都城遗址保护及旅游景观规划设计》(《旅游学研究》,2007 年,第 49—52 页)指出,渤海国都城——上京龙泉府是仿照唐朝长安城而建的,是渤海国的政治、经济、文化中心。文章根据有关遗址保护的文献,结合古城遗址的保护现状和实地的调查情况,提出了针对上京龙泉府遗址的保护原则和保护方法,并提出运用旅游景观规划设计的方法来加强遗址的保护和开发,加大遗址保护和研究的力度,从而为今后进一步开展遗址保护工作和相关研究工作提供坚实的物质基础。

梁启政的《金毓黻之渤海上京研究与东京城访古》(《北方文物》,2008 年第 2 期,第 37—42 页),介绍了金毓黻对渤海上京城的研究及其同日本东亚考古学会调查与发掘渤海上京遗址的过程,并探讨了实地考古调查与发掘的背景,以及访古所取得的成果和不足。文章指出,金毓黻继承了明代顾炎武等人治学的学风,不仅重视典籍,而且重视考古资料。他不仅参与了针对渤海上京遗址所开展的实地考古调查与发掘工作,还多方征访有关渤海历史与考古的信息,并详细地进行考证,获得了大量的、丰富的、翔实的有关渤海研究的第一手资料。

谭红毅、董智的《唐代渤海国上京龙泉府建筑遗址保护的思考》(《山西建筑》,2008 年第 34 卷第 34 期,第 5—6 页)指出,渤海国上京龙泉府位于黑龙江省宁安市渤海镇,不仅是渤海国的都城,也是渤海国的政治、经济和文化中心。上京龙泉府遗址面积较大,保留得比较完整,但是缺乏相对连贯的遗址风貌保护体系和系统的规划设计。文章对上京龙泉府遗址保护的重要性和迫切性等进行了论述。文章还指出,我们应实施科学有效的管理措施,优先确保对濒临灭绝的遗址、遗迹进行保护。

姚庆、张童心的《中国建筑考古学研究再探——兼谈渤海国上京龙泉府都城建制》(《东北史地》,2016 年第 1 期,第 46—52 页)指出,上京龙泉府是渤海国的都城，上京龙泉府的都城建制十分具有代表性。文章指出，对该遗址进行考古研究，不仅可以复原一部分古代人的生活图像，而且对我国东北古代少数民族历史文化的研究具有重要价值。文中运用了文献学、考古学、建筑史学、复原设计和建筑遗存保护等新的建筑考古学科知识，为深入研究渤海国上京城遗址提供了新的视角。

2. 上京城外遗址和城墙

随着有关渤海国上京龙泉府城外遗址和城墙的考古工作的不断推进，相关研究成果不断推出。

许鸿雁的《渤海上京城外的重要渤海遗址》(《牡丹江大学学报》,2011年第20卷第10期,第87—88页),介绍了上京龙泉府城外的苑址、桥址、墓葬等遗址的保存状况,以及考古人员对它们的探索情况,展示了这些遗址在渤海史研究中的价值。

孙志敏、刘大平的《黑龙江渤海上京城墙体砌筑方式解析》(《古建园林技术》,2012年第3期,第39—41页)指出,对渤海国上京城墙体遗址进行细致的研究,有助于全面而准确地解读渤海国上京城的建筑技术特质。作者在对建筑墙体的主要构造方式进行考证之后,认为渤海国上京城墙体采用的是木骨版筑墙的方式。木骨土坯墙没有墙基,这不同于当时唐代土坯墙的构筑方法。作者通过分析渤海国的筑墙方式和城墙墙体的砌筑方式,推测了渤海国上京城城墙墙体的砌筑顺序。

刘晓东的《关于渤海上京城北垣外侧8、9号寺庙址始建年代的补充说明》(《边疆考古研究(第25辑)》,科学出版社,2019年,第383—393页),根据考古勘测结果,认为渤海上京城第8、9号寺庙址始建年代的上限应为天宝末大钦茂迁都上京之后,其下限为贞元时大钦茂迁都东京之前。通过对相关文献和考古资料的分析,文章指出上京城第8、9号寺庙址的始建年代可以推到文王大钦茂以上京为都城的时期,第8、9号寺庙址位于上京城郭城北垣之外,且分别在郭城正北门两侧。文章还指出,上京城郭城北垣城门址与上京城正北门无关,直接与北垣正北门东、西两个侧门有关。

（三）渤海上京城遗址的出土遗物

在现今的考古发掘中，还有一部分遗物能够通过遗迹的考察来印证其是否属于渤海国时期的遗物，这些遗物对渤海考古具有重要价值。渤海国上京龙泉府出土的遗物类型丰富。对于这些出土遗物，学者进行了专项研究，相关研究成果如下。

朱国忱、朱威的《关于渤海石灯幢》（《东北史地》，2006 年第 2 期，第 10—19 页），重点介绍了保存于唐代渤海国都城上京龙泉府故址的石灯幢的发现过程、结构、组成节（层）块、艺术价值、节（层）块衔接等内容。文章指出，石灯幢是佛教雕刻艺术品，石灯幢的出土印证了渤海国佛教发达。

黑龙江省文物考古研究所的《黑龙江宁安渤海上京城出土渤海国舍利函》（《文物》，2015 年第 6 期，第 14—16 页）指出，渤海上京城是渤海国的都城，其故城址位于今黑龙江省宁安市渤海镇，现今遗址内有渤海镇及其所属的土台子村、白庙子村、双庙子村、西地村等。舍利石函函身出土于土台子村西南角渤海时期寺庙台基东南侧。舍利函的发现对研究渤海国遗物和复原当时的社会生活具有重要意义。

彭善国的《渤海上京城 2 号宫殿址出土玉石“杖首”应为“熏炉”考辨》（《北方文物》，2017 年第 4 期，第 30 页及第 80 页），对 2004 年黑龙江省文物考古研究所等机构在黑龙江省宁安渤海上京城第 2 号宫殿基址内发掘出土的淡黄色玉石质器物进行了介绍。文章指出，它并不是出自渤海工匠之手，应是来自唐朝中心区域的艺术品。文章还指出，尽管文献中缺乏对渤海国香料及焚香的记载，但是熏香这一唐代社会风尚已经影响到渤海国的统治阶层。

包曙光、张欣悦的《靺鞨－渤海马具研究》（《北方文物》，2020 年第 4 期，第 56—66 页），通过对靺鞨－渤海遗存中出土的马具进行系统梳理，结合考古类型学与历史文献学，指出靺鞨－渤海马具主要有马衔、马镳、马镫和带具等，其中马衔与马镳的数量最多。文章还对史书中有关靺鞨－渤海“胜兵”的记载进行了初步探讨，指出出土的马具均未体现出防御性功能，且对马匹的装饰不够重视，故“胜兵”所指的应不是以骑兵为主。

四、辽金时期的遗址、遗迹

辽、金是兴起、活跃于黑龙江地区的北方民族建立的政权，曾一度统一了北方地区。由于这些政权在黑龙江地区的统治时间较长，留下的遗迹、遗物比其他时期多。黑龙江地区的辽金遗址、遗迹以金上京城遗址、遗迹，以及金太祖完颜阿骨打陵遗址、遗迹为主。

(一)金上京会宁府及上京路的遗址、遗迹

金朝曾定都于上京会宁府，上京会宁府位于今黑龙江省哈尔滨市阿城区，金太祖完颜阿骨打死后葬于此地。

1. 上京城遗址、遗迹

金朝的第一个都城上京城由于迁都而被焚毁，但是留下了较多的遗址、遗迹。相关研究成果较为丰富。

景爱的《关于金上京城的周长》(《学习与探索》，1985 年第 3 期，第 141—142 页)，对托尔马乔夫绘制的金上京城的平面图，以及阿城师范学校、阿城博物馆、黑龙江省测绘管理处对金上京进行测绘得出的数据进行了对比分析，认为用 10954 米(或 11 千米)来记录金上京的周长可能更准确一些。

伊葆力的《金上京周边部分建筑址及陵墓址概述》(《哈尔滨学院学报》，2006 年第 27 卷第 3 期，第 1—6 页)，介绍了金上京周边的祭天坛址、社稷坛址、皇武殿址、宝胜寺故址、护国林、嘉荫候庙址、松峰山道教遗址、金太祖完颜阿骨打陵址、胡凯山和陵遗址、桦皮陵墓址、石人沟陵墓址、吉兴陵墓址、上擂木陵墓址、响水陵墓址、西山陵墓址、长胜陵墓址、保安陵墓址的地理位置与保存现状，并对部分遗址的历史沿革进行了介绍。

赵永军的《金上京城址发现与研究》(《北方文物》，2011 年第 1 期，第 37—41 页)，从梳理文献史料出发，将金上京城的历史分为初建、扩建、毁弃、重建、废弃五个阶段。文章对金上京城址发现与研究的现状进行了总

结，指出对金上京城址加强田野考古工作、深入进行考古学研究的必要性和紧迫性。

吕竟成的《金上京遗址调查报告》(《黑龙江史志》，2013 年第 11 期，第 298 页)，针对金源文化旅游存在的问题，提出了合理规划和建设旅游景区、调整旅游线路、提高金源文化的知名度等建议。该文章对黑龙江省发展金源文化旅游具有一定的借鉴意义。

黑龙江省文物考古研究所的《哈尔滨市阿城区金上京南城南垣西门址发掘简报》(《考古》，2019 年第 5 期，第 45—65 页)，介绍了金上京南城门址的范围、建筑结构、地层堆积情况，并对城门址、瓮城门址、瓮城内房址、瓮城城墙的建筑遗迹进行了解释。文章还对城内出土的建筑构件、陶器、瓷器、石器、骨器、铁器、铜钱等遗物进行了介绍，指出金上京南城门址由城门和瓮城两部分组成，其基本形制具有唐宋时期门址的显著特点。瓮城墙内侧筑有砖砌的排水设施，这为了解金代城墙结构特征提供了新材料。

2. 蒲峪路遗址

上京路下辖的蒲峪路是金朝的最北边界。随着蒲峪路官印的出土，蒲峪路古城逐渐进入学者的研究视野，相关研究成果如下。

黑龙江省文物考古研究所的《黑龙江克东县金代蒲峪路故城发掘》(《考古》，1987 年第 2 期，第 150—158 页)，介绍了蒲峪路的历史沿革与变迁，指出蒲峪路在《金史・地理志》等文献中写作蒲与路。蒲峪路故城位于黑龙江省齐齐哈尔市克东县，俗称克东古城。1933 年，日本人福岛一郎、北川正雄曾考察过此城。1938 年，日本人泷川正次郎考察了克东古城，他推断这是一座辽金古城。三上次男根据泷川正次郎的考察材料，认为克东古城当是金代蒲峪路古城。

齐鑫的《浅谈克东县金代蒲峪路古城发掘》(《黑龙江史志》，2013 年第 23 期，第 323 页及第 325 页)，介绍了克东县蒲峪路古城城门、官衙等遗址的发掘情况和出土文物。通过分析这些遗迹、遗物，作者认为蒲峪路古城的修建是在海陵罢万户、设节度使以后，即天德三年以后。文章指出，金代蒲峪路古城遗址的确定为确定中国 12 至 13 世纪的北部疆界找到了重要的历史坐标。

孙文政的《克东古城遗址建筑年代考疑》(《辽金历史与考古(第八辑)》,科学出版社,2017年,第58—62页)指出,学界一般认为齐齐哈尔市克东古城遗址是金代蒲峪路古城遗址。作者通过对考古调查资料和文献资料的梳理,指出从克东古城遗址椭圆形的建筑形制和古城内出土的文物来看,克东古城遗址的始建时间不在金代。

(二)金太祖完颜阿骨打陵遗址、遗迹

金太祖完颜阿骨打是金朝的开国皇帝,金太祖完颜阿骨打陵是黑龙江省唯一的帝陵。该陵墓的发掘引起了较多学者的关注,相关研究成果如下。

许子荣的《金太祖完颜阿骨打陵址》(《黑龙江文物丛刊》,1983年第4期,第83—85页),介绍了金太祖完颜阿骨打陵的位置,以及太祖庙的建制与规模,指出金太祖完颜阿骨打陵址对研究金初的宗庙制度、金上京的历史等具有重要的意义和价值。

梁爽的《完颜阿骨打宁神殿陵址初探》(《哈尔滨学院学报》,2002年第23卷第9期,第109—111页),通过整理与研究大量的历史资料,科学地论证了金代完颜阿骨打宁神殿的位置。文章还通过对完颜阿骨打陵址的变迁进行探讨,指出宁神殿建设于金熙宗即位之初。

徐苹芳的《上京的金代皇陵》(《文史知识》,2007年第2期,第88页)指出,金太祖完颜阿骨打死后葬于上京宫城西南,其旁建造了宁神殿,完颜阿骨打陵墓最初并无陵号。金太宗死后,建造了陵墓,称为和陵,并将太祖迁往和陵。金熙宗继位后,撤销了和陵称号,以太祖陵为睿陵,以太宗陵为恭陵。这两座陵墓都在上京附近,其中太祖陵在宫城西南。

王忠山的《金太祖完颜阿骨打陵址》(《黑龙江史志》,2008年第15期,第7页),不仅介绍了金太祖完颜阿骨打的生平与建树,还介绍了完颜阿骨打陵址的地理位置、建筑结构等。

(三)其他的辽金时期的遗址、遗迹

除上京遗址、遗迹和太祖陵外,黑龙江省还有很多其他的辽金时期的遗址、遗迹,相关研究成果如下。

王禹浪的《黑龙江省通河县太平屯古城考》(《北方文物》,1985年第2期,第44—45页及第56页),通过分析太平屯古城的位置和年代,认为该古城建于金代,应为金代巴刺海山谋克城的故址。

唐国文、曹英慧、李淑娟、史景元的《大庆地区金代考古发现》(《大庆社会科学》,1994年第3期,第30—32页),通过对大庆地区金代遗址出土文物的分析,介绍了这一时期黑龙江的冶铁业、农业、盐业、商业、文化的发展状况,并通过分析该遗址出土文物的特征,探讨了这一地区古村落的对外交通和葬俗等方面的问题。

黑龙江省文物考古研究所的《黑龙江双城市车家城子金代城址发掘简报》(《考古》,2003年第2期,第42—50页)指出,车家城子城址位于双城兰棱镇车家城子村西北处,该城址基本为正方形,东西长209米,南北宽205米,古城有南北2个城门,南墙和北墙各有马面2个,东墙和西墙各有马面1个,城址四角各有角楼1个,城外有2条护城壕。该城址出土了陶器、铁器、铜器等众多类型的遗物。此外,该城址还发现10余枚铜钱币。车家城子城址的发掘,使我们对金代中小型城址的情况有了进一步的了解。

邹向前的《金界壕遗址黑龙江段的保护利用》(《理论观察》,2004年第4期,第133—134页)指出,金界壕遗址黑龙江段起自甘南县查哈阳乡灯塔村,止于龙江县济沁河乡东北沟村乌尔其根河左岸,目前已遭到破坏。文章还指出,金界壕遗址黑龙江段的开发和利用应该以保护为前提,建议编制《规划》,编制《规划》可以使保护和利用工作具有较强的确定性,避免在保护和利用过程中出现随意性等问题,确保遗迹保护和利用工作的严肃性、规范性、科学性。同时,文章还指出,要设立维护资金,参照国家相关法律法规,对金界壕遗址黑龙江段进行保护和利用。作者提议,可以采取生态技术和行政手段相结合的方法,实现人工整治向天然保护的转变,实现保护与利用双赢。

曹志的《黑龙江"古代三都"遗址的历史价值及其现实意义》(《黑龙江

省社会主义学院学报》,2008 年第 3 期,第 51—54 页)指出,黑龙江"古代三都"是挹娄人、粟末靺鞨人和完颜部女真人在黑龙江地区所建的三座都城。这三处古城遗址作为古代少数民族地方政权的标志,昭示了黑龙江地区古代先民的文明跨越,彰显了黑龙江地区厚重的文化内涵,具有重要的历史价值和现实意义。

彭善国的《渤海故地辽金遗存举隅》(《社会科学战线》,2012 年第 11 期,第 107—112 页)指出,渤海国灭亡后,其故地的东丹及辽金遗存的面貌长期以来晦暗不明。文章认为,渤海上京城遗址、克拉斯基诺城遗址、海林振兴遗址出土的若干陶器,具有契丹或辽金风格,应是渤海国故地的东丹或辽金遗存。

孙文政、祁丽的《黑龙江省汤原县双河古城历史学研究与考古学观察》(《理论观察》,2016 年第 12 期,第 58—63 页)指出,通过考古调查与历史文献研究可以发现,双河古城不是辽代五国部盆奴里治所,而是金代屯河猛安治所和元代桃温万户府治所。

五、明清时期的遗址、遗迹

明清时期的黑龙江地区已经成为北部边疆门户,成为国家安全的重要屏障,并留下了独具特色的古城遗址、遗迹。这些遗址、遗迹引起了学者的关注和重视。

杨枢通的《清代驿路上的砬子沟烽火台》(《科技展望》,2015 年第 25 卷第 31 期,第 251 页)指出,砬子沟烽火台位于黑龙江省牡丹江市阳明区铁岭镇铁岭一村砬子沟屯西约 1.5 千米处,烽火台平面呈椭圆形,虽然受到自然因素的影响,但是其整体基本保持原样。文章还指出,砬子沟烽火台地处铁岭镇东北要冲之地,是控制、扼守、观察、瞭望和加强警戒的要地,也是镇守东北方向的诸多山岗、山谷的要地,从而成为清代牡丹江中下游地区的军事防御工事的组成部分和防御设施。

第五章 古代墓葬研究

黑龙江地区的古代墓葬发现得较多。从时代来看,上至石器时代,下至清朝中晚期的墓葬,在黑龙江地区都有发现。这些墓葬中出土的器物种类繁多,类型丰富,这使得黑龙江地区古代先民的生活更加生动、更加具体地呈现在世人面前,促进了黑龙江古代历史研究的深入开展。

第一节 古代墓葬分期研究

黑龙江地区的古代墓葬发现得较多。黑龙江地区不仅有较早的石器时代的墓葬,也有曾定都于此的古代政权(如渤海国、金朝)的墓葬,还有清代早期的墓葬。这些墓葬展现了黑龙江古代先民的生活面貌。这些墓葬中出土的文物体现出了当地先民与中原政权的交流和往来,以及黑龙江地区技术的发展和进步。

一、先秦时期的墓葬

先秦时期的黑龙江地区是少数民族的聚居地。由于黑龙江地域辽阔,人口稀少,加之受到交通因素的影响,黑龙江地区的古代先民与中原政权联络得较少,这导致史书对黑龙江地区古代先民的记载不足。出土的墓葬为世人揭示了黑龙江地区古代先民的生活状态。

(一)石器时代的墓葬

黑龙江地区出土的先秦时期的墓葬始于新石器时代。学者对此进行了专门的探讨和研究，相关研究成果如下。

佳木斯市文物管理站、饶河县文物管理所的《黑龙江饶河县小南山新石器时代墓葬》（《考古》，1996 年第 2 期，第 1—8 页）指出，饶河县小南山墓葬的发现为学者研究新石器时代的玉器提供了珍贵的资料，小南山墓葬成为黑龙江地区重大的考古发现之一。文章对墓葬内出土的文物进行了测算，认为小南山墓葬的年代大体上是红山文化晚期，不晚于辽宁牛河梁红山文化。

马利民、项守先、傅维光的《黑龙江省齐齐哈尔市滕家岗遗址三座新石器时代墓葬的清理》（《北方文物》，2005 年第 1 期，第 1—4 页）指出，滕家岗遗址位于黑龙江省齐齐哈尔市昂昂溪城区东南 1 千米处，散布在大大小小的沙丘上，是遗迹较为丰富的遗址。文章还指出，三座墓葬虽然有不同的葬式，但是均为二次葬、红土葬，墓葬中出土的随葬品较少，而且没有陶器。文章通过分析墓葬出土的遗物指出，滕家岗墓葬出土的人骨的体质特征与远东蒙古人种接近，但也具有一些北亚蒙古人的特点。

魏笑雨的《黑龙江省泰来县发现两座新石器时代墓葬》（《北方文物》，2009 年第 4 期，第 15 页）指出，黑龙江省泰来县发现了两座新石器时代的墓葬，墓葬均为土坑竖穴墓，一号墓出土石器 5 件、玉器 2 件，二号墓出土石器 2 件、骨器 2 件、玉璧 4 件，其中石器均为压制而成的细石器。这些玉器为研究黑龙江史前玉器特征及其与红山文化玉器的关系等提供了新的实物材料。研究人员对墓葬中出土的玉璧进行了考察，认为其具有红山文化的某些特征，并据此推断墓葬的年代为新石器时代中晚期。

（二）青铜时代和铁器时代的墓葬

随着与中原地区交往的加强，黑龙江地区古代先民逐渐提高了生产技术水平，并进入青铜时代和铁器时代。学者对此进行了研究，相关研究成果如下。

金铸的《黑龙江林甸牛尾巴岗发现青铜时代墓葬》（《北方文物》，1985 年第 4 期，第 12—13 页），介绍了大庆市林甸县牛尾巴岗墓葬的地理位置、出土器物等,认为该墓葬填补了黑龙江地区青铜文化的空白,为进一步研究黑龙江地区青铜文化的性质、年代和分期增添了新的考古资料。

安路、贾伟明的《黑龙江讷河二克浅墓地及其问题探讨》(《北方文物》,1986 年第 2 期,第 2—8 页)指出,二克浅墓地发现于 20 世纪 60 年代初,属于嫩江流域的青铜文化遗存。1985 年秋季,黑龙江省博物馆对该墓地进行了首次发掘,这次发掘使我们明确了该墓地的文化内涵,并获得了一批重要的文物资料。二克浅墓地的发掘为深入研究黑龙江地区的青铜文化遗存提供了重要的依据。文中不仅对该墓地发掘的主要收获做了详细的介绍,还对二克浅墓地的文化遗存进行了初步探讨。文章指出,通过对二克浅墓地的研究可以看出,嫩江流域原始文化具有复杂性,这种复杂性反映了这一地区的古代民族不断迁徙、融合的历史过程。

黑龙江省文物考古研究所的《黑龙江泰来县平洋砖厂墓地发掘简报》(《考古》,1989 年第 12 期,第 1087—1097 页),介绍了平洋砖厂墓地的地理位置、特征、随葬器物等。文章指出,平洋砖厂墓地的面积很大,墓葬数量较多,墓葬习俗复杂,出土的随葬品丰富,平洋砖厂墓地的文化类型属于青铜时代至早期铁器时代文化,平洋砖厂墓地是一处氏族部落公共墓地。

赵虹光、谭英杰的《再论黑龙江中游铁器时代文化晚期遗存的分期　科尔萨科沃墓地试析》(《北方文物》,2000 年第 2 期,第 18—29 页)指出,科尔萨科沃墓地在埋葬制度上层次比较分明,随葬陶器的形态和墓葬的埋葬形式都反映出强烈的时代性。同时,科尔萨科沃墓地有助于我们研究当时的家庭形态和社会组织结构。文章结合相关的文献和民族学材料,对科尔萨科沃墓地出土的文物,以及科尔萨科沃墓地的范围、布局、年代分期、埋葬习俗及其所反映的社会性质、社会组织结构等进行了探讨。

齐齐哈尔市文物管理站的《黑龙江省齐齐哈尔市东土岗青铜时代墓葬清理简报》(《北方文物》,2002 年第 3 期,第 16—20 页)指出,墓葬群位于齐齐哈尔市梅里斯区,分布在土岗东部的凸出部位,该墓葬群南北长约 150 米,东西宽 40 至 50 米,墓葬为长方形土坑竖穴墓。该墓葬出土的陶器均为手制陶器,火候普遍较高,器形比较简单,质地则以黄褐陶为主。文章对梅里斯区墓葬群的形制、葬式和出土器物进行了分析,认为该墓葬群的文化性质与泰来平洋砖厂墓地的文化性质大体相同。该墓葬群出土的遗物,为研究松嫩平原青铜时代的考古学文化、年代序列和族属关系等问题提供了新的资料和线索。

黑龙江省文物考古研究所的《黑龙江讷河市二克浅青铜时代至早期铁器时代墓葬》(《考古》,2003 年第 2 期,第 11—23 页)指出,二克浅青铜时代至早期铁器时代墓葬位于讷河市二克浅镇西北方的一处岗坡上,墓葬主要分布在岗地的南坡上。文章从地层堆积、墓葬形制和随葬遗物等方面对墓葬的发掘情况进行了分析,指出二克浅墓葬的地层堆积较为简单,墓葬均为单室土坑竖穴墓,墓葬存在早、晚两个不同时期的文化遗存,这两个时期的文化遗存不具有明显的承继关系,应属于不同的考古学文化遗存。二克浅墓葬的发掘及其文化类型的确定,为松嫩流域考古学文化的研究工作提供了新的内容。

(三)春秋战国时期的墓葬

春秋战国时期,中原大地上已经建立起封建王朝,而黑龙江地区的古代先民仍然处于相对滞后的发展阶段。墓葬的发掘为研究黑龙江地区与中原地区之间的文化交流提供了有力的证据。学者借助考古成果对春秋战国时期黑龙江地区的墓葬进行了研究,相关研究成果如下。

黑龙江省文物考古研究所的《黑龙江讷河市库勒浅青铜至早期铁器时代墓地》(《考古》,2006 年第 5 期,第 15—34 页),对黑龙江省讷河市库勒浅墓地进行了介绍,指出发掘的 52 座墓葬均为土坑竖穴墓,根据出土遗物种类、组合关系、形制和纹饰的不同,可将墓葬分为早期墓葬和晚期墓葬。早期墓葬出土的陶器、铜器等遗物属于青铜时代遗物,年代约为春秋中晚期;晚期墓葬出土的陶器、铜器、铁器等遗物则属于早期铁器时代遗物,年代约为汉魏时期。文章还指出,库勒浅墓地早期墓葬,丰富了青铜时代二克浅文化的内涵,并将这一文化的研究引向深入;晚期墓葬为早期铁器时代考古学文化研究提供了新的资料。这一墓地的发掘极大地推动了嫩江流域考古学文化年代序列的建立和谱系的研究。

黑龙江省文物考古研究所的《黑龙江讷河大古堆墓地发掘简报》(《文物》,2009 年第 6 期,第 4—25 页),介绍了黑龙江省讷河市六合镇黎明村大古堆墓地的发掘情况,指出该墓地的发掘总面积约 400 平方米,清理出墓葬 24 座,该墓地出土了陶器、铜器、骨器、石器等各类遗物 520 余件。墓葬均为土坑竖穴墓,且多为合葬墓,形状多为圆角长方形。文章还对出土遗物进行了对比分析,指出大古堆墓葬的年代应晚于二克浅早期墓葬,其时间大致可断定为春秋末期至战国早期。大古堆墓地的发掘,丰富了汉书文化的内涵,为嫩江流域汉以前的考古学文化谱系研究与编年研究提供了新的资料。

二、隋唐渤海时期的墓葬

隋唐时期,黑龙江地区的古代民族已经与中原政权有了较多的来往,在文化和经济等方面深受汉族文化的影响。遗址、遗迹反映了隋唐时期双方的文化交流。尤其是在渤海国与唐朝建立藩属关系后,黑龙江地区的古代先民与中原王朝来往得更加频繁,这对黑龙江地区的历史发展产生了重要的影响。渤海国还曾一度定都于黑龙江地区,且较少受到战争的波及。这一时期留存的墓葬较多,学者围绕这些古代墓葬展开了研究。

(一)渤海国平民墓葬

渤海国是中国历史上位于东北北部的地方民族政权,受到唐文化的影响,并仿照唐制确立了丧葬体系。在黑龙江省发现的渤海国墓葬一般都是平民墓葬,由于这类墓葬发掘出土得较多,相关成果比较丰富。

黑龙江省文物考古研究所的《黑龙江海林北站渤海墓试掘》(《北方文物》,1987 年第 1 期,第 32—33 页及第 112 页),介绍了海林市北站村三座渤海墓葬的发掘情况,并对这些墓葬出土的铁器、陶器、银器、铜器、石质装饰品等进行了介绍。文章指出,由于三座渤海墓均无纪年,且出土器物较少,加之渤海墓葬的分期问题未得到很好的解决,故其具体年代尚难以确定。

黑龙江省文物考古研究所的《黑龙江海林二道河子渤海墓葬》(《北方文物》,1987 年第 1 期,第 34—37 页)指出,黑龙江省海林市二道河子发掘的四座渤海墓均属于常见的封土积石墓。从墓葬形制来看,属于大型石圹封土墓。在这四座墓中,有两座是朝西的。这些墓葬的发现为渤海墓葬的研究提供了新的材料。

黑龙江省文物考古研究所的《黑龙江萝北县团结墓葬发掘》(《考古》,1989 年第 8 期,第 719—726),介绍了团结墓葬的分布、形制和葬式等。文章对团结墓葬出土的随葬品进行了梳理和分析,认为该墓葬属于南北朝至隋唐时期的靺鞨墓葬。

黑龙江省文物考古研究所的《黑龙江省海林市山咀子渤海墓葬》(《北方文物》,2012 年第 1 期,第 11—26 页)指出,山咀子墓葬是一处重要的唐代渤海国时期墓葬,位于黑龙江省海林市新安镇山咀子(大队)居民点。山咀子墓群中发掘了 29 座墓葬,其中 7 座为石棺墓,其余均为封土石室墓。山咀子墓群反映出了较为复杂的葬俗,存在一次葬、二次葬及两种葬式共存的现象。墓葬多数保存较好,部分墓葬中的人骨亦较为完整。墓葬中发现了陶器 4 件、铜器 66 件、铁器 27 件。这些发现为我们研究唐代渤海历史与文化提供了重要的实物资料。

黑龙江省文物考古研究所的《黑龙江五常市香水河墓地发掘简报》(《考古》,2016 年第 4 期,第 45—62 页)指出,黑龙江省五常市香水河墓地位于松花江－拉林河流域,属于渤海国疆域的西界,香水河墓地发掘清理了墓葬 48 座、灰坑 5 个,出土了陶器、铁器、铜器、银器、石器等遗物 200 余件。此外,作者根据墓葬形制、出土遗物和丧葬习俗等推断,发掘的石室墓和土坑墓的年代较为一致,该墓地的主体年代为渤海中期。文章还指出,在文化面貌方面,该墓地与以往所见的渤海墓地具有一些共性,但又具有自身的特征。

(二)渤海国墓葬群研究

黑龙江省宁安市渤海镇的虹鳟鱼场是渤海国时期的平民墓葬群。该遗址的发掘为学者研究渤海国文化提供了依据。学者对该遗址进行了研究，相关研究成果如下。

付彤的《宁安市虹鳟鱼场渤海墓地征集的几件陶器》(《北方文物》，2004 年第 4 期，第 43 页)指出，1986 年，宁安市渤海镇上京遗址博物馆征集了虹鳟鱼场墓地出土的 4 件完整的渤海陶器。文章对征集到的陶器的形状、特征等进行了介绍，指出 4 件陶器均为素面手制夹砂陶，烧制火候较低，陶色有黄褐色和灰褐色两种，器形有筒形罐、长颈鼓腹罐和短颈鼓腹罐。

黑龙江省文物考古研究所的《黑龙江宁安市虹鳟鱼场墓地的发掘》(《考古》，1997 年第 2 期，第 1—16 页)指出，宁安虹鳟鱼场墓地是渤海上京城周围墓区中墓葬数量最多、分布范围最广的墓地。从构筑材料来看，此墓地中存在石室墓、石圹墓、石棺墓和砖室墓等。墓葬形状有铲形、刀形、长方形和双室等。这些墓葬资料所反映出来的文化内涵是多方面的，既有自身的明显特征，又带有其他文化的因素。宁安市虹鳟鱼场墓地的发掘，不仅加深了我们对渤海国文化的认识，而且为研究靺鞨－渤海文化的过渡形态提供了比较可靠的依据。

黑龙江省文物考古研究所的《宁安虹鳟鱼场——1992～1995 年度渤海墓地考古发掘报告(上册)》《宁安虹鳟鱼场——1992～1995 年度渤海墓地考古发掘报告(下册)》(文物出版社，2009 年)指出，虹鳟鱼场渤海墓地位于黑龙江省宁安市西南约 45 千米处，该墓地共发掘出 88 座墓葬，该墓地中的绝大多数墓葬是随着漫长的岁月被破坏的。

海林市羊草沟墓地也是重要的渤海国时期的墓地，学者也对这一墓地进行了专项研究。

黑龙江省文物考古研究所的《黑龙江省海林市羊草沟墓地的发掘》(《北方文物》，1998 年第 3 期，第 28—40 页)，对海林市柴河镇头道河子村南的羊草沟墓地发掘的墓葬和出土的以陶器为主的器物进行了介绍，认为羊草沟墓地的发掘是在牡丹江流域莲花水库淹没区内开展的一次较为重要的考古工作。这次发掘不仅为认识当地渤海时期考古学文化内涵补充了新的资料，还有助于对渤海墓葬的分期与演变进行深入研究。文章还分析了该墓地出土遗物所反映出来的文化面貌，指出该墓地的遗存接近牡丹江中下游的虹鳟鱼场、海林北站等地的一些渤海时期的遗存，初步推断该墓地的年代大致应为渤海中期前后。

(三)渤海国墓葬整体研究

渤海国墓葬的整体研究更能够展现出渤海国时期的文化状况与社会发展状况，成为学者的一个重要的研究方向。相关研究成果如下。

刘晓东的《渤海墓葬的类型与演变》(《北方文物》，1996 年第 2 期，第 32—38 页)指出，对渤海墓葬类型进行划分，不仅要注意到墓葬本身的主体结构，也要注意到各类墓葬发展与演变的过程。作者根据考古发掘资料，将渤海墓葬分为土圹墓、有椁墓和墓室墓三类。文章还指出，墓葬的形式与墓主的身份具有密切的关系，土圹墓是流行于前渤海时期和渤海早期的墓葬形式，其墓主的身份要低于有椁墓墓主的身份，墓室墓墓主的身份要高于有椁墓墓主的身份。

李蜀蕾的《渤海墓葬类型演变再探讨》(《北方文物》，2005 年第 1 期，第 35—45 页)指出，渤海墓葬从勿吉、靺鞨时期直至渤海亡国，经历了复杂的变化过程。文章在前人研究的基础上，结合新材料，对靺鞨、渤海墓葬的类型演变做了进一步的分析。文章从各类墓葬的分布地域出发，结合文献史料、考古发现、族体的变迁等多方面证据，对靺鞨、渤海墓葬类型的动态演变历程做了详细论述，进而指出渤海墓葬类型演变的外部动力在于靺鞨、渤海在民族迁徙、势力范围变迁、政治文化中心转移的过程中，受到了夫余、鲜卑、高句丽、沃沮等诸多邻族的影响，以及中原文化的影响。

魏存成的《渤海墓葬的整体面貌和主要特征》(《东北史地》，2008 年第 4 期，第 15—19 页)，在对分布于不同地区的渤海墓葬进行详细统计和具体分析的基础上，从类型、葬俗、葬具、地面建筑、随葬品、等级等方面对渤海墓葬进行了研究，并阐述了渤海墓葬的整体面貌和主要特征。

魏存成的《渤海墓葬演变与渤海初期人口的民族构成》(《吉林大学社

会科学学报》,2014 年第 54 卷第 2 期,第 122—128 页)指出,墓葬是渤海政权的主要遗存之一,渤海墓葬分为三种结构、六种类型,即土结构中的土坑,石结构中的石圹、石室、石椁(棺),砖结构中的砖室、砖椁。六顶山墓葬中的中小型土坑墓占墓葬总数的一半以上,这些墓葬属于以粟末部为主的靺鞨人的墓葬。石结构墓葬中的大中型墓葬则是自营州东奔、构成渤海政权初期上层掌权者的粟末部、白山部靺鞨人和高句丽人的墓葬,这部分人正是日本古籍《类聚国史》中所记载的包括“都督”和“刺史”在内的“土人”。位于“土人”之上的渤海王族大氏,则是曾附属于高句丽的粟末靺鞨人。

王志刚的《“冢上作屋”的考古学诠释——渤海墓上建筑研究》(《考古》,2014 年第 6 期,第 78—91 页),在整合有关渤海墓上建筑的考古资料的基础上,对其进行了初步的分类研究,并根据渤海墓上建筑的构筑方式、形制特点和遗物信息,进一步探讨了渤海墓上建筑的年代、演变关系、性质和形制等问题。

三、辽金时期的墓葬

辽、金是北方少数民族建立的政权,他们长期生活在古代黑龙江地区,在建立政权后控制着古代黑龙江地区。因此,黑龙江地区留下了较多的辽金时期的墓葬。这为学者研究辽金时期黑龙江地区古代先民的生产、生活等方面的内容提供了可能。

(一)辽代的墓葬

黑龙江地区的辽代墓葬不仅分布较广,而且数量较多,呈现出地域性、集中性等特点。随着墓葬发掘工作的不断开展,相关成果不断涌现出来。

1. 大庆市辽代墓葬

云瑶、日平的《黑龙江省大庆市沙家窑发现的辽代墓葬》(《北方文物》,1991 年第 2 期,第 32—33 页),对大庆市大同区双榆乡沙家窑村墓葬出土的器物进行了介绍和分析。根据该墓葬的发掘情况和出土遗物,作者认为该墓葬为辽代墓葬,该墓葬的发掘为我们了解黑龙江省辽代墓葬的文化内涵及其同邻近地区墓葬的文化联系提供了线索。

大庆市文物管理站的《大庆市发现两座古墓》(《北方文物》,1994 年第 2 期,第 48—49 页),介绍了在大庆市大同区老山头发现的两座古墓的地理位置、墓葬形制、随葬物品等内容,认为这两座墓葬应为辽末金初的墓葬。

2. 黑河市辽代墓葬

黑河市卡伦山墓葬是当地辽代墓葬的代表。学者进行了相关的研究,研究成果如下。

郝思德、李陈奇的《黑河卡伦山古墓葬发掘的主要收获》(《黑河学刊》,1986 年第 1 期,第 36—41 页),对黑河市四嘉子乡卡伦山村古墓的地理位置、墓葬形制、随葬物品等进行了介绍。文章指出,该古墓的时间约为辽代,墓主的身份为平民,他在生前从事畜牧业,同时进行渔猎。文章还通过对相关文物和文献资料的考证指出,该古墓为辽代女真人中的一支留下的文化遗存。

孟文柱的《卡伦山辽代墓地考》(《黑河学刊》,2006 年第 6 期,第 59 页及第 62 页)指出,"卡伦山"一词源于满语,意即哨所。文章根据该辽代墓地的地理位置、占地规模、出土文物等内容,指出卡伦山古墓的发掘,为学者研究黑龙江流域古代民族的历史变迁状况和社会经济发展状况,以及北方民族的墓葬制度、墓葬形式、墓葬习俗等提供了翔实的资料,对于研究辽代历史和北方的风土人情具有重要价值。

3. 齐齐哈尔市辽代墓葬

齐齐哈尔市的辽代墓葬发现得较多。考古工作者不仅在齐齐哈尔市内发现了辽代墓葬,也在齐齐哈尔市下辖的县域内发现了辽代墓葬。与其他地区相比,齐齐哈尔市辽代墓葬的发掘成果更为丰富。学者对此进行了较多的研究,相关研究成果如下。

马林的《富拉尔基辽代墓葬考》(《齐齐哈尔社会科学》,1988 年第 5 期,第 61—63 页),介绍了齐齐哈尔市富拉尔基区辽代墓葬中出土的陶器、铁器、铜器,以及金钗、玉佩、玛瑙等饰品,分析了辽代墓葬的葬式、葬俗和族属等。作者通过对这些出土器物的研究指出，该墓葬可能是辽代女真人的遗存。

辛建、崔福来的《齐齐哈尔市梅里斯三合砖厂辽代砖室墓清理简报》（《北方文物》，1991 年第 2 期，第 30—31 页），从地理位置、墓葬形制、墓主情况、随葬物品等方面介绍了三合砖厂辽代砖室墓的发掘情况，认为该墓葬属于辽代晚期的墓葬。

齐齐哈尔市文物管理站的《齐齐哈尔富拉尔基辽代砖室墓》（《北方文物》，2003 年第 3 期，第 35—37 页）指出，富拉尔基辽代砖室墓是带有双耳室的大型砖室墓。文章从地理位置、自然状况、墓葬形制、墓葬结构、出土的随葬品等方面介绍了富拉尔基辽代砖室墓的状况，认为该墓葬为辽代晚期黑龙江西部嫩江流域的女真族文化遗存。

齐齐哈尔市龙江县也发掘出土了一些辽代墓葬。学者对此进行了研究，相关研究成果如下。

金铸的《黑龙江龙江县二村古墓群调查》（《北方文物》，1987 年第 1 期，第 105—106 页），介绍了古墓群的地理位置和出土的遗物，对出土的陶罐的形制、特征等进行了分析，认为该墓群的年代应当是辽代。作者还根据墓葬形制简陋、随葬品粗劣等特征，推测龙江县二村的墓葬应为辽代的贫民墓葬。

傅惟光、金铸的《黑龙江省龙江县合山乡的辽代石室墓》（《北方文物》，1989 年第 4 期，第 32—35 页），介绍了齐齐哈尔市龙江县合山乡石室墓的地理位置、形制、随葬品等。通过对出土器物的文化类型进行分析，作者认为该石室墓是嫩江流域辽代早期女真人的墓葬。

邹向前的《黑龙江省龙江县鲁河新丰砖厂辽墓》（《北方文物》，1995 年第 2 期，第 57—59 页），对新丰砖厂辽代墓葬的地理位置、现存地貌、地层堆积、形制、出土的随葬品等进行了介绍和分析。文章指出，新丰砖厂辽代墓葬的发现对于研究嫩江西部辽代契丹文化具有重要意义。

齐齐哈尔市泰来县也是辽金时期的重要城镇所在地，当地的辽代墓葬也较多。相关研究成果也比较丰富。

黑龙江省博物馆的《黑龙江泰来辽墓清理》(《考古》,1960 年第 4 期,第 46 页),对泰来县平等村墓葬的发现情况、保存现状、出土文物等进行了介绍,根据地理位置和文物特征认为该墓葬为辽代墓葬。文章指出,该墓葬是用大小不等、颜色不同的砖砌成的,这种用砖来砌墓壁的墓葬在黑龙江省发现得较少,该墓葬的发现对于丰富我们对辽代黑龙江的相关认知具有重要意义。

丹化沙的《黑龙江泰来后窝堡屯辽墓》(《考古》,1962 年第 3 期,第 143 页),对泰来县后窝堡屯墓葬的地理位置和出土遗物进行了介绍。文章指出,从该墓葬的形制、结构、出土遗物等方面来看,它与在泰来县发现的其他辽墓相近,应为辽代墓葬。

林杨的《泰来县塔子城辽墓》(《黑龙江文物丛刊》,1981 年第 1 期,第 56 页),介绍了塔子城墓葬的地理位置、自然状况、形制等,指出该墓为辽代的砖室墓。

4. 其他辽代墓葬

乔梁、杨晶的《黑龙江省西部的辽代墓葬》(《北方文物》,2001 年第 4 期,第 44—50 页)指出,历史上的黑龙江西部地区曾为契丹二十部族放牧之地。文章在对这一地区的辽代墓葬进行全面梳理的基础上,对墓葬的年代、墓主的身份和族属等问题做了系统的论述。文章指出,这批辽代墓葬分别属于契丹人、汉人和其他北方部族的遗存。

(二) 金代的墓葬

金朝是女真族建立的政权,并曾定都于上京会宁府(今黑龙江省哈尔滨市阿城区),直至海陵王迁都燕京前,上京会宁府一直都是金朝的政治、经济和文化中心,也是当时金朝人口较为集中的地区之一。由于女真族兴起于黑龙江地区,金朝统治者极为重视黑龙江地区的社会经济的发展。这使得黑龙江地区留下了较多的墓葬。相关研究成果较为丰富。

1. 金代墓葬整体研究

俄罗斯学者 B. C. 斯塔里科夫的《哈尔滨附近金代墓地的最初发现》

(《黑龙江文物丛刊》,1984 年第 1 期,第 102—105 页)指出,作者考察了哈尔滨附近金代墓地的古建筑遗址和附近的石像,根据墓葬附近的石像与墓碑认为墓葬应为金代的贵族墓葬。

俄罗斯学者 L. M. 雅克弗列夫著、佟希达译的《阿什河上游的金代墓葬》(《北方文物》,1995 年第 1 期,第 132—134 页)指出,作者实地调查了阿什河上游有石碑的僧人墓和有石人、石碑的名人墓两类墓葬,通过分析碑背上所刻的日期指出,这些都是金朝的碑刻,墓主应该拥有显要的身份。

赵永军、姜玉珂的《黑龙江地区金墓述略》(《边疆考古研究(第 6 辑)》,科学出版社,2007 年,第 312—328 页),不仅介绍了新中国成立后我国考古学界对黑龙江地区墓葬的三次大规模发掘的情况,还根据墓葬不同的分类方式,对黑龙江地区的墓葬进行了分类说明。作者依据墓葬的构造形式和外部形制的差异,将黑龙江地区的金代墓葬分为土坑墓、棺椁类墓和室类墓三大类。文章指出,黑龙江地区的金代墓葬集中发现于黑龙江中下游、松花江及其支流阿什河流域,其中既有一般的平民墓,又有王室贵族墓。文章还指出,在黑龙江地区的金代墓葬中,土坑墓和砖室墓使用最广,其中土坑墓为金代平民所普遍使用,砖室墓则多为贵族所使用。

王禹浪、王天姿、寇博文的《金上京考古发现与文物研究综述》(《黑龙江民族丛刊》,2015 年第 6 期,第 87—94 页),从考古发现与出土文物的角度,对近 30 年金上京研究进行了梳理,总结了金上京周边出土文物所反映出来的文化特征。文章指出,金上京及其周边地区的遗迹分布广泛,出土的文物令人叹为观止,众多的遗迹与文物,展现了金朝繁荣的景象,体现了金上京地区政治、经济、文化的大发展、大繁荣,也蕴含了丰富的文化内涵。出土的碑刻与官印体现了金朝文化的发展和制度的完善。宗教遗址与文物的发现,体现了女真人具有丰富的精神生活。出土的铜镜和配饰反映了女真人的手工业发展水平。

2. 金代齐国王墓

在黑龙江出土的金代墓葬中,最珍贵的是素有"北方马王堆"之称的金代齐国王墓。学者对此给予了高度的关注,取得了数量较多、内容丰富的研究成果。

黑龙江省文物考古研究所的《"金源故地"发现金齐国王墓》(《北方文物》,1989 年第 1 期,第 55—56 页),对在阿城区巨源乡城子村发掘的金齐国王墓的发掘时间、发掘地点、墓葬形制、棺椁状况、随葬物品,以及出土的丝织品进行了简要介绍。

付彤的《阿城巨源金墓墓主小议》(《黑河学刊》,1990 年第 3 期,第 118—120 页)指出,1985 年,黑龙江省考古工作者在阿城巨源乡城子村发掘了一座金代大型贵族墓葬,该墓的墓主可能是完颜晏。作者结合史书的记载指出,按照金朝一品官的惯例,完颜晏墓前应有石碑、石羊、石虎、石望柱和石人等,但齐国王墓地表既无封土,又无石碑和石雕。作者就这一现象对该墓葬提出了疑问。

朱国忱的《关于金齐国王墓的考古发掘》(《东北史地》,2008 年第 2 期,第 2—10 页),对黑龙江出土的金代齐国王墓中发现的珍贵罕见并且完好无损的丝织品服饰冠带进行了介绍和研究,认为墓主"齐国王"应为完颜晏。同时,文章还对墓圹内的石椁和女真人的丧葬制度进行了深入的探讨和研究。

崔巧凤的《阿城金代齐国完颜晏合葬墓研究》(《龙江春秋——黑水文化论集之四》,哈尔滨地图出版社,2007 年,第 332—338 页),介绍了齐国王墓的发掘概况和出土文物的状况,将墓主随葬的银制铭牌、木质房券中的文字记载与《金史》中的相关记载结合起来,考证出该墓葬的墓主是金朝第二代齐国王完颜晏。文章指出,其棺内女性为殉葬的完颜晏的宠妃。此外,文章还对墓葬中出土的墓主的服饰、配饰等进行了介绍。

3. 其他金代墓葬

有关黑龙江地区发掘的其他金代墓葬的研究成果如下。

黑龙江省文物考古工作队的《黑龙江畔绥滨中兴古城和金代墓群》(《文物》,1977 年第 4 期,第 40—49 页),介绍了黑龙江省中兴古城的地理位置、形制和相关的出土文物。文章指出,中兴古城是我国古代黑龙江流域的一个军事重镇,出土了十二座金代墓葬,其中三号墓和四号墓,以及六号墓和七号墓的墓主分别是两对贵族夫妻，而五号墓和八号墓的墓主则分别是他们的随从。从墓葬形式来看，这些墓葬中不仅有土葬墓，也有火葬墓，且以火葬墓居多，这些墓葬成为金代土葬墓和火葬墓并存的直接证明。

赵洪光的《抚远三岔口发现古代墓葬群》(《黑龙江文物丛刊》,1981 年第 1 期，第 61 页)，介绍了抚远三岔口墓地的地理位置和相关情况。文章指出，出土的墓葬都是土坑竖穴火葬墓，墓中均无葬具，仅有一件完整的随葬品，从出土器物的形制特征来看，墓葬为金代的墓葬。

景爱的《哈尔滨王岗华滨金墓》(《黑龙江文物丛刊》,1984 年第 4 期，第 64—65 页)，介绍了哈尔滨王岗镇金代古墓的发掘情况，以及该墓葬的形制、出土文物、葬俗，并通过对相关出土文物的考察推知该石棺火葬墓应当为金代的墓葬。

安达县图书馆的《安达县昌德公社小南山墓群简介》(《黑龙江文物丛刊》,1984 年第 2 期，第 72—73 页)，介绍了小南山墓群的地理位置和出土遗物。文章指出，该墓群出土的遗物均具有金代风格，该墓群的年代应为金代。

黑龙江省文物考古研究所的《黑龙江逊克县胜利村金代墓葬发掘简报》(《北方文物》,2020 年第 1 期，第 21—27 页)，介绍了黑龙江逊克县胜利村清理的 3 座金代墓葬的基本状况，指出这些墓皆为小型土坑竖穴墓，葬俗为单人一次葬。墓葬中出土了铜器、瓷片等四十余件随葬品。作者指出，该墓葬的发掘材料表明，那里可能是一处金代早期的平民墓地。

四、明清时期的墓葬

黑龙江省发掘出土的明清时期的墓葬相对较少，相关研究成果也相对较少。

黑龙江省文物考古研究所、鹤岗市文物管理站的《绥滨县东胜村明代兀的哈人墓葬》(《文物》,2000 年第 12 期，第 43—48 页)，通过对鹤岗市绥滨县东胜村墓地发掘材料和出土文物的分析和研究指出，那里可能是明代兀的哈人(赫哲族的前身)的一个氏族公共墓地。根据墓葬的发掘材料，作者认为墓葬的年代为明代。文章还对该墓地出土的铜器、铁器等进行了介绍。文章指出，东胜村墓葬的发掘具有十分重要的意义，填补了黑龙江地区明代考古的空白。

黑龙江省文物考古研究所的《黑龙江省讷河市都拉本浅清代墓葬》（《北方文物》，2010 年第 2 期，第 23—24 页），对讷河市都拉本浅墓葬的发掘情况进行了介绍，指出达斡尔族的葬具多为一棺一椁，而都拉本浅墓葬的木椁只有盖顶而无四壁，并据此推测这可能与墓主的政治地位或经济条件有关。该墓葬中出土的随葬品中有铜锅和瓷器，这足以证明墓主的经济条件有限。这次发掘为研究清代达斡尔族的埋葬习俗和经济生活提供了新的资料。

黑龙江省文物考古研究所的《黑龙江嫩江县铁古拉村清代墓葬发掘简报》（《北方文物》，2017 年第 4 期，第 14—18 页）指出，黑龙江省文物考古研究所对黑龙江省嫩江铁古拉墓葬进行了抢救性发掘，发掘出土坑墓 2 座，出土的瓷器、铜器、铁器、玉器、骨器等各种质地的随葬品 70 余件。文章指出，嫩江铁古拉村清代墓葬的周围有土筑围墙附属建筑，该墓应为“同坟异穴”的夫妻合葬墓。作者根据该墓葬的出土遗物推测其年代应为清代中晚期。

第二节　衣物配饰研究

衣物配饰不仅是古代人生活的重要物品，能够反映出当时的社会现状，以及墓主的身份、官职等信息，还可以成为补充史书对普通民众生活信息记录的重要依据。学者对此给予了较多的关注，相关研究成果层出不穷。

一、衣物研究

由于黑龙江地区发掘出土的墓葬较少，留下的有关墓主衣物的信息就更少。但在齐国王墓发掘后，墓主服饰问题成为学者关注的热点问题。

（一）服装和配饰

服装是古代人社会地位和身份的直接体现，出土墓葬中的服装不仅能够印证墓主的社会身份，也能够弥补史书记载的不足。相关研究成果不断涌现出来。

贾凤改、付文江的《对阿城金墓出土部分文物进行保护的探讨》(《北方文物》,1994 年第 4 期,第 134—137 页),从金代齐国王墓墓主服饰的品类、质地和剥离情况入手,介绍了齐国王墓男女墓主的衣物在出土前的保存环境与在出土后的保护措施。

郝思德、李砚铁、刘晓东的《黑龙江省阿城金代齐国王墓出土织金锦的初步研究》(《北方文物》,1997 年第 4 期,第 32—42 页),依据考古资料,对金代齐国王墓出土的织金锦的质地、工艺技术、纹样特点进行了介绍,并对金代丝织物加金技术的发展原因和历史作用等进行了探讨。文章指出,金代齐国王墓墓主夫妇穿的丝织品服饰从一个侧面反映了丝织物加金技术在金代得到了迅速发展。

戴洪霞的《金代齐国王墓服饰出土整体提取的技术问题》(《边疆经济与文化》,2007 年第 7 期,第 96—97 页),不仅介绍了齐国王墓的地理位置与具体情况,还介绍了齐国王墓墓主服饰的提取过程、提取成果和历史意义。文章指出,金代齐国王墓棺内出土的服饰,直接填补了金代服饰研究的空白,金代齐国王墓出土的服饰是目前我国唯一一批完整、有序的金代服饰,对研究金代服饰具有重要作用。

韩宝鑫的《金代齐国王墓"象牙篦"的修复》(《北方文物》,2010 年第 3 期,第 111—112 页),介绍了金代齐国王墓中物品的出土经过,以及该墓中出土的两件"象牙篦"的修复方案和修复方式。文章指出,修复、保护、处理过的骨器至今完好无损,没有出现新的断裂,这为后人的研究提供了重要的实物证据。

李艳红的《金代女真服饰的汉化与创新——金齐国王墓出土袍服及蔽膝形制探析》(《装饰》,2013 年第 12 期,第 112—113 页),对金代齐国王墓出土的袍服及蔽膝的形制进行了初步探析，认为该墓葬出土的女真服饰借鉴了中原汉文化。文章指出，齐国王墓中的服饰是女真族主动地将汉文化与本民族的传统文化结合起来的产物，女真族将汉化作为创新的动力，进行全新的设计。文章还指出，对于服饰的"汉化"，女真族是主动地借鉴，而不是被动地接受。

（二）鞋靴和冠帽

齐国王墓中，除了墓主的服饰极具特色以外，墓主的鞋靴和冠帽也非常具有特色，引起了学者的关注。相关研究成果如下。

李秀兰、王美娜的《金齐国王墓影金绣碧罗鞋的修复》（《北方文物》，2001 年第 1 期，第 54—55 页），介绍了发现于黑龙江的金代齐国王墓出土的影金绣碧罗鞋的尺寸、样式，对影金绣碧罗鞋修复前的保存状况进行了分析，提出了影金绣碧罗鞋的修复要求，以及具体的修复方式。

尚咏黎的《金代齐国王墓出土的靴鞋袜与冠巾》（《哈尔滨学院学报》，2011 年第 32 卷第 6 期，第 20—22 页）指出，金代齐国王墓位于阿城巨源乡城子村西端，该墓中出土了一批极为珍贵的丝织品服饰、靴、鞋、袜、冠带等文物，这直接填补了金代服饰研究的空白。齐国王夫妇穿着绸缎描金锦袍，纹饰图案精美，靴、鞋、袜等均有描金纹饰图案，花珠冠是采用"盘绦"技法制作而成的。这些珍贵的出土遗物保存完好，样式特殊。金代齐国王墓被誉为"北方的马王堆"。金代齐国王墓成为我国重大的考古发现。

赵昕的《齐国王墓出土冠服研究》（《文物天地》，2018 年第 9 期，第 16—19 页）指出，齐国王完颜晏幞头上的玉饰件和女墓主头上的金环，均应命名为"巾环"，完颜晏幞头上的玉饰件由于雕琢精美而另有"玉屏花"的别名。文章还指出，女墓主头上的玉饰件应定名为"金透雕练鹊纹玉逍遥"，金巾环应定名为"金竹节形金巾环"。

二、牌饰研究

黑龙江地区出土了很多具有女真族官制特色的牌饰，学者对此有所关注,并进行了相关研究。

张连峰的《金"上京鞋火千户"铜牌》(《黑龙江文物丛刊》,1982年第1期,第69页),介绍了"上京鞋火千户"铜牌的形状、尺寸、纹饰等,并结合史书的相关记载指出"鞋火"是"千户"的名称,"鞋火千户"应是以山脉命名的"猛安"。文章还对金代"猛安"的设置进行了介绍。

伊葆力的《"上京鞋火千户铜牌"质疑》(《北方文物》,2003年第1期,第41—44页),结合文献记载的有关符牌的内容,对出土的金代"铜牌"的形制、纹饰及刻款押记等方面的特征进行了介绍,并通过多方面、多角度的分析和研究,指出此器物应是金代中期的一面小型龙纹铜镜,而不是以往认知中的"鞋火千户官"通行于上京路的凭信腰牌。

杨海鹏的《金齐国王墓银铭牌考释》(《辽金历史与考古国际学术研讨会论文集(下)》,辽宁教育出版社,2012年,第486—489页),通过对金代齐国王墓出土的银铭牌的勘定,探讨了金代的官制、葬制与葬俗等问题。文章指出,从形制来看,该银铭牌有代替墓志的作用,为今后鉴定同类文物提供了实物依据。

第三节　骨骼遗存研究

在黑龙江地区的考古遗址和古代墓葬中,除发掘出了相关的随葬物品外,还发现了人类和动物的骨骼。这些骨骼遗存不仅能够直接反映出当时的生产、生活状况,也有助于了解当地的物产和畜牧业发展状况,对于推动历史学研究和考古学研究具有重要意义。

一、人类骨骼遗存研究

由于黑龙江出土的墓葬相对较少,人类骨骼遗存发现得也比较少。关注度比较高的是齐国王墓中发现的两具古尸,学者的研究主要围绕它们来展开。

哈尔滨医科大学、黑龙江省公安厅的《阿城巨源金代齐国王墓古尸的医学研究》(《考古》,1993 年第 12 期,第 1131—1139 页)指出,作者采用现代医学检测手段,对齐国王墓出土的两具尸体进行了检测,并结合史书记载的相关内容,指出该墓葬中的男性墓主是金代齐国王完颜晏,其死亡年龄为 60 岁左右,身高 163 厘米至 165 厘米,血型为 AB 型,他死于某种非长期卧床的疾病。随葬的女性的死亡年龄为 40 岁左右,身高 150 厘米左右,血型为 O 型,生前有分娩史,曾生育过子女,其死因为患有某种急性高热性疾病。二人的入葬时间都是夏末秋初,齐国王墓应为合葬墓。

杨春娥、李树祥、车德仁等的《阿城巨源金代齐国王墓古尸医学研究简报》(《哈尔滨医科大学学报》,1993 年第 27 卷第 4 期,第 359—360 页)指出,齐国王墓中男尸的死亡年龄为 60 岁左右,身高约 165 厘米,血型为 AB 型,死亡时着装 8 层 17 件,生前有烟酒嗜好,患有肺气肿疾病,可能死于某种急性病,入棺时间在夏末秋初;齐国王墓中女尸的死亡年龄为 40 岁左右,身高约 150 厘米,血型为 O 型,死亡时着装 9 层 16 件,生前体弱多病,可能死于某种急性高热性疾病,生前有过生育史,入棺时间也在夏末秋初。

张全超、王长明、朱泓的《黑龙江讷河大古堆墓地出土人骨研究》(《北方文物》,2012 年第 3 期,第 12—15 页)指出,大古堆墓地位于黑龙江省讷河市六合镇黎明村大古堆屯以东 500 米的岗地上,西距嫩江左岸约 412 千米,东北距讷河市约 25 千米。文章还指出,作者对大古堆墓地出土的全部人骨材料进行了性别和年龄的鉴定,并对其中可供观察和测量的 8 具成年男性个体颅骨标本进行了观测。文章对研究结果进行了详细的介绍。该墓地的发掘为深入研究嫩江中下游地区青铜时代考古学文化的起源与演变等提供了珍贵的科学资料。

二、动物骨骼遗存研究

黑龙江出土的动物骨骼多是发现于先秦时代的遗址之中。学者对此进行了介绍和研究。

陈全家、张伟、王培新的《黑龙江海林市细林河遗址出土的动物骨骼遗存研究》(《考古》,2004 年第 7 期,第 79—89 页)指出,从种属方面来看,细林河遗址出土的动物骨骼遗存有家畜的骨骼遗存、野生动物的骨骼遗存等;从骨骼痕迹方面来看,不仅有动物间的啃咬痕迹,也有人工造成的痕迹。文章还对黑龙江地区出土的动物骨骼的数量进行了分析,认为细林河遗址以畜养经济为主,狩猎经济次之。

刘晓庆、陈全家、刘晓东、张雅平的《黑龙江肇源县大青山遗址出土的动物骨骼遗存研究》(《北方文物》,2019 年第 3 期,第 54—66 页),不仅对大青山遗址出土的动物骨骼遗存进行了研究,还对骨、角、蚌制品的分类和加工工艺进行了探讨,从而分析了该遗址居民的饮食结构、生活方式,以及遗址周围的生态环境等。作者推测,该遗址的居民过着定居生活,当时的大青山地区应是以河流或湖泊为主要的生态系统,这一地区附近有森林、灌丛环绕,生态环境良好,动植物资源丰富。

盖钰涵、陈全家、赵永军、刘阳的《黑龙江绥滨县奥里米城址出土动物骨骼遗存研究》(《北方文物》,2020 年第 4 期,第 73—82 页)指出,奥里米城址是辽金时期的城镇遗址,城址内发掘出土了大量的动物骨骼遗存。文章对该城址内出土的鱼类、软体类、鸟类和哺乳类动物的骨骼进行了统计分析,推测该城址内的居民过着定居生活,并以饲养家畜为主,也进行渔猎和狩猎活动。文章还指出,当时该城址周围的生态环境以草原和湿地为主,这为复原这一区域古代居民的生活图景提供了重要线索。

第六章　文物研究

虽然史书对黑龙江古代历史的记载相对较少，但是出土的文物却为人们了解黑龙江地区的古代民族提供了重要的实物证据。特别是古代墓葬中出土的器物，不仅可以直接展示当时的社会生活状况，而且可以弥补史书记载的不足，成为学者研究的重点。

第一节　出土文物综合研究

黑龙江古代墓葬出土的器物具有丰富的类型，不仅有石器、陶器、瓷器，还有金银器、铜钱等。这些器物不仅是古人的生活用具，也成为后人了解古人的钥匙。学者对此的研究比较集中和深入，其中有关出土文物的整体介绍与研究的成果较多。

一、渤海遗址出土器物

渤海国是东北地区的古代民族建立的政权，不仅一度控制着黑龙江地区，而且曾定都于黑龙江地区，因此在黑龙江地区留下的遗址、遗迹和墓葬相对较多。考古工作者在这些遗址、遗迹和墓葬中发现了较多的渤海国时代的器物，这为人们了解这一地方民族政权提供了有力的证据。学者对此进行了相关研究，主要研究成果如下。

黑龙江省文物考古工作队的《黑龙江古代文物》（黑龙江人民出版社，1979 年），以单篇论文的形式，收录了有关黑龙江省各历史时期出土的部分文物和遗址的研究成果。这些论文将出土文物与历史文献记载结合起来，从不同的角度阐述了黑龙江流域和有关地区的历史发展状况，对后人的研究具有重要的借鉴意义。

黑龙江省文物考古研究所的《渤海上京龙泉府出土的几件文物》(《北方文物》,2005 年第 3 期，第 36 页)，介绍了渤海上京龙泉府遗址发现的铜佛像、铜鱼和陶砚等文物的出土地点、尺寸规格和样式特点等，认为这些文物的出土为研究渤海国的佛教、官制和文化提供了新的资料。

王禹浪、孙军的《黑龙江流域渤海墓葬的初步研究》(《哈尔滨学院学报》,2007 年第 28 卷第 11 期，第 1—10 页)，以黑龙江流域渤海墓葬为研究对象，对渤海墓葬所反映的丧葬习俗、宗教信仰、儒家思想、陶瓷和壁画艺术等文化现象进行了梳理和分析，还原了渤海国原有的文化面貌，介绍了渤海国时期人们的生产方式和社会生活状况。通过对出土器物的分析，作者提出，渤海国的诞生和存在对黑龙江流域古代文明的发展与进步起到了承上启下的关键作用，使得黑龙江流域的历史文明研究走上了新的发展阶段。

二、辽金墓葬出土器物

辽金时期的黑龙江地区是少数民族的聚居区。辽金时期黑龙江地区的人口数量与以往相比有了明显的增长，发掘出土的辽金时期的墓葬数量有了明显的增加，出土器物的数量也有了明显的增加，因此，学者对辽金墓葬出土器物进行了研究，相关研究成果如下。

张连峰的《金上京会宁府遗物》(《学习与探索》,1979 年第 5 期，第 2 页)指出，上京会宁府历经金朝太祖、太宗、熙宗和海陵王前期四个历史时期，上京城不仅是金朝上京路和会宁府的治所，也是经济文化交流的中心。其遗址内出土文物的形制、风貌、纹饰等既具有民族特色，又具有唐宋时代的风格。这些文物成为女真族与汉族、契丹在文化、经济和社会生活等领域广泛交流、密切融合的佐证。

孙秀仁的《黑龙江地区辽金考古与历史研究的主要收获》(《黑龙江文物丛刊》,1983 年第 1 期，第 2—10 页)，对黑龙江地区的辽代考古与历史研究的主要收获，以及黑龙江地区的金代考古与历史研究的主要收获进行了解读。文章还介绍了辽代五国部女真人的物质文化类型，对辽代北方边墙进行了考察和研究。文章还介绍了金代前期的历史，研究了金代古城与历史地理问题。此外，文章还对金代铜钱、银锭、铜镜、金银器、瓷器、墓葬等进行了介绍。

田华的《黑龙江省五常县窖藏金代文物》(《北方文物》，1989 年第 2 期，第 58—61 页)指出，出土的窖藏文物按照用途可以分为生产工具、生活用具、车马具和兵器等，这些文物以铁器为主，包含少量的铜器、瓷器和陶器。通过对出土器物的对比分析，作者认为这些器物应该是金代的文物。

阎景全的《黑龙江省阿城市双城村金墓群出土文物整理报告》(《北方文物》，1990 年第 2 期，第 28—41 页)，介绍了阿城双城村发现的两个金代墓群中出土的铁器、瓷器、陶器、铜器、银器和其他器物的样式、尺寸等。文章指出，墓葬中出土的铁器反映了金初冶铁业的发展状况和工艺技术水平。

刘丽萍、杨敏的《哈尔滨东郊和宾县发现的金代文物》(《北方文物》，1997 年第 1 期，第 48—50 页及第 69 页)，介绍了哈尔滨东郊和宾县出土的文物的类型和种类，指出这些出土文物应该是金朝中期以后的文物，反映出了金代上京路地区农业、手工业的发展状况。

佳木斯市文物管理站的《黑龙江省桦南县岚峰林场出土的金代文物》(《北方文物》，2000 年第 2 期，第 48—49 页)，介绍了黑龙江省桦南县岚峰林场出土文物的种类和特征，提出这些文物为窖藏文物。通过分析这些文物的形制，作者认为这批文物为金代文物。

佳木斯市博物馆的《佳木斯市黎明村辽金墓群出土的文物》(《北方文物》，2004 年第 4 期，第 44—45 页)，对黎明村辽金墓群出土的陶器和铁器进行了介绍，通过对这些器物的分析，指出该墓群中的墓葬为辽金时期女真人的平民墓葬。

李靖的《谈黑龙江省出土的金代文物》(《才智》，2016 年第 22 期，第 272 页)，通过分析上京会宁府城址、刘秀屯建筑基址等遗址出土的铜镜、铜印、金银器、玉器等文物，指出在金代考古工作的发展中，黑龙江流域是关键部分，要想进一步探究金代文物的出土状况，就要在已有的文物研究的基础上，加大考古力度和重视力度，进一步透过出土文物来研究金代的社会发展状况，为考古研究者提供客观的资料。

任玥的《黑龙江出土的金代文物考》（《中国民族博览》，2016 年第 11 期，第 222—223 页），介绍了黑龙江出土的金代文物的特征和保存状况，并对铜镜、瓷器、印鉴等文物进行了专门的介绍。

贺春艳的《黑龙江抚远市东辉墓群出土的文物》（《北方文物》，2020 年第 3 期，第 7—14 页），对抚远市东辉墓群出土的陶器、铁器、铜器、银器、玉器等文物进行了介绍，指出这些文物应属于辽代五国部文化遗存。文章还指出，抚远市东辉墓群的发现和发掘清理，为深入研究三江平原五国部文化增添了新资料，具有重要的意义和价值。

第二节　器物研究

由于受到生活条件和生产技术的影响，黑龙江地区古代先民的墓葬中的随葬品多是他们的日常生活器具。其中最多的就是石器和陶器，此外还有少量的瓷器、玉器和金银器等。这些出土的随葬品不仅向人们展示了墓主的社会等级，也反映了当时黑龙江地区的生产技术水平。

一、石器、陶器研究

石器和陶器是我国古代先民最早使用的器物，黑龙江地区的石器一般发现于先秦时期的遗址中，陶器则多发现于渤海国遗址中。由于在黑龙江地区发现的石器和陶器的数量较多，学者给予了较多的关注，并进行了研究。

（一）石器研究

自石器时代开始，黑龙江地区就已经有人类居住，早期先民留下了较多的遗物和遗迹。黑龙江地区的古代遗址和墓葬中出土的石器,不仅印证了石器时代黑龙江地区的历史,也为学者提供了实物证据。相关研究成果如下。

武威克、刘焕新、常志强的《黑龙江省刀背山新石器时代遗存》(《北方文物》,1987 年第 3 期,第 2—5 页)指出,刀背山属于长白山系老爷岭东脉,位于黑龙江省穆棱河中游。文章从地形、地层、遗迹和遗物等方面进行了详细的介绍。

张晓凌、于汇历、高星的《黑龙江十八站遗址的新材料与年代》(《人类学学报》,2006 年第 25 卷第 2 期,第 115—128 页)指出,经过调查和发掘,黑龙江省十八站遗址的地层中出土石制品 38 件,地表采集 20 件。这些石器以轻型为主,主要类型为刮削器。对于采集所得的两面器和端刮器,在华北地区的细石器文化遗存中可以找到相似的标本。通过采用新的科技方法,对遗址的绝对年代进行了测定。十八站遗址的年代测定结果为探讨更新世晚期东北亚地区的文化传播方向、人群迁移趋势等问题提供了重要的线索。

田禾、陈全家、李有骞的《黑龙江省海林市杨林南山旧石器遗址石器研究》(《北方文物》,2010 年第 3 期,第 3—12 页),以杨林南山遗址出土的石制品为主要研究对象,对岩性进行了鉴定,对标本数据进行了测算,对石制品进行了细致的分析。文章指出,通过研究,不仅可以对张广才岭地区的旧石器文化面貌有初步的了解,也可以加深对杨林南山遗址文化内涵和特征的认识,同时可以为探讨东北亚旧石器文化间的交流与传播提供宝贵的资料。

李有骞的《黑龙江流域及东临地区旧石器的发现与研究》(《哈尔滨学院学报》,2011 年第 32 卷第 6 期,第 13—19 页)指出,黑龙江流域旧石器的发现可以分为萌芽期、诞生期和发展期三个时期,旧石器研究主要包括对本地区考古学文化内涵的研究、与相邻地区考古学文化关系的研究,以及石器制作、石器功能和人类行为特征的研究。文章还回顾了黑龙江流域及东临地区旧石器考古学的发展历程和研究成果。文章还指出,在黑龙江流域的旧石器考古学研究中，应该构建黑龙江流域及东临地区的完整的时空框架、谱系关系，深入开展可以揭示人类行为方式的研究，关注石叶和细石叶技术的来源和扩散过程，以及旧石器时代向新石器时代的过渡等内容。

崔昊、葛乐的《浅析嫩江流域原始石器中的砍砸器》(《理论观察》，2016 年第 10 期，第 68—69 页)，针对我国东北地区嫩江流域原始石器的代表器型之一——砍砸器进行研究。文中还运用了美术考古学的研究方法，将材质、用途、加工方法等作为研究的切入点，对嫩江流域原始石器中的砍砸器进行分析，并归纳出其具体特征。文章指出，研究嫩江流域原始石器中的砍砸器对于深入挖掘东北地区原始美术的历史面貌和地域特征具有重要意义。

陈全家、李有骞、崔祚文、常志强的《鸡西梨树河口东山地点发现的旧石器》(《文物春秋》，2017 年第 2 期，第 37—45 页)指出，梨树河口东山地点位于黑龙江省鸡西市梨树区河口村的穆棱河北岸，在此地点共发掘石器 84 件，包括石核、石片、石叶、断块和工具等。这些石器以小型石器为主。文章通过对比分析，将这些石器的年代归于旧石器时代晚期。

崔昊、张辛欣的《黑龙江流域原始石器文化概述》(《理论观察》，2017 年第 8 期，第 5—7 页)指出，黑龙江流域具有良好的自然资源，孕育出了辉煌灿烂的原始石器文化。该石器文化的属性与我国其他地区的石器文化的属性具有明显的区别。文章还指出，从美术考古学和美术史学的角度来看，黑龙江地区的石器文化呈现出北方草原石器文化的特征，尤其是细石器文化的原始美术特征。黑龙江地区的原始石器分布广泛，且与水系、矿产、植物等自然资源的分布密切相关。黑龙江地区的原始石器具体分布于嫩江流域、黑龙江主航道两侧、松花江流域、乌苏里江流域、克鲁伦河流域、石勒喀河流域等。它们是黑龙江流域乃至东北亚原始美术发展的集中代表和突出反映。

(二)陶器研究

黑龙江地区出土的陶器大多是先秦时期、渤海国时期和辽金时期的陶器，这些时期的陶器不仅数量较多，而且种类十分丰富。学者对此的研究也比较深入。

1. 先秦时期的陶器

周英杰的《黑龙江省宁安市东康遗址采集的陶器》（《北方文物》，2009年第4期，第30页）指出，东康遗址位于黑龙江省宁安市城东乡东康村东、马莲河北岸的二级台地上，考古工作者于1964年和1973年对此地进行了考古发掘，发掘出了一部分陶器。文章对其中的5件陶器进行了介绍。这5件陶器的器形规整，质地为夹细砂陶，颜色呈褐色或红褐色，火候较低。它们属于黑龙江地区典型的铁器时代陶器。

崔剑锋、张伟、田禾、赵永军的《黑龙江友谊县凤林城址出土黑衣陶片及颜料块的科学分析》（《北方文物》，2017年第3期，第48—51页）指出，凤林古城址位于黑龙江省友谊县成富乡凤林村，是目前在三江平原发现的最大的汉魏时期的古城址。该遗址可分为上、下两层，其中，下层文化属于滚兔岭文化，上层文化属于一种新的考古学文化，被称为凤林文化。文章分析了出土的黑色颜料，并运用科技手段对其中的一些陶片进行了分析。文章还指出，黑色涂层为石墨，这种石墨涂层工艺与我国古代传统的渗碳黑陶制作工艺完全不同。

2. 渤海国时期的陶器

除先秦时期、魏晋时期的陶器外，黑龙江地区出土的较多的陶器是渤海国时期的陶器。学者对此也有所关注，并进行了研究。相关研究成果如下。

张玉霞的《牡丹江流域渤海遗迹出土陶器的类型学研究》（《边疆考古研究（第4辑）》，科学出版社，2006年，第194—209页），以牡丹江流域渤海遗迹出土的陶器为研究对象，对遗址和墓葬中出土的器物进行类型学研究，初步建立起牡丹江流域渤海陶器的分期与编年标尺。文章指出，渤海陶器的器形在不同的时期有所不同，这是渤海文化在发展演变的过程中吸收周边文化的结果。渤海陶器具有明显的风格和特点。

赵越的《渤海瓦当类型学考察及分期》（《北方文物》，2008年第4期，第30—37页),对渤海上京龙泉府遗址、吉林省珲春县八连城遗址、吉林省和龙县西古城遗址发掘出土的瓦当进行了分析和研究,对渤海国瓦当的类型和地域特色进行了分析,并以渤海遗址出土的瓦当为研究对象。文章指出,虽然渤海瓦当饰纹风格受到了中原唐王朝的影响,但是渤海瓦当形成了自己独特的文化特色,尤其是典型的六瓣莲花纹,是具有渤海自身特点和代表性的纹样。此外,文章还指出,渤海京畿地区主要使用典型的莲花纹瓦当。

宋玉彬、刘玉成的《渤海上京瓦当的类型学考察》(《东北史地》,2011年第5期,第8—16页),依据渤海上京地区历次发掘公布的基础性田野材料,借助类型学原理,将渤海上京瓦当的纹饰构图分为三个部分,即主题纹饰、间饰、当心纹饰。作者依据主题纹饰的不同,将渤海上京的瓦当分为三类,即"倒心形"莲纹瓦当、莲蕾纹瓦当、花草纹瓦当。作者还依据纹饰的细部差异,区分出了43种亚型。

刘晓东的《渤海文字瓦模印文字分期的几点思考》(《北方文物》,2016年第1期,第44—49页),根据最新发表的系统性考古资料,对渤海文字瓦模印文字中的名称类单字与双字、数字类单纯数字、数字与名称结合者、阴文、阳文,以及不带边框者和带边框者等进行了初步的探讨,提出了分期方面的思考性意见,进一步界定了渤海国遗存三期说的时间节点。

3. 其他时期的陶器

辽代以来,黑龙江地区的人口数量迅速增加,技术水平也有了极大的提升。随着技术的进步,瓷器逐渐进入当地居民的生活中,这使得黑龙江地区较少使用陶器,因此发现的陶器数量急剧减少。学者对这些陶器进行了介绍和研究,相关研究成果如下。

陈璐的《宁安市渤海镇出土的清代"多寿"纹陶器残片》(《北方文物》,2007年第4期,第54页),对黑龙江省宁安市渤海镇出土的一片刻有"多寿"主题纹的陶器残片进行了介绍。文章指出,该陶器残片以"寿"字居中,"寿"字的左面是用枝叶烘托的桃,"寿"字的右面为艺术化的"万"字纹。"寿"字、寿桃、"万"字纹多见于玉器、金银器和瓷器,极少见于陶器。文章还指出,该陶器残片的出土展现了清代工匠的创造力和精湛的水平。

阴淑梅的《黑龙江泰来发现的几件辽代陶器》(《北方文物》,2008 年第 1 期,第 38—39 页),对在黑龙江省齐齐哈尔市泰来县发现的 8 件比较精致的陶器进行了介绍。这些陶器包括盘口长颈瓶、长颈鼓腹罐、高领罐、长腹罐、小口长腹罐、小口罐。这些陶器器形规整,厚薄均匀。作者认为,这些陶器属于典型的辽代晚期陶器,其器形、质地与在周邻地区出土的同时期陶器的器形、质地基本相同。

二、铜器、铁器研究

黑龙江地区的古代墓葬中出土了很多铜器和铁器,其中,铜镜最多。这是黑龙江地区古代生产技术的直接体现。

(一)铜镜研究

铜镜在我国古代社会生活中具有重要的作用,不仅是古代居民生活中的必备品,也是重要的艺术品。黑龙江地区出土的铜镜数量较多,制作精良,具有精美的纹饰。铜镜成为学者研究的对象,相关研究成果也比较丰富,具体如下。

林沄、杨建华的《舒藩河上出土的金代上京宜春县镜——兼驳苏修考古学家的谬论》(《吉林大学学报》,1979 年第 1 期,第 96—100 页)指出,绥芬河下游的双城子是金代恤品路的治所所在地,其辖区内的舒藩河出土的铜镜在形制和花纹上同黑龙江省阿城新华公社出土的金代双龙镜完全一致,可以确定为金代铜镜。作者对舒藩河出土的这面铜镜与其他出土文物进行对比分析,认为它应为大定十三年之后上京路会宁府宜春县的官铸之物,属于《金史·食货志》中所说的“外路造卖铜器”。文章还指出,这面铜镜一方面说明恤品路和上京路具有密切关系,另一方面也反映了金朝“旧土”与中原地区在文化上的统一性。

景爱的《金上京出土铜镜研究》(《社会科学战线》,1980 年第 2 期,第 209—214 页)指出,金上京出土的铜镜大体上可分为仿汉铜镜、仿唐铜镜、北宋铜镜和金代铜镜四大类。文中还分类介绍了各类铜镜的样式,以及金朝铜镜的制作情况和使用情况。文章还指出,铜镜既是一种日常的生活器物,又是一种特殊的工艺品,铜镜的背面一般都刻有各式各样的花纹,金上京遗址出土的铜镜就刻有花鸟、鱼虫、山水、人物等,这是金代文化和铜镜艺术的一个重大进步。

阎景全的《金上京出土的铜镜》(《学习与探索》,1980 年第 2 期,第 2 页),对金上京出土的大双鱼纹镜、童子缠枝纹镜和带柄蛟龙仙鹤纹镜的样式和规格进行了介绍。文章指出,金朝迁都燕京后,中原地区的传统手工业生产技术传入"上京"地区。金上京出土的铜镜,凝聚着我国北方女真族与中原汉族等各族人民的智慧,反映了金代女真族文化与中原汉族文化具有密切的关系。

刘丽萍的《黑龙江省博物馆收藏的部分金代铜镜》(《北方文物》,1991 年第 3 期,第 47—49 页)指出,金代铜镜在黑龙江省出土得较多,其中尤以金源故地上京会宁府(今哈尔滨市阿城区)一带发现的铜镜最为丰富。1982 年,黑龙江省博物馆在这一地区征集了一批金代和明代铜镜。这批铜镜共计 28 面,铜镜均有图案花纹,部分铜镜上还有刻款、押记。这批铜镜按照形制可分为圆形铜镜、圆形带柄铜镜和八角菱花形铜镜三大类。其中,数量最多的是圆形铜镜,圆形铜镜主要包括双鲤鱼镜、花卉镜、仿汉"家常富贵"的四乳镜、乐器镜、奔马飞禽镜、吴牛望月镜、仿唐鸾兽葡萄镜、瑞兽葡萄铭带镜、瑞兽镜、双龙镜和万字镜等。

李波、添萌的《近年黑龙江省博物馆征集的几面金代铜镜》(《北方文物》,1991 年第 3 期,第 50—51 页),对黑龙江省博物馆征集到的金代仿宋元祐罗汉镜、蝴蝶勾连纹铜镜、舞乐铜镜、人物故事镜、童叟嬉戏镜、仙人故事镜等进行了介绍。文章指出,人物故事镜的镜饰有佛教内容,这在金代铜镜中实为罕见,从一个侧面反映了金代佛教盛行。这些铜镜图案新颖,为研究金代铜镜提供了新的资料。

王春雷的《金上京博物馆藏宋金人物纹饰铜镜》(《北方文物》,2003 年第 1 期,第 45—47 页),将金上京博物馆所藏铜镜按照纹饰所反映的内容分为童子镜、仙人镜、民间故事镜和亭台人物镜四类,并对四个种类中具有代表性的12面铜镜做了细致介绍。文章指出,与唐宋时期的铜镜相比,虽然金代铜镜的铸造工艺不精,但是其纹饰内容十分丰富,题材较为广泛,层次关系分明,生活气息强烈。这些人物纹饰镜所反映出的文化内涵,对于研究金代的政治、思想、文化具有一定的参考价值。

彭芊芊的《金上京会宁府出土铜镜考证》(《黑龙江档案》,2009年第3期,第116页及第9页),对金上京会宁府出土铜镜进行了对比分析,指出金上京会宁府出土铜镜的形制有圆形、方形、带柄和花卉形等,铜镜的纹饰主题多为龙纹、双鱼、鸟兽、花草、瑞兽葡萄、童子攀枝和人物故事等,铜镜纹饰的表现手法为浅浮雕。文章还对龙纹镜、双鱼纹镜、海东青鸾兽镜、花卉纹镜、童子攀枝镜和人物故事镜的形制和图案进行了细致的介绍。文章还指出,在铜镜边缘篆刻宫府验记文字和押记符号是金代铜镜的一个主要特征,其目的是防止铜资源过分流失。

(二)铜器研究

铜器在黑龙江古代社会生活中发挥着重要的作用,其中,铜配饰和铜钱在居民生活中发挥着重要的作用。学者对此给予了较多的关注,进行了研究。

许子荣的《金上京出土铜坐龙》(《文物》,1982年第6期,第76页),介绍了金上京出土的铜坐龙的尺寸、重量和样式,结合史书中的相关内容,认为该铜坐龙应是辇辂上的饰物。文章还指出,铜坐龙的出土为研究金代的舆服制、铜器铸造艺术,以及金朝与中原地区的文化交流,提供了宝贵的实物资料。

苏联学者 Э. В. 沙弗库诺夫作、孙危翻译的《金上京城址出土的铜鱼和铜鹿角的用途》(《东方考古》,2011年,第302—308页),介绍了金上京城址出土的铜鱼和铜鹿角的发掘情况,并通过对铜鱼和铜鹿角用途的考察,提出鱼形垂饰主要用来表示官位等级差别,铜鱼在胸鳍和尾部均有穿孔,用来系细绳或窄皮条,以此将两片铜鱼结合在一起,这也是女真人早期结绳记事的直接证据。鹿角则是在阅读用结绳文字写成的书信时,用于解开这些结扣的,是女真人文化的直接体现。

阴淑梅的《黑龙江省阿城市金上京城址出土的武士像铜挂饰》(《北方文物》,2006 年第 3 期,第 86 页),介绍了哈尔滨市阿城区金上京城遗址出土的武士像铜挂饰的尺寸、形制等。文章指出,金上京城遗址出土的人像类铜挂饰一般为可爱的儿童形象,这反映的是金初女真人祈求多子多孙的愿望。而此次发现的铜挂饰是着戎装的武士形象,这在金代铜挂饰中较为罕见,其表现出的刚毅之态应为女真人尚武精神的一种体现。这个人像铜挂饰的出土对金代相关问题的研究具有一定的意义。

郭长海的《金上京发现开国庆典所献礼器——人面犁头》(《北方文物》,2006 年第 4 期,第 55 页),介绍了发现于金上京城遗址的铁铸人面犁头的形制和样式,并对金上京地区的农业发展状况进行了简要介绍。

刘欣鑫的《渤海上京城发现的童子骑鸟铜像》(《北方文物》,2007 年第 1 期,第 52 页),介绍了在渤海上京城遗址发现的铜像的尺寸和样式,并对该铜像的风格和出土地点进行了分析,认为该铜像为金代的铜像。

阴淑梅的《黑龙江省阿城市金上京出土的青铜童子佩饰》(《博物馆研究》,2007 年第 4 期,第 49—50 页)指出,随着社会的进步,金上京的手工业水平显著提高,制作工艺水平已经相当高,金上京地区先后出土了铜人、铜钱、铜酒器等遗物。文章选取了其中的六个铜人像,分别进行分析和说明。文章指出,铜人是金代珍贵的文化遗产,其铸造工艺水平较高,姿态多样,造型生动。所有铜人的头顶都有小圆孔,这可能是为了方便佩戴而设计的。文章还指出,金上京地区出土的青铜造型配饰,为贵族、官宦阶层所属,并非平民百姓之玩物。

王世杰的《黑龙江地区出土的古代铜钱》(《博物馆研究》,2009 年第 3 期,第 60—64 页),对黑龙江地区出土的铜钱的种类与数量进行了介绍和分析。文章指出,黑龙江地区出土的铜钱的种类和数量较多,其中以宋钱为最多,清钱次之,还有少量的五代十国、唐和辽金时期的铜钱。在这些铜钱中,年代最早的是西汉时期的“五铢”钱,年代最晚的是清代的“光绪通宝”钱。文章还指出,黑龙江地区出土的铜钱多发现于古代遗物与遗迹比较密集的地方,出土的铜钱不仅保存完好,而且内容丰富,品种繁多,年代久远,这为研究黑龙江地区的历史和社会经济发展提供了珍贵的实物资料。

赵湘萍的《渤海上京城发现的鹰纹铜带銙》(《北方文物》,2012 年第 2 期,第 21 页及第 29 页)指出,渤海上京城内历年出土的文物中常见带具,但有图案者却比较少。鹰头饰在虹鳟鱼场墓地中出土得较多,有银、铜两种材质,且多为腰带的装饰,这表明鹰纹装饰在渤海艺术中有着一定的地位,反映出将鹰作为图腾崇拜是包括渤海在内北方民族共同的文化特征。此种带銙的发现,为我们研究渤海的礼制、装饰风格和文化提供了新的资料。

(三)铁器研究

虽然黑龙江地区出土的铁器数量较少,但是种类却比较丰富。这成为研究黑龙江地区古代经济和技术重要的实物证据。学者对此进行了研究。

姚骞、穆·依凌阿的《五常县发现金代窖藏铁器》(《黑龙江文物丛刊》,1982 年第 3 期,第 76—77 页),对五常发现的金代窖藏铁器进行了分类介绍。文章指出,这批铁器中有较多的生活用具、生产工具,这些铁器制造精巧,这是当时手工业发展的直接体现。文章还指出,从木工工具的刃部锋利程度和铡刀的加钢情况来看,在金代,黑龙江地区的先民不仅掌握了冶炼技术和锻造技术,而且掌握了炼钢技术,并将这些技术应用于生产领域。

刘丽萍的《黑龙江省萝北县发现金代“辽东运司”铁权》(《北方文物》,1996 年第 2 期,第 50—51 页),对 1982 年在黑龙江省萝北县太平乡金满屯村地表 1 米深处发现的铁权进行了介绍。文章指出,该铁权为实心铸铁,自重 192 克,通高 10 厘米;铁权底座呈塔状,其上有 3 道突起弦纹;权身呈橄榄状,其顶端铸一系绳鼻纽,出土时已残断;铁权上刻有楷书汉字,正面为“泰和二年”,其下为“佺”,背面为“辽东运司”。作者经过考证指出,“辽东运司”乃是金朝所置“十九路”之一的咸平路所属机构，其全称当是“辽东路转运司”。铁权上的“佺”字应为铸权人之名。作者根据铁权的形制和铁权上的刻款，确定其应为金代的权衡器。

谢浩、梁娜的《松嫩平原地区古代箭镞的发现及研究》（《牡丹江师范学院学报》，2018 年第 3 期，第 92—98 页），通过对松嫩平原地区考古学资料的梳理和分析指出，箭镞从材质上主要分为石、骨、铜、铁四种类型。新石器时代流行束缚式的凹底石镞；青铜时代和早期铁器时代曾广泛流行一种带銎式的铜镞，石镞、骨镞仍然继续使用；铁镞在隋唐以后被广泛使用，松嫩平原多用带铤镞。不同类型的箭镞蕴含着丰富的文化因素，为揭示古代居民的生产状况和生活状况提供了一个新的视角。

三、金银器研究

金银是我国古代重要的贵金属，也是当时重要的商品交换媒介。由于金银具有很高的价值，只有处于社会上层者才能拥有和使用用金银制作的器物，金银成为当时人们社会身份的直接体现。即便是在死后，他们也会用这些物品随葬，从而展示自己的社会地位和家族的经济实力。

（一）金器研究

黑龙江地区出土的金器不仅数量较多，而且造型精美，为世人瞩目。对于黑龙江地区出土的古代金器，学者进行了研究。

吕遵禄的《哈尔滨市东郊出土一批鎏金马具饰件》（《北方文物》，1994 年第 1 期，第 48—50 页），介绍了哈尔滨市东风镇红利村古墓的地理位置、出土文物等内容。文章指出，该墓葬出土的遗物有鎏金铜质带銙、带卡及鎏金鞍辔等，具有女真文化的特点，该墓葬应为金代的墓葬。

韩锋的《从金上京出土的金银器看金代都城的商业经济》（《东南文化》，2006 年第 3 期，第 82—84 页），根据 20 世纪 70 至 80 年代金上京遗址出土的金银器的种类、样式、铭文，考察了金代初期上京地区的经济特点和社会生活状况，指出金朝初期上京城商业活跃，还出现了商人的同业组织——行,商业的繁荣不仅促进了上京城的发展,也方便了当地居民的生活。

李丽华的《从金上京出土的龙头衔香炉透视金代经济》(《首都博物馆丛刊》,2009 年,第 223—225 页),不仅介绍了金上京出土的银质龙头衔香炉的尺寸、样式和出土情况,还结合史书中记载的相关内容,指出该香炉应为皇家用物。香炉的出土,为研究金上京的手工业状况提供了珍贵的实物资料。

贾冬梅的《唐渤海金饰品研究》(《文物鉴定与鉴赏》,2016 年第 8 期,第 35—37 页),对吉林省和龙县八家子公社河南屯出土的金腰带、金方环、金花饰和蔓草纹金钵等金饰品进行了介绍。文章指出,这些金饰品构图繁复严谨,大气端庄,镶嵌精美,色彩绚烂,足以展现渤海国时期成熟的工艺水平。作者通过对这些遗物的分析,结合这一时期的历史发展进程,认为金腰带、金花饰和蔓草纹金钵制作精良,有可能来自唐朝的赏赐。与金腰带、金花饰和蔓草纹金钵相比,金方环的制作工艺相对简单和粗糙,虽然其纹饰和工艺都具有唐代的特点,但是它有可能是受到唐朝工艺影响的渤海国工匠所制作的。

(二)银器研究

黑龙江地区出土的银器相对较少,相关研究成果也比较有限。

阎井泉的《金上京故城内发现窖藏银器》(《黑龙江文物丛刊》,1981 年第 1 期,第 57—60 页),对金上京地区出土的银锭、撮形银器、六曲葵瓣式银杯、银酒盏、如意纹银盘、龙头衔香炉等银器进行了分类介绍,认为保存这批银器的主人是白银制品的收藏者,而不是银器的最初使用者。这些银器的出土地点,很可能就是金上京城内金银店铺所在地。

赵国华的《金源文物的一缕灿烂辉光——金源地区出土的两件鎏金文物赏析》(《首都博物馆丛刊》,2009 年,第 226—230 页),介绍了金上京遗址出土的豆形鎏金镂雕银质熏香炉和鎏金錾刻银质首饰盒的外观、尺寸与使用方式,并指出鎏金镂雕银质熏香炉出自汉人工匠之手,其使用者应该有着较高的身份，而鎏金錾刻银质首饰盒上的五幅画再现了女真人的生活状况，展现了女真人的民族性格，鎏金錾刻银质首饰盒应该是金朝在战争中从中原掠来的工匠制造的。

四、其他器物研究

黑龙江地区出土的其他器物有瓷器、玉器、漆器和玻璃器等，其中尤以玉器居多。学者对此进行了研究。

郝思德的《黑河卡伦山辽代墓葬出土的漆器及其制作工艺》(《北方文物》,1996 年第 4 期，第 43—44 页及第 34 页），对卡伦山辽代墓葬出土的漆器进行了介绍，认为这个漆器是一件木胎漆盘，具有较高的文物考古研究价值，其木胎制作工艺体现出鲜明的地方特色和浓郁的民族风格。

刘国祥的《黑龙江史前玉器研究》(《中国历史博物馆馆刊》,2000 年第 1 期，第 72—86 页及第 96 页）指出，黑龙江省出土史前玉器的地点共有 26 处，出土的玉器总数为 173 件，主要器类有斧、铲、锛、凿、匕形器、管、珠、璜、双钮、带齿环形器、带钮椭圆形器、双联、三联璧等。通过类型学和年代学的比较研究，可以将黑龙江地区的史前玉器分成三个发展阶段。第一阶段以饶河小南山、庆安莲花泡、延寿火烧嘴子山、依安乌裕尔河大桥、尚志亚布力等遗址出土的玉器为代表，其时间距今 7500 至 7000 年左右。第二阶段以鸡西刀背山、杜蒙李家岗、泰来东翁根山等遗址出土的玉器为代表，其时间距今 6000 至 5000 年左右。第三阶段以依兰倭肯哈达洞穴墓葬内出土的玉器为代表，其时间距今 4000 年左右。文章还指出，黑龙江地区的史前玉器独具特色，自成体系，具有鲜明的地域风格，玉璧历经三个阶段而不衰，尤其是红山文化晚期的玉璧及三联璧的出现，应是受到黑龙江史前同类玉器影响的结果。

张晓霞的《黑龙江省首次发现清代“虎皮”三彩碗》(《北方文物》,2004 年第 4 期，第 18 页），指出，讷河市发掘出土了 100 多件明清时期的遗物，其中有瓷器、铁器、铜器、金银器、宝石等，瓷器中发现一件非常精美而珍贵的虎皮三彩碗。文章着重介绍了这个虎皮三彩碗。此碗是仿照唐三彩制作而成的，表面呈斑片状，形似虎皮，并由此得名。这种碗产于景德镇，其年代为清代早期。在清代墓葬中发现虎皮三彩碗，在黑龙江省尚属首次。

赵湘萍的《黑龙江省讷河清墓中发现翡翠璧》（《北方文物》，2007 年第 1 期，第 87 页）指出，2002 年和 2003 年，黑龙江省文物考古工作者在对讷河市学田乡工农村清代墓葬进行考古发掘时发现了 1000 多件明清时期的遗物，其中就有一对非常精美而珍贵的翡翠璧。在清代的墓葬中发现翡翠，在黑龙江省尚属首次。该翡翠璧色彩艳丽，质地细腻，硬度较高，是极为珍贵的随葬品。

吕竑树、崔剑锋、周雪琪、刘阳、赵永军的《金上京出土硅酸盐文物分析》（《北方文物》，2019 年第 1 期，第 57—68 页）指出，作者采用超景深三维显微镜、X 射线荧光光谱、扫描电镜与能谱联用、激光剥蚀电感耦合等离子体原子发射光谱等方法，对金上京遗址出土的陶瓷、玻璃等硅酸盐类文物进行了分析。结果显示，在金上京遗址出土的陶瓷中，除青白瓷为南方产品外，其余均为北方产品。

赵庆峰、曾分良的《黑龙江古代漆器遗存的研究整理和设计特点分析》（《艺术研究》，2021 年第 2 期，第 88—89 页）指出，漆器作为我国古代造物设计的重要门类，在黑龙江却少有发现。文章对黑龙江考古遗存进行了整理和研究，并分析了黑龙江古代漆器在形制、纹样装饰、工艺技术等方面的特点，以及文化艺术价值。

第三节　石刻研究

虽然黑龙江地区发现的古代石刻数量较少，但是其类型却十分丰富。黑龙江地区发现的古代石刻有神道碑、摩崖石刻和岩画等。这些石刻不仅是当时社会现状的真实记录，也是当时书法水平、绘画水平的直接体现。其中，碑刻和岩画成为印证史书记载内容的重要资料，因而一直受到学者的重视。石刻成为近年来学者关注和研究的热点。

一、摩崖石刻研究

摩崖石刻有广义和狭义之分，广义的摩崖石刻不仅涵盖各类刻于山石中的文字、造像，也包括各类岩画；而狭义的摩崖石刻则专指利用天然的石壁刻文记事的文字石刻。摩崖石刻自古以来就为学者所关注，尤其是近年来，在“二重证据法”的影响下，石刻的研究逐渐走向深入，摩崖石刻研究也逐渐走向深入。黑龙江的摩崖石刻研究主要分为摩崖祝文研究和岩画研究两大类，相关研究成果也多集中在石刻内容上。

（一）摩崖祝文研究

王竞、滕瑞云的《黑龙江碑刻考录》（黑龙江教育出版社，1996 年），是较早的研究黑龙江碑刻的专门著作。书中对黑龙江地区出土的民国初年以前的记事碑、界碑、告示碑、德政碑、功德碑、墓碑、神道碑、祠堂碑、宗教碑、庙碑、孝节碑等进行了收录和介绍。

栾继生的《拓跋鲜卑石室摩崖祝文研究》（《龙江春秋——黑水文化论集之三》，哈尔滨地图出版社，2005 年，第 258—270 页）指出，在大兴安岭地区的嘎仙洞中发现了北魏太武帝拓跋焘太平真君四年所刻的摩崖祝文，该祝文印证了相关文献记载内容的真实性。文章以此祝文为依据，认定鲜卑族的发祥地就在大兴安岭。此外，文章还对摩崖祝文的历史文献价值和书法艺术价值进行了综合分析，认为摩崖祝文在中国书法发展史上具有重要地位。

栾继生的《鲜卑石室祝文辨疑》（《龙江春秋——黑水文化论集之四》，哈尔滨地图出版社，2007 年，第 307—312 页），对嘎仙洞石室祝文与《魏书·礼志》所载祝文内容的差异进行了研究。文章指出，石室祝文是原始的档案，《魏书·礼志》的相关记载内容经过了修史者的整理，在此过程中，两篇祝文产生了文字差异。两篇祝文记录的主要内容基本一致，因此它们并无真假之分。

（二）岩画研究

黑龙江省博物馆的《黑龙江省海林县牡丹江右岸的古代摩崖壁画》

(《考古》,1972 年第 5 期,第 36 页)指出,黑龙江省博物馆对黑龙江省海林柴河乡群力屯附近牡丹江右岸摩崖壁画进行了两次实地勘察,将岩画的内容临摹成小幅素描。文章指出,从画面所反映的内容来看,有席坐和乘舟的人物,有鹿的形象等。这为学者的进一步研究打下了基础。

董万仑的《黑龙江流域岩画碑刻研究》(黑龙江教育出版社,1998 年)是对黑龙江省岩画碑刻进行综合研究的专著。该书主要针对黑龙江流域出土的岩画、摩崖壁画、摩崖刻文、刻石、墓志、墓碑、宗教碑、记功碑、德政碑、记事碑、国家碑等进行研究。书中还采用史、论结合的撰写方法,以史代论,突出史料。书中对这些石刻进行了解读,认为黑龙江留存的各个时期的石刻,成为学者重要的研究资料。

盖山林的《黑龙江省牡丹江畔群力屯岩画时代新考》(《北方文物》,2000 年第 4 期,第 14—18 页),对黑龙江省海林市柴河乡群力屯附近牡丹江右岸的石壁上的岩画进行了介绍。文章指出,该岩画绘在一块西南向的石壁上,石壁高 1.2 米,宽 1.8 米,山石系花岗岩质地,画面呈朱红色。文章探讨了群力屯岩画的时代、黑龙江流域“养鹿”岩画的分布与群里屯岩画在“养鹿”岩画中的位置等,分析了群力屯岩画的历史地位与学术意义。

韩锋、那海洲的《黑龙江省哈尔滨市阿城区发现汉代博局图石刻》(《北方文物》,2010 年第 4 期,第 40 页及第 51 页),介绍了汉代博局图石刻的地理位置、石质、形制等,指出此博局图石刻对于研究阿什河流域的文明、丰富地区考古文化的内涵具有一定的意义。

二、记事碑研究

黑龙江地区出土的石碑以记事碑为主。自 19 世纪起,学者就对碑刻文字进行了研究。20 世纪以来,出现了研究的高潮。虽然黑龙江地区出土的石碑数量较少,但是石碑所记载的内容足以展示当时黑龙江地区古代先民的生产状况和生活状况。因此,相关的研究具有重要意义。

(一)辽代记事碑研究

黑龙江地区出土的古代记事碑大都是辽、金两代所建造、使用的。学者主要将碑刻内容与史书记载内容结合起来，考察碑刻内容，印证史书记载内容。相关研究成果如下。

田华的《关于辽"大安七年"刻石的几点考证》(《黑龙江文物丛刊》，1984年第3期，第37—39页)，对辽"大安七年"刻石文字中提及的纠首、西头供奉官、同建办塔事、弟右班殿直、提点塔事等，以及前管内僧政讲经沙门、邑长、右承制等进行了分析和考证。文章指出，该刻石指出了泰州的大体方位，刻石上的人名为建塔的资助者。

刘德珍的《辽大安七年刻石》(《黑龙江科技信息》，2010年第36期，第344页及第353页)，对辽大安七年刻石的形制与文字内容进行了介绍，并对其中提及的"纠首""西头供奉官""右班殿直"等进行了考释，指出该刻石的发现为确定塔子城是辽、金时期的泰州故城提供了重要的实物资料。

张涛的《塔子城古城和辽代大安七年刻石》(《黑龙江史志》，2012年第21期，第35—36页)，介绍了塔子城古城的地理位置和规模，对"大安七年"刻石的内容进行了考证，认为该城建于辽代，在金、元两代仍然存在，而后才逐渐被废弃。

(二)金代记事碑研究

金是女真人建立的政权，不仅流传着汉文，也流传着女真文。黑龙江地区发现的金代记事碑也有汉文记事碑和女真文记事碑两种类型。

1. 汉文记事碑

碑刻最初在中原地区流传和使用，随着女真族与汉人的接触才逐渐进入女真社会，因此，汉文碑刻在金初使用得较少。学者对这些碑刻进行了研究。

李靖的《金源内地重要碑刻考》(《赤子》，2015年第23期，第42页)，介绍了亚沟石刻、完颜娄室神道碑、宝严大师塔铭志和金上京释迎院尼临坛首座宣微大师法性墓瓦铭的内容与形制。

2. 女真文记事碑

虽然现今女真文已经失传，但是女真文碑刻却为后人了解和研究女真文提供了线索。学者对此进行了研究，相关研究成果如下。

卢伟、张克的《见证黑龙江历史的女真文古碑》（《牡丹江师范学院学报》，2006 年第 5 期，第 61—62 页）指出，刻有女真文字的石碑仅有十数块，且主要分布在黑龙江下游、乌苏里江以东地区，其中最有代表性的石碑有三块，即“大金得胜陀颂碑”“永宁寺碑”“重修永宁寺碑”。文章还指出，“大金得胜陀颂碑”是我国历史最悠久的女真文石碑，此碑用汉文和女真文两种文字刻写而成，极具历史价值。刻有女真文最为著名的古碑是“永宁寺碑”和“重修永宁寺碑”。

乌拉熙春、金适的《金上京“文字之道，夙夜匪懈”女真大字石碑考释》（《沈阳故宫博物院院刊》，2009 年第 1 期，第 141—148 页），对哈尔滨市巨源镇城子村发现的刻有 11 个女真大字的石碑进行了解读，认为这些女真大字拼写出的内容应为“文字之道，夙夜匪懈”。文章还对该女真大字碑的时代背景和历史意义进行了介绍。这有利于学者全面了解该石碑的历史。

刁丽伟、赵哲夫的《黑龙江省宁安市出土女真文残碑考释》（《北方文物》，2016 年第 1 期，第 99—101 页），介绍了黑龙江省宁安市出土的女真文石质残碑的留存状况，对该残碑的出土情况、地理位置、碑文及其内容等进行了初步分析。文章指出，石碑是用当地的红色砂岩凿成的，整体呈不规则长方体，碑体两端分别雕有榫头，形制比较完整。经过专家鉴定，该残碑中的碑文是女真文。文章还对残存的碑文进行了释义，指出该碑文记载了碑主人的身份和具体立碑事由等内容。该残碑是迄今发现的女真文字较多、语义表达较为完整的文字碑之一。该残碑的出土对于进一步研究黑龙江地区金代历史具有重要意义，对于学者研究女真文具有重要价值。

（三）文字砖研究

文字砖与记事碑有着相似的记事作用。虽然在黑龙江地区文字砖发现得较少，但是其意义和价值不容忽视。

刘阳的《金上京城遗址发现文字砖刍议》（《北方文物》，2018 年第 1

期，第60—61页），介绍了金上京城遗址内发现的文字砖的形制和尺寸。由于该文字砖上的文字未能完全解读，作者推测它在建筑中主要起到特殊标记作用，不是记事砖。

三、墓碑、神道碑研究

我国古代碑刻得到了广泛的使用，尤其是墓碑和神道碑具有广泛的使用范围和较长的使用时间。这些碑刻中的文字不仅能够展示墓主的身份、生平履历和家世状况，还能够反映出当时的社会变迁状况，补充史书记载的不足，因此备受学者重视，相关研究成果也较多。

（一）墓碑研究

墓碑的出现时间早于神道碑，且使用频率高于神道碑。黑龙江地区出土了一些墓碑，虽然这些墓碑的时代不同，但是它们可以印证黑龙江的历史变迁。尤其是出土的金代曹道士碑，不仅是金朝重要的道教碑刻，也是黑龙江省出土的重要碑刻之一，因此受到学者的关注和重视。相关研究成果如下。

丹化沙的《金代曹道士碑之调查与初步研究》（《求是学刊》，1980年第3期，第61—66页），介绍了曹道士碑的发现经过，以及碑身材质、尺寸，讨论了金代道教的发展与传播，以及碑主曹道士的身份和教派等问题。此外，作者还对碑文记载的官职进行了研究，指出曹道士碑所记载的官职大都是金代的地方官官职。

李克民的《金代曹道士碑文勘误及其书法研究》（《北方文物》，1995年第4期，第35—39页及第34页）指出，曹道士乃金上京太虚洞道士曹道清，曹道士碑是目前发现于金上京遗址的唯一一座金代道教碑刻。文章不仅介绍了曹道士碑的材质和尺寸，还对史书中记载的曹道士碑的碑文进行了勘误，介绍了金代道教的发展情况，并从书法的角度分析了碑文的用字、笔法和书法风格等问题。

黑龙江还出土了清代的墓碑，其碑文内容成为研究清代黑龙江将军的重要资料。相关研究成果如下。

陈青柏的《宁安将军坟与虽哈纳墓碑》(《北方文物》,1987 年第 4 期,第 41—42 页)指出,宁安将军坟是清代初年的著名抗俄将领萨布素及其父母的坟墓,位于黑龙江省宁安市宁安镇牡丹江南岸河西村。作者结合《宁安县志》的记载内容,指出将军坟坐北朝南,北高南低,正面前后矗立着两座青石碑,一座是萨布素将军在世时奉旨给他父母立的功德碑,另一座是萨布素之子、吉林将军常德奉旨建立的萨布素将军功德碑。这座碑石不仅是 17 世纪中华民族抗击沙俄殖民主义侵略斗争胜利的象征,也是研究沙俄侵华历史的重要实物资料。

(二)神道碑研究

神道碑是我国古代丧葬碑的重要组成部分,由于神道碑出现较早,使用广泛,流传下来的神道碑数量较多。有关黑龙江地区神道碑的综合性研究成果如下。

李澍田的《金碑汇释》(吉林文史出版社,1989 年),对出土于金朝上京会宁府遗址附近的碑刻(包括完颜娄室神道碑、完颜希尹神道碑、大金得胜陀颂碑、海龙女真摩崖石刻等)的内容进行了介绍和解读。该著作成为研究黑龙江碑刻的早期经典著作之一。该著作对碑刻中涉及的官名、地名等内容进行了细致的介绍和研究,将碑刻的文字内容与史书记载的内容结合起来,弥补了史书记载的不足,有助于我们了解金朝早期的历史。

金源郡王神道碑是黑龙江省出土的神道碑中最重要的一个,学者对此给予了较多的关注,并进行了研究。

栗杨的《黑龙江省阿城市发现金源郡王完颜公神道残碑》(《黑龙江民族丛刊》,2004 年第 1 期,第 128 页),对阿城大岭乡吉兴屯金代贵族墓群周围发现的三块金代残碑的质地、尺寸、文字与纹饰等进行了介绍。文章指出,这三块残碑均是由白色岩石制成的,字迹已经模糊不清,我们只能辨识出为数不多的文字,这三块残碑的发现可以视为金代考古学的一次重大收获。文章还介绍了学界的争议:其一,有人认为这些墓碑的主人是完颜斡鲁，有人认为是完颜兀术，还有人认为是完颜银术可；其二，有人认为这些墓碑的被毁时间是正隆二年，有人认为被毁于蒙古灭金之时。

张泰湘、仇伟的《阿城金源郡王神道残碑的初步研究》(《黑龙江民族丛刊》，2004年第4期，第52—55页)指出，哈尔滨市阿城区大岭乡吉兴屯发现了三块金代残碑，经作者初步考证，这三块碑的规格大体一致，残碑为金初大将完颜斡鲁的神道残碑。文章还指出，该碑是在黑龙江省发现的第一块金代神道碑。

四、塔铭、墓志研究

塔铭是出家僧侣专用的丧葬石刻，墓志是我国古代主要的丧葬石刻，一般为贵族和富民阶层所采用。虽然这两种石刻在黑龙江地区发现得比较少，但是也有部分学者对此给予了关注，并进行了相关的研究。

(一)塔铭研究

塔铭是佛教僧侣专用的丧葬碑刻。由于古代黑龙江地处偏远，佛教传入的时间比较晚，在黑龙江省内发现的塔铭较少，其中最负盛名的当属宝严大师塔铭志。学者对宝严大师塔铭志中记述的内容进行了研究。

丹化沙的《宝严大师塔铭志》(《学习与探索》，1980年第6期，第2页)，介绍了宝严大师塔铭志的基本形制和保存状况，指出该塔铭志是迄今为止在黑龙江地区发现的唯一一个金代佛教碑刻。宝严大师塔铭志全文六百四十六个字，但由于受到风力侵蚀，文字已经很难辨认。从形制上看，该塔铭志为六面刻铭文，第一、二、三面主要记述宝严大师的生平活动，第四面是对他的赞颂之词，第五、六面刻有岁次和建塔者的姓氏。

里壤的《金宝严大师塔铭志》(《黑龙江文物丛刊》，1982年第1期，第68页)，介绍了金朝佛教的大体情况，以及发现于黑龙江省哈尔滨市阿城区的宝严大师塔铭志记载的主要内容，以及墓塔的形状、尺寸等。文章指出，宝严大师塔铭志对于研究“金源地区”的佛教情况具有重要的意义和价值。

许子荣的《金上京释迦院尼临坛首座宣微大师法性葬记考释》(《北方

文物》，1989年第3期，第38—42页），根据宣微大师法性葬记的内容考察了上京释迦院、临坛等问题，并结合史书中的相关内容，探讨了宣微大师法性的经历和出家时间等问题。文章指出，该葬记是研究金上京佛教史、民族构成和丧葬习俗的重要史料。作者通过研究指出，将葬记记载于瓦片上，再放入石棺中保存这种方式在过去的出土文物中实为罕见，这样的保存方式可以使瓦片免遭破坏，使记载内容长久地保存下来。北京地区也曾出土过元代的葬记瓦，这从侧面反映出金代葬俗对元代的影响。

（二）墓志研究

黑龙江省出土的墓志多是唐朝时期的墓志。由于出土的墓志的数量相对较少，相关研究成果也相对有限。

范恩实的《唐开元年间黑龙江流域地区史事新证——以"郑实活墓志铭"为中心》（《中国边疆史地研究》，2007年第17卷第4期，第106—114页），利用墓志材料，结合史书的相关记载，对它揭示的啜禄部突厥人控制黑龙江流域并降唐，以及开元十八年又叛唐等事件发生的时间进行了论述，使原本散见于各类史料中的历史片段得以连缀起来。文章详细、准确地阐述了唐开元年间黑龙江流域史事的发展脉络。

第四节　官印研究

黑龙江省出土了很多古代官印，其中金朝和元朝的官印最多。学者通过对这些官印进行研究，探讨了古代官制的设置和演变等问题，从而弥补了史书对金、元官制记载的不足。

一、官印的整体研究

官印是地方官员的执政凭据，也是地方行政机构存在的依据。由于在古代黑龙江地区生活的大多是少数民族，出土的官印极具民族特色。学者对此给予了较多的关注，并取得了丰富的研究成果。学者对黑龙江出土的古代官印进行了整体研究。

徐文勇的《牡丹江出土古代官印研究》(《书法赏评》,2014年第3期,第73—77页),不仅对渤海国官印"天门军之印",以及金代的合懒乌主猛安印、上京路军马提控盈字号之印、上京路军马提控木字号之印、勾当公事之印、肇州司侯司印、桓术火仓之记、上京路都统印、勾当公事天字号印和军马都提控印进行了介绍,还对东夏国的不匋古阿邻谋克之印、万户天字号印、主奏司郎中印、怀火罗合打谋克印、古州之印和北京劝农使印等进行了介绍。文章指出,隋、唐、宋、辽、金时期的官印是元朱文印式的源头。这些官印与汉代的白文官印共同构成了我国古代官印的两大体系,在我国篆刻史上起到了承上启下的作用,开启了文人篆刻艺术中朱文印式之先河。

周亮、李慧的《黑龙江古代官印的艺术特色与美学价值》(《书法赏评》,2016年第6期,第67—69页),对黑龙江出土的80余方古代官印进行了分类研究。文章指出,这些官印上自唐朝、下至明清,其中金代官印最多,入印文字分别有小篆、九叠篆、八思巴文、拉丁文、满文、蒙文等,其中小篆主要用于唐代官印,九叠篆用于辽代、金代、元代、明代官印,八思巴文多用于元代官印,而拉丁文、满文、蒙文多用于清代官印。文章还分别对唐、宋、金、元、明、清的官印的特征进行了介绍。

二、金代官印研究

黑龙江地区出土数量最多、研究最深入的官印当属金代官印,这些官印不仅可以印证金代黑龙江地区的行政建制和官员设置,还可以弥补史书记载的不足。学者给予了较多的关注,并结合文献中记载的相关内容,以官印为对象,研究了黑龙江的古代官制等。相关研究成果如下。

郝思德的《浅谈"胡里改路之印"》(《黑龙江文物丛刊》,1982年第1期,第48—49页)指出,上京会宁府不仅是金代早期的都城,也是上京路的治所,胡里改路则是上京路下辖诸路之一。今依兰县五国城遗址即为胡里改路故城址,其辖下有较多的猛安、谋克。金朝不但在胡里改路设置行政机构，而且还征收赋税，这充分体现了金朝对黑龙江地区的有效管辖。“胡里改路之印”的出土，印证了有关胡里改路的记载内容的真实性。

张连峰的《金上京出土的二方官印》(《黑龙江文物丛刊》,1983 年第 3 期,第 74—76 页),对金上京城遗址出土的“上京路总押荒字号印”和“都弹压所之印”进行了介绍。文章指出，“上京路总押荒字号印”为金朝管辖统治“上京路”军马事的重要物证，该印制作于 1216 年，即金宣宗贞祐四年；“都弹压所之印”应为品级较高官员之印。文章还指出，这两方官印从印文、款式等方面来看是金代民族文化互相融合的象征，也证明了金末上京地区仍是黑龙江流域的政治中心和军事中心。

陈青柏的《黑龙江省宁安县出土金“上京路万户印”》(《文物》,1985 年第 12 期,第 38 页),介绍了“上京路万户印”的出土地点、尺寸、重量等，还结合文献记载，介绍了上京路建制、管辖范围和万户的职权等。这有利于推动金朝官制的研究。

云瑶、张鹏、周书臣的《跋北安出土的金代“曷苏昆山谋克之印”》(《黑河学刊》,1991 年第 1 期,第 107—109 页),介绍了“曷苏昆山谋克之印”的尺寸、形制，并对该印篆刻的文字进行了分析。文章指出，“谋克”是金代特有的军政合一的基层政权组织，“曷苏昆山”应是一座山的名称，该印侧面刻的“系蒲与猛安下”则表明了它的行政隶属关系。其背面所刻的“大定十年七月”“少府监造”，则说明了此印的铸造年代和铸造机构。“曷苏昆山谋克之印”的出土为研究金代的猛安谋克制度提供了新的实物资料。

吴博的《黑龙江流域出土的金代官印概述》(《黑龙江民族丛刊》,2019 年第 4 期,第 70—75 页)指出，黑龙江流域出土了众多的金代官印，在出土的官印中以金代猛安谋克印为主，另有“蒲峪路印”“胡里改路之印”等金代路一级的官印。这些金代官印不仅反映出了当时复杂的行政建制体系，以及不同地域间的交通往来，也反映出了黑龙江流域古代民族分布的基本状况，为辽金古城的历史地理研究提供了第一手资料和重要信息。

李桂芹、赵静敏的《黑龙江省克山县发现一枚金代官印》(《北方文物》,2000 年第 1 期,第 46—47 页)指出,黑龙江省克山县发现的金代官印为铜制官印,方形,边长 6 厘米,扁方形柱状钮的钮端刻有"上"字。文章还指出,金代承袭了宋代的官印制度,印面均为正方形,印纽的形状为扁方形或长方形,纽上多刻有"上"字。金代官印的印文大多用汉书九叠篆,这种文字是官印的特征之一。金代大定年间铸造的官印十分精细,典雅美观。

刘长海的《金代"上京路军马提控木字号之印"考述》(《黑龙江社会科学》,2001 年第 3 期,第 46—47 页),介绍了"上京路军马提控木字号之印"的出土情况,并通过对官印上的文字与相关官职的分析和研究指出该印是金代晚期上京路高级军事将领之印。该印的出土不仅为研究金朝和东夏国的官制、兵制、行政建制等提供了可靠的依据,也为考古学、历史学提出了新的课题。

王禹浪、谢春河的《黑河市西沟古城发现金代经略使司之印研究》(《哈尔滨学院学报》,2017 年第 38 卷第 10 期,第 1—7 页),介绍了黑河市瑷珲区西岗子镇西沟古城出土的金代"经略使司之印"的规格、尺寸和保存状况。文章指出,"经略使司之印"的出土,印证了金朝末年曾在黑河地区设置边镇军政合 的机构。

三、元代官印研究

金朝灭亡后,元朝也曾派遣官员对黑龙江地区进行管辖。目前,黑龙江出土的元代官印较少,相关研究成果如下。

陈述的《跋黑龙江省出土的"封全"铜印和另一"封全"印模》(《社会科学战线》,1980 年第 2 期,第 217—218 页)指出,黑龙江出土的"封全"铜印和另一方"封全"印记的印模应是金朝明昌以前之物,这种印章制度是沿自宋、辽以来几百年的旧规。这一方"封全"铜印和另一方"封全"印记的印模的出土,对于研究宋、辽、金聘问往来的历史提供了重要的实物证据。

许子荣的《元代"镇宁州诸军奥鲁印"三题》(《北方文物》,1996 年第 4

期，第 63—65 页及第 97 页）指出，“镇宁州诸军奥鲁印”是阿城出土的元代重要官印之一。作者对这方官印的形制、出土地点和文字内容进行了分析和研究，指出元代在金上京故城内没有级别较高的官府，只是在金上京附近设置镇宁州。此官印中的“镇宁”含有镇伏“会宁”之意，镇宁州的命名当本于此。

参考文献

A

[1]艾辉. 黑龙江将军驻地——瑷珲新城遗址[J]. 学习与探索,1982(02):145.

[2]安达县图书馆. 安达县昌德公社小南山墓群简介[J]. 黑龙江文物丛刊,1984(02):72 – 73.

[3]安路,贾伟明. 黑龙江讷河二克浅墓地及其问题探讨[J]. 北方文物,1986(02):2 – 8.

B

[1]白晓清. 元代黑龙江地区的屯田[J]. 黑龙江民族丛刊,1994(04):77 – 79.

[2]白晓清. 黑龙江古代民俗研究[J]. 黑龙江民族丛刊,1991(04):91 – 95.

[3]白沫江. 渤海国的造船业[J]. 学习与探索,1982(04):143.

[4]白玉奇. 大金国第一都[M]. 哈尔滨:黑龙江人民出版社,1997.

[5]包曙光,张欣悦. 鞍韂 – 渤海马具研究[J]. 北方文物,2020(04):56 – 66.

[6]宝平,岸英,姝兰. 黑龙江的镜泊湖和古渤海国遗址[J]. 中国地名,1997(04):32 – 33.

[7]包长华. 佳木斯地区近年发现的金代官印考释[J]. 佳木斯师专学报,

1996(04):71－75.

C

[1]才大泉. 金代阿城古道[J]. 黑龙江史志,2013(11):296－297.
[2]蔡军,陈玉荣. 庄严与神秘下的历史印记——"蒲峪路"稽考的几点文化追想[J]. 理论观察,2013(02):101－102.
[3]曹志. 黑龙江文化的振兴与清代"流人"的贡献[J]. 黑龙江省社会主义学院学报,2007(01):33－36.
[4]曹志. 大金国的崛起与金源文化的成因[J]. 黑龙江省社会主义学院学报,2007(03):5－8.
[5]曹志. 黑龙江"古代三都"遗址的历史价值及其现实意义[J]. 黑龙江省社会主义学院学报,2008(03):51－54.
[6]曹志. 黑龙江古代民族的演进及历史遗存所展现的文化之光[J]. 黑龙江省社会主义学院学报,2012(01):30－33.
[7]常晓宇,李秀莲. 阿骨打拜天射柳[J]. 黑龙江史志,2008(13):25－26.
[8]陈朝云. 黄河中下游地区金代砖室墓探论[J]. 郑州大学学报(哲学社会科学版),1996(01):64－67.
[9]陈頔. 清代黑龙江地区的驿站设置[J]. 黑龙江档案,2021(03):294.
[10]陈家本,范淑贤. 黑龙江省双城市出土曲刃青铜短剑[J]. 北方文物,1991(01):25.
[11]陈述. 跋黑龙江省出土的"封全"铜印和另一"封全"印模[J]. 社会科学战线,1980(02):217－218.
[12]陈璐. 宁安市渤海镇出土的清代"多寿"纹陶器残片[J]. 北方文物,2007(04):54.
[13]陈鹏,陈琳. 清朝对黑龙江流域少数民族实施联姻结亲制度述论[J]. 通化师范学院学报,2006(03):106－107.
[14]陈鹏. 试述清政府对黑龙江流域边民实行的贡貂与赏乌林制度[J]. 东北史地,2006(04):39－43.

[15]陈鹏. 清代黑龙江流域少数民族管理机构[J]. 黑龙江民族丛刊,2007(03):127-131.
[16]陈青柏. 黑龙江省宁安县出土金"上京路万户印"[J]. 文物,1985(12):38.
[17]陈青柏. 宁安将军坟与虽哈纳墓碑[J]. 北方文物,1987(04):41-42.
[18]陈青柏. 唐代渤海国上京龙泉府遗址——全国重点文物保护单位之一[J]. 黑龙江文物丛刊,1981(01):70-74.
[19]陈全家,李有骞,崔祚文,等. 鸡西梨树河口东山地点发现的旧石器[J]. 文物春秋,2017(02):37-45.
[20]陈全家,张伟,王培新. 黑龙江海林市细林河遗址出土的动物骨骼遗存研究[J]. 考古,2004(07):79-89.
[21]陈士平. 宋妃帝姬在金上京惨遭凌——赵构为何杀害柔福公主[J]. 黑龙江史志,2016(10):40-41.
[22]陈显昌. 论渤海国的疆域[J]. 学习与探索,1985(02):127-133.
[23]陈显昌. 唐代渤海上京龙泉府遗址[J]. 文物,1980(09):85-89.
[24]陈永婷,赵永军,俞平. 黑龙江嫩江县铁古拉村清代墓葬发掘简报[J]. 北方文物,2017(04):14-18.
[25]程松,金人顺. 宁安县镜泊湖地区文物普查[J]. 黑龙江文物丛刊,1983(02):56-69.
[26]程尼娜. 元朝对黑龙江下游女真水达达地区统辖研究[J]. 中国边疆史地研究,2005(02):69-77.
[27]程妮娜. 辽金时期渤海族习俗研究[J]. 学习与探索,2001(02):124-129.
[28]程尼娜. 辽朝黑龙江流域属国、属部朝贡活动研究[J]. 求是学刊,2012(01):140-147.
[29]程利田. 简论渤海国的治国三策[J]. 南平师专学报,2002(01):58-61.
[30]仇伟,范忠泽. 论黑龙江省地名与古代民族的关系[J]. 黑龙江民族丛

刊,2004(01):80－81.

[31]崔福来,辛建. 齐齐哈尔市梅里斯长岗辽墓清理简报[J]. 北方文物,1993(01):43－45,50.

[32]崔昊,葛乐. 浅析嫩江流域原始石器中的砍砸器[J]. 理论观察,2016(10):68－69.

[33]崔昊,张辛欣. 黑龙江流域原始石器文化概述[J]. 理论观察,2017(08):5－7.

[34]崔剑锋,张伟,田禾,等. 黑龙江友谊县凤林城址出土黑衣陶片及颜料块的科学分析[J]. 北方文物,2017(03):48－51.

[35]崔巧凤. 阿城金代齐国王完颜晏合葬墓研究[C]//王忠桥,郭淑梅,王云. 龙江春秋——黑水文化论集之四. 哈尔滨:哈尔滨地图出版社,2007:332－338.

D

[1]大庆市文物管理站. 大庆市发现两座古墓[J]. 北方文物,1994(02):48－49.

[2]大庆市文物管理站. 大庆市大同区考古调查[J]. 黑龙江文物丛刊,1984(03):43－47.

[3]戴洪霞. 黑龙江流域满族先民居室初论[J]. 黑龙江民族丛刊,2007(02):183－185.

[4]戴洪霞. 金代齐国王墓服饰出土整体提取的技术问题[J]. 边疆经济与文化,2007(07):96－97.

[5]丹化沙. 略谈渤海上京龙泉府[J]. 黑龙江大学学报(哲学社会科学版),1979(02):121－129.

[6]丹化沙. 宝严大师塔铭志[J]. 学习与探索,1980(06):2.

[7]丹化沙. 黑龙江泰来后窝堡屯辽墓[J]. 考古,1962(03):143.

[8]丹化沙. 金代曹道士碑之调查与初步研究[J]. 求是学刊,1980(03):61－66.

[9]刁丽伟,赵哲夫. 黑龙江省宁安市出土女真文残碑考释[J]. 北方文物,2016(01):99-101.

[10]刁丽伟. 渤海上京文化研究的回顾与思考[J]. 满族研究,2010(04):7-11.

[11]丁柏峰. 文明的冲突——从会宁府的历史变迁看金的汉化过程[J]. 青海社会科学,2005(04):86-87.

[12]丁宁. 清代黑龙江水师营制浅析[J]. 长春教育学院学报,2013(22):27-28.

[13]定国. 黑龙江原始宗教初探[J]. 黑龙江民族丛刊,1986(01):107-111.

[14]董四礼. 也谈金初建国及国号年号[J]. 史学集刊,2008(06):94-98.

[15]董万崙. 完颜女真发祥黑龙江说应当重新认识[J]. 北方文物,2003(02):60-67.

[16]董万仑. 清始祖发祥地传说研究的反思[J]. 满语研究,2002(01):63-68.

[17]董万仑. 黑龙江流域岩画碑刻研究[M]. 哈尔滨:黑龙江教育出版社,1998.

[18]董新林. 辽代墓葬形制与分期略论[J]. 考古,2004(08):62-75.

[19]董智,潘驰宇,谭红毅. 唐代渤海国上京龙泉府都城建筑的装饰风格[J]. 中文自学指导,2008(05):61-62.

[20]董智,赵忠. 浅谈唐代渤海国上京龙泉府都城[J]. 建筑与文化,2009(10):88-89.

[21]董智. 唐代渤海国上京龙泉府都城遗址保护及旅游景观规划设计[J]. 旅游学研究,2007:49-52.

[22]都兴智,孙艳. 关于渤海国及渤海遗民研究的几个问题[J]. 辽宁师范大学学报(社会科学版),2008(02):113-116.

E

[1]鄂善君,王树楼. 桦南县龙王庙遗址出土的金代窖藏铁器[J]. 北方文物,1995(03):151－152.

[2]谔士. 跋黑龙江省泰来县塔子城出土的辽大安残刻[J]. 考古,1960(08):39－41.

F

[1]方学凤. 渤海大元义被杀的社会背景及其性质[J]. 延边大学学报(社会科学版),1987(04):101－106.

[2]方学凤. 渤海国农业生产发展资料的辑述[J]. 延边大学学报(哲学社会科学版),1981(03):83－85.

[3]方学凤. 关于渤海植棉问题[J]. 学习与探索,1984(06):144－145.

[4]方学凤. 比较:渤海上京城与唐长安城[J]. 延边大学学报(社会科学版),1993(03):35－41.

[5]范传南,姜彬,田雨. 论清代黑龙江地区驿站站丁的生计[J]. 理论观察,2019(11):95－97.

[6]范传南,佟大群. 清初黑龙江驿站站丁来源考[J]. 历史档案,2014(03):62－68.

[7]范传南,吴丽华,姜彬. 清末民初黑龙江“裁驿归邮”论析[J]. 兰台世界,2014(28):71－72.

[8]范恩实. 唐开元年间黑龙江流域地区史事新证——以“郑实活墓志铭”为中心[J]. 中国边疆史地研究,2007(04):106－114.

[9]范恩实. 勿吉兴亡史探微[J]. 北方论丛,2010(01):74－78.

[10]樊万象. 黑龙江牡丹江市郊出土唐代铜镜[J]. 考古,1990(11):1036.

[11]方衍. 曹廷杰与金上京[J]. 求是学刊,1994(04):111－113.

[12]冯恩学,郝军军,陈永婷. 黑龙江省富裕县依克明安旗遗址考古调查报告[J]. 北方文物,2014(03):40－45.

[13]冯恩学. 黑龙江中游地区靺鞨文化的区域性及族属探讨[J]. 吉林大学社会科学学报,2005(03):99－103.

[14]冯恩学. 黑龙江中游沿岸地区的靺鞨房屋[C]//教育部人文社会科学重点研究基地,吉林大学边疆考古研究中心. 边疆考古研究(第6辑). 北京:科学出版社,2008:274－289.

[15]冯尔康. 康熙帝经营黑龙江与瑷珲三题[J]. 安徽大学学报(哲学社会科学版),2017(04):101－107.

[16]付彤. 阿城巨源金墓墓主小议[J]. 黑河学刊,1990(03):118－120.

[17]付永正. 清代吉黑地区"三音哈哈"送京备选侍卫现象初探[J]. 江西社会科学,2016(04):106－115.

[18]付彤. 宁安市虹鳟鱼场渤海墓地征集的几件陶器[J]. 北方文物,2004(04):43.

[19]傅惟光,金铸. 黑龙江省龙江县合山乡的辽代石室墓[J]. 北方文物,1989(04):32－35.

[20]傅朗云. 渤海"土人"新释[J]. 黑龙江社会科学,1999(03):74－77.

[21]傅朗云. 黑龙江省少数民族源流问题[J]. 东北师大学报,1983(04):18－20,92.

G

[1]盖山林. 黑龙江省牡丹江畔群力屯岩画时代新考[J]. 北方文物,2000(04):14－18.

[2]盖钰涵,陈全家,赵永军,等. 黑龙江绥滨县奥里米城址出土动物骨骼遗存研究[J]. 北方文物,2020(04):73－82.

[3]干志耿,李士良. 乌洛侯与黑龙江历史地理诸问题[J]. 求是学刊,1981(04):120－122.

[4]干志耿,孙秀仁. 黑龙江古代民族史纲[M]. 哈尔滨:黑龙江人民出版社, 2010.

[5]干志耿. 靺鞨族及黑龙江流域的靺鞨遗存[J]. 北方文物,1985(01):

23－29,112.

[6]高爱霞. 黑龙江省集贤县腰屯乡文物遗址调查简报[C]//教育部人文社会科学重点研究基地,吉林大学边疆考古研究中心. 边疆考古研究(第6辑). 北京:科学出版社,2008:412－420.

[7]勾海燕. “渤海郡”与“渤海国”关系新考[J]. 北方文物,2018(01):98－102.

[8]勾海燕. 黑龙江省博物馆征集的二件石碾轮[J]. 北方文物,2005(02):51－52.

[9]顾丽华. 清代黑龙江将军衙署的迁移及其政治功能的变化[J]. 东北史地,2007(03):61－63,21.

[10]关锐,尤文民. 肃慎系诸族(部)命名方式初探[J]. 黑龙江民族丛刊,2017(04):53－57.

[11]关庆凡,崔建伟. 黑龙江地区原始农业的兴起与发展[J]. 农业考古,2012(04):43－46.

[12]关儒茜,李德山. 清代黑龙江方志文献研究[J]. 学术交流,2016(08):201－205.

[13]郭成康. 清入关前对黑龙江地区的征服和有效统治[J]. 黑河学刊,1985(01):7－13.

[14]郭风岚. 黑龙江站话的分布区域与归属[J]. 方言,2008(01):76－80.

[15]郭长海. 金上京都城建筑考[J]. 哈尔滨市经济管理干部学院学报,2000(01):76－79.

[16]郭长海. 金上京发现开国庆典所献礼器——人面犁头[J]. 北方文物,2006(04):55.

H

[1]哈尔滨医科大学、黑龙江省公安厅. 阿城巨源金代齐国王墓古尸的医学研究[J]. 考古,1993(12):1131－1139.

[2]韩宝鑫. 金代齐国王墓“象牙篦”的修复[J]. 北方文物,2010(03):

111－112.
[3]韩锋. 阿城市双城村发现一座金代墓葬[J]. 北方文物,2006(02):56－57.
[4]韩锋. 从金上京出土的金银器看金代都城的商业经济[J]. 东南文化,2006(03):82－84.
[5]韩锋. 金上京城市建设[J]. 黑龙江史志,2010(15):213－214.
[6]韩锋. 浅谈金上京地区佛教的流行[J]. 黑龙江农垦师专学报,2003(03):6.
[7]韩锋,那海洲. 黑龙江省哈尔滨市阿城区发现汉代博局图石刻[J]. 北方文物,2010(04):40,51.
[8]郝庆云,魏国忠. 金代黑龙江地区的农田规模[J]. 黑龙江民族丛刊,1994(04):73－76.
[9]郝庆云. 黑龙江地区古代民族的分布与迁徙[J]. 哈尔滨师专学报,1997(04):146－150.
[10]郝思德,李陈奇. 黑河卡伦山古墓葬发掘的主要收获[J]. 黑河学刊,1986(01):36－41.
[11]郝思德,李砚铁. 黑龙江肇源小拉合、狼坨子青铜时代遗址调查简报[J]. 黑龙江文物丛刊,1984(04):60－64.
[12]郝思德,李砚铁,刘晓东. 黑龙江省阿城金代齐国王墓出土织金锦的初步研究[J]. 北方文物,1997(04):32－42.
[13]郝思德,刘晓东. 黑龙江省近十年来考古工作的主要收获[J]. 黑河学刊,1989(02):94－100,49.
[14]郝思德,张鹏. 黑龙江省黑河地区发现的古城址[J]. 北方文物,1991(01):26－31.
[15]郝思德. 黑河卡伦山辽代墓葬出土的漆器及其制作工艺[J]. 北方文物,1996(04):43－44,34.
[16]郝思德. 黑龙江鸡东出土两方金代官印[J]. 北方论丛,1980(4):112－113.

[17]郝思德. 浅谈“胡里改路之印”[J]. 黑龙江文物丛刊,1982(01):48-49.

[18]何荣伟. 简述清代双城堡地区的行政制度[J]. 满族研究,1992(01):26-30.

[19]何鑫,潘杨,李华. 清代黑龙江流人书法初探[J]. 书法赏评,2015(01):51-53.

[20]何鑫. 论渤海国与黑龙江流域书法史的肇端[J]. 黑龙江民族丛刊,2010(02):102-105.

[21]何学娟. 黑龙江蒙古部落迁徙考[J]. 黑龙江民族丛刊,2007(06):67-72.

[22]何元龙. 金代黑龙江地区出土的铁犁和农田耕作技术及农田面积的初步探讨[J]. 古今农业,2020(03):59-68.

[23]贺春艳. 黑龙江抚远市东辉墓群出土的文物[J]. 北方文物,2020(03):7-14.

[24]贺春艳. 佳木斯市郊凤凰山遗址调查[J]. 北方文物,2005(01):53-54.

[25]侯莉闽,李强. 渤海珍陵新探[J]. 北方文物,2002(02):32-36.

[26]黑龙江省博物馆. 黑龙江东宁大城子新石器时代居住址[J]. 考古,1979(01):15-19.

[27]黑龙江省博物馆. 哈尔滨东郊的辽、金遗址和墓葬[J]. 考古,1960(04):41-42.

[28]黑龙江省博物馆. 哈尔滨新香坊墓地出土的金代文物[J]. 北方文物,2007(03):48-58.

[29]黑龙江省博物馆. 黑龙江阿城县小岭地区金代冶铁遗址[J]. 考古,1965(03):124-130.

[30]黑龙江省博物馆. 黑龙江省海林县牡丹江右岸的古代摩崖壁画[J]. 考古,1972(05):36.

[31]黑龙江省博物馆. 黑龙江泰来辽墓清理[J]. 考古,1960(04):46.

[32]黑龙江省博物馆. 牡丹江中下游考古调查简报[J]. 考古,1960(04):23-30.
[33]黑龙江省文物考古工作队. 渤海上京宫城第2、3、4号门址发掘简报[J]. 文物,1985(11):52-61.
[34]黑龙江省文物考古工作队. 渤海上京宫城第一宫殿东、西廊庑遗址发掘清理简报[J]. 文物,1985(11):48-51.
[35]黑龙江省文物考古工作队. 黑龙江畔绥滨中兴古城和金代墓群[J]. 文物,1977(04):40-49.
[36]黑龙江省文物考古工作队. 密山县新开流遗址[J]. 考古学报,1979(04):491-518.
[37]黑龙江省文物考古工作队. 绥滨永生的金代平民墓[J]. 文物,1977(04):50-53,62.
[38]黑龙江省文物考古工作队. 黑龙江古代文物[M]. 哈尔滨:黑龙江人民出版社, 1979.
[39]黑龙江省文物考古研究所. 黑龙江尚志县亚布力新石器时代遗址清理简报[J]. 北方文物,1988(01):2-7.
[40]黑龙江省文物考古研究所,鹤岗市文物管理站. 绥滨县东胜村明代兀的哈人墓葬[J]. 文物,2000(12):43-48.
[41]黑龙江省文物考古研究所,吉林大学考古学系. 黑龙江省海林市三道河乡东兴遗址1994年考古发掘简报[J]. 北方文物,1996(01):2-6.
[42]黑龙江省文物考古研究所,吉林大学考古学系. 1996年海林细鳞河遗址发掘的主要收获[J]. 北方文物,1997(04):43-46.
[43]黑龙江省文物考古研究所,吉林大学考古学系,牡丹江市文物管理站. 渤海国上京龙泉府宫城第二宫殿遗址发掘简报[J]. 文物,2000(11):13-22.
[44]黑龙江省文物考古研究所,吉林大学考古学系,牡丹江市文物管理站. 黑龙江宁安市渤海上京龙泉府宫城第三宫殿遗址的发掘[J]. 考古,2003(02):34-41.

[45]黑龙江省文物考古研究所,吉林大学考古学系,牡丹江市文物管理站. 黑龙江宁安市渤海国上京龙泉府宫城4号宫殿遗址的发掘[J]. 考古,2005(09):42-49.

[46]黑龙江省文物考古研究所,牡丹江市文物管理站. 渤海国上京龙泉府遗址1997年考古发掘收获[J]. 北方文物,1999(04):42-49.

[47]黑龙江省文物考古研究所,牡丹江市文物管理站. 渤海国上京龙泉府外城正北门址发掘简报[J]. 文物,2000(11):4-12,22.

[48]黑龙江省文物考古研究所."金源故地"发现金齐国王墓[J]. 北方文物,1989(01):55-56.

[49]黑龙江省文物考古研究所. 渤海上京宫城内房址发掘简报[J]. 北方文物,1987(01):38-42.

[50]黑龙江省文物考古研究所. 渤海上京龙泉府出土的几件文物[J]. 北方文物,2005(03):36.

[51]黑龙江省文物考古研究所. 哈尔滨市阿城区金上京南城南垣西门址发掘简报[J]. 考古,2019(05):45-65.

[52]黑龙江省文物考古研究所. 黑龙江克东县金代蒲峪路故城发掘[J]. 考古,1987(02):150-158.

[53]黑龙江省文物考古研究所. 黑龙江萝北县团结墓葬发掘[J]. 考古,1989(08):719-726.

[54]黑龙江省文物考古研究所. 黑龙江讷河市二克浅青铜时代至早期铁器时代墓葬[J]. 考古,2003(02):11-23.

[55]黑龙江省文物考古研究所. 黑龙江双城市车家城子金代城址发掘简报[J]. 考古,2003(02):42-50.

[56]黑龙江省文物考古研究所. 黑龙江省海林市木兰集金代遗址发掘简报[J]. 北方文物,1995(04):48-52.

[57]黑龙江省文物考古研究所. 黑龙江省双鸭山市滚兔岭遗址发掘报告[J]. 北方文物,1997(02):6-15.

[58]黑龙江省文物考古研究所. 黑龙江泰来县平洋砖厂墓地发掘简

报[J]. 考古,1989(12):1087-1097.
[59]黑龙江省文物考古研究所. 黑龙江逊克县胜利村金代墓葬发掘简报[J]. 北方文物,2020(01):21-27.
[60]黑龙江省文物考古研究所. 建国以来黑龙江省考古的主要收获[J]. 北方文物,1989(03):3-8.
[61]黑龙江省文物考古研究所. 黑龙江宁安市虹鳟鱼场墓地的发掘[J]. 考古,1997(02):1-16.
[62]黑龙江省文物考古研究所. 黑龙江省海林市羊草沟墓地的发掘[J]. 北方文物,1998(03):28-40.
[63]黑龙江省文物考古研究所. 黑龙江海林北站渤海墓试掘[J]. 北方文物,1987(01):32-33,112.
[64]黑龙江省文物考古研究所. 黑龙江海林二道河子渤海墓葬[J]. 北方文物,1987(01):34-37.
[65]黑龙江省文物考古研究所. 黑龙江省海林木兰集东遗址[J]. 北方文物,1996(02):23-25.
[66]黑龙江省文物考古研究所. 黑龙江五常市香水河墓地发掘简报[J]. 考古,2016(04):45-62.
[67]黑龙江省文物考古研究所. 黑龙江省海林市山咀子渤海墓葬[J]. 北方文物,2012(01):11-26.
[68]黑龙江省文物考古研究所. 黑龙江哈尔滨市李家马架子遗址发掘简报[J]. 北方文物,2018(04):3-12.
[69]黑龙江省文物考古研究所,吉林大学考古系. 黑龙江海林市渡口遗址的发掘[J]. 考古,1997(07):16-26.
[70]黑龙江省文物考古研究所,吉林大学边疆考古研究中心. 黑龙江海林市细鳞河遗址发掘报告[J]. 北方文物,2018(01):3-25.
[71]黑龙江省文物考古研究所. 宁安虹鳟鱼场:1992~1995 年度渤海墓地考古发掘报告[M]. 北京:文物出版社, 2009.
[72]胡良. 试论辽金时期黑龙江地区农业经济[J]. 祖国,2017(13):

67－68.

[73]胡梧挺. 渤海“振(震)国”名号新探——以唐朝册封周边民族爵号类型为视角[J]. 东北史地,2014(06):29－37.

[74]胡梧挺. 渤海国道地药材与东亚医药交流——以渤海人参为中心[J]. 北方文物,2018(01):91－97,107.

[75]胡秀杰,田华. 黑龙江省绥滨中兴墓群出土的文物[J]. 北方文物,1991(04):71－77.

[76]黄澄. 金上京迁都后,金朝在哈尔滨的持续及影响——金源文化系列研究之一[J]. 学理论,2012(07):127－128.

[77]黄立平. 黑龙江省古城遗址略论[J]. 戏剧之家,2013(06):96.

[78]黄金玉. 以考古发现视角浅析黑龙江省古代农业发展概况[J]. 黑河学刊,2020(06):75－78.

[79]黄景林. 宁安市东莲花村渤海贵族墓[J]. 北方文物,1996(01):83.

J

[1]纪胜利,郝庆云. 渤海国初建之际国号考[J]. 中国边疆史地研究,2004(02):52－58.

[2]吉田金一,古清尧. 清军留在索伦部的“兵将留守”[J]. 民族译丛,1981(04):37－43.

[3]佳木斯市博物馆. 佳木斯市黎明村辽金墓群出土的文物[J]. 北方文物,2004(04):44－45.

[4]佳木斯市文物管理站. 黑龙江省桦南县岚峰林场出土的金代文物[J]. 北方文物,2000(02):48－49.

[5]贾冬梅. 唐渤海金饰品研究[J]. 文物鉴定与鉴赏,2016(08):35－37.

[6]贾凤改,付文江. 对阿城金墓出土部分文物进行保护的探讨[J]. 北方文物,1994(04):134－137.

[7]江辉. 大金王朝开国元勋——完颜阿骨打[J]. 黑龙江史志,2013(24):28－30.

[8]姜华昌. 渤海上京龙泉府与唐长安城建筑布局的比较[J]. 北方文物,1988(02):29-32.
[9]姜黎. 黑龙江依克明安旗始末[J]. 北方文物,1986(02):103-107.
[10]姜涛. 清代黑龙江水师营[J]. 北方文物,1987(02):101-104.
[11]姜勇. 黑龙江省双城市金代银器窖藏[J]. 北方文物,2010(03):53.
[12]姜玉珂. 镜泊湖边墙为渤海说兼谈渤海遗迹的甄别[J]. 北方文物,2007(02):23-26,112.
[13]蒋秀松. 东北考古综述[J]. 黑河学刊,1989(03):112-120,40.
[14]蒋秀松. 东北考古综述(续)[J]. 黑河学刊,1989(04):116-122.
[15]金宝丽. 金代上京地区佛教发展情况考证[J]. 黑龙江史志,2007(05):23-24,43.
[16]金倩倩. 清代黑龙江(瑷珲)副都统衙门的职能[J]. 长春师范学院学报(人文社会科学版),2012(05):37-38.
[17]金鑫. 康熙朝黑龙江八旗官学教育释疑[J]. 满族研究,2012(03):65-72.
[18]金鑫. 康熙朝黑龙江驻防八旗"穷索伦"、站丁牛录考[J]. 民族研究,2014(05):84-91.
[19]金鑫. 康熙二十九年维吾尔族水利灌溉技术东传黑龙江考[J]. 中国边疆史地研究,2011(04):87-94.
[20]金鑫. 康熙时期黑龙江驻防八旗官医制度小考[J]. 历史档案,2013(04):111-114.
[21]金鑫. 乾隆年间黑龙江境内金川藏式碉楼考识[J]. 满语研究,2011(01):133-140.
[22]金铸. 黑龙江林甸牛尾巴岗发现青铜时代墓葬[J]. 北方文物,1985(04):12-13.
[23]金铸. 黑龙江龙江县二村古墓群调查[J]. 北方文物,1987(01):105-106.
[24]靳维柏,王学良,盖立新,等. 黑龙江友谊县凤林古城址的发掘[J]. 考

古,2004(12):50－65.

[25]井上和人,吴丽丹. 渤海上京龙泉府形制新考[C]//教育部人文社会科学重点研究基地吉林大学边疆考古研究中心. 边疆考古研究(第4辑). 北京:科学出版社,2006:157－193.

[26]景爱. 关于金上京城的周长[J]. 学习与探索,1985(03):141－142.

[27]景爱. 哈尔滨王岗华滨金墓[J]. 黑龙江文物丛刊,1984(04):64－65.

[28]景爱. 金上京城的水陆交通[J]. 北方文物,1988(04):61－67.

[29]景爱. 金上京出土铜镜研究[J]. 社会科学战线,1980(02):209－214.

[30]景爱. 金上京的行政建置与历史沿革[J]. 求是学刊,1986(05):91－96.

[31]景爱. 金上京的政治风云[J]. 黑龙江民族丛刊,1988(03):42－48.

[32]景爱. 金上京女真贵族的社会生活[J]. 学习与探索,1986(03):136－142.

[33]景爱. 金中都与金上京比较研究[J]. 中国历史地理论丛,1991(02):151－164.

[34]景爱. 塔子城出土辽大安残刻三题[J]. 社会科学战线,1984(03):193－197.

[35]景爱. 辽代的鹰路与五国部研究[J]. 地域文化研究,2019(01):78－92.

[36]景爱. 金上京[M]. 北京:生活·读书·新知三联书店,1991.

[37]敬知本. 试论女真族民族英雄阿骨打[J]. 历史教学,1982(07):21－25.

[38]酒寄雅志,刘晓东,陈春霞. 渤海通事研究[J]. 黑河学刊,1991(01):110－120.

[39]酒寄雅志,刘晓东,陈春霞. 渤海通事研究(续)[J]. 黑河学刊,1991(02):114－119,91.

K

[1]阚凯. 清康熙年间黑龙江地区达斡尔人编旗驻防考实[J]. 山西大同大学学报(社会科学版),2013,27(02):11-16.

[2]柯童. 金代初期黑龙江文坛刍议[J]. 佳木斯大学社会科学学报,1986(1):34-37.

L

[1]兰永喜. 关于渤海国社会性质的商榷意见[J]. 牡丹江师院学报(哲学社会科学版),1988(2):1-6.

[2]李宾泓. 金代上京地区女真人的饮食文化[J]. 北方文物,1991(01):65-70.

[3]李波,添萌. 近年黑龙江省博物馆征集的几面金代铜镜[J]. 北方文物,1991(03):50-51.

[4]李陈奇,张伟,赵永军. 黑龙江省莲花、尼尔基、磨盘山库区考古的主要收获[J]. 北方文物,2012(04):3-12.

[5]李陈奇,赵虹光. 渤海上京城考古的四个阶段[J]. 北方文物,2004(02):44-49.

[6]李陈奇,赵哲夫,刘晓东,等. 黑龙江宁安渤海上京城宫城北门址发掘简报[J]. 文物,2015(06):4-13.

[7]李成. "金源文化"简论[J]. 社会科学战线,1999(02):259-260.

[8]李成. 略论"金源文化"及其当代价值[J]. 北方论丛,1999(03):92-96.

[9]李成. 再论"金源文化"的特征[J]. 哈尔滨师专学报,1999(01):5-8.

[10]李传刚. 谈渤海国——上京龙泉府的建筑[J]. 艺术教育,2008(08):27.

[11]李德新,孙国雁. 流人遣戍与清代东北儒学的演变[J]. 北华大学学报(社会科学版),2017(02):35-39.

[12]李殿福．渤海上京永兴殿考[J]．北方文物,1988(04):33－35.
[13]李殿福．渤海咸和四年铭文佛龛考释[J]．社会科学战线,1994(03):191－193.
[14]李冬楠．金上京研究综述[J]．黑龙江社会科学,2009(05):145－148.
[15]李殿福．渤海上京永兴殿考[J]．北方文物,1988(04):33－35.
[16]李帆．试论清代黑龙江地区的官庄[J]．北方文物,1986(04):97－100,107.
[17]李岗．黑龙江青铜时代的考古发掘与秦汉至南北朝时期的黑龙江地区的考古发掘[J]．黑龙江科技信息,2007(21):172.
[18]李桂芹,赵静敏．黑龙江省克山县发现一枚金代官印[J]．北方文物,2000(01):46－47.
[19]李桂芹．清代黑龙江的教育[J]．黑龙江史志,1994(02):28－30.
[20]李海军．黑龙江将军衙门的建立与迁移[J]．黑龙江史志,2001(03):31.
[21]李辉．金代金银牌制度的再考述[J]．北方文物,2004(04):35－39.
[22]李建勋．金上京史话两题[J]．黑龙江农垦师专学报,2000(04):8－11.
[23]李健民,李洪伟,张丽娜,等．清代首任黑龙江将军萨布素满文题奏研究[J]．满语研究,2008(02):69－74.
[24]李靖．金源内地重要碑刻考[J]．赤子(上中旬),2015(23):42.
[25]李靖．谈黑龙江省出土的金代文物[J]．才智,2016(22):272.
[26]李俊．追寻鹤岗古代历史[J]．黑龙江史志,2009(01):44－45.
[27]李克民．金代曹道士碑文勘误及其书法研究[J]．北方文物,1995(04):35－39,34.
[28]李丽华．从金上京出土的龙头衔香炉透视金代经济[J]．首都博物馆丛刊,2009:223－225.
[29]李龙．克东金城与金代蒲峪路古城——与沈章兴、王振超二同志商榷[J]．齐齐哈尔社联通讯,1987(01):65－70.

[30]李龙. 齐齐哈尔地区古代农业生产探源[J]. 齐齐哈尔社会科学,1988(02):60-61,44.
[31]李士良,田华. 黑龙江出土金代铁器的初步研究[J]. 黑河学刊,1990(04):102-107.
[32]李士良. 金代北疆重镇——蒲峪路治所[J]. 求是学刊,1980(01):119.
[33]李书. 清代黑龙江将军衙门的建置与沿革[J]. 满语研究,1991(01):120-131.
[34]李澍田. 金碑汇释[M]. 长春:吉林文史出版社,1989.
[35]李向辰,曲秋芬. 略论清廷对黑龙江的封禁政策[J]. 黑龙江史志,1996(03):36-40.
[36]李向辰. 黑龙江将军寿山研究点墨[J]. 黑龙江史志,1994(03):27-30.
[37]李小雪. 论盛京五部初设时在上层管理体制中的作用[J]. 吉林师范大学学报(人文社会科学版),2017(02):82-86.
[38]李秀兰,王美娜. 金齐国王墓影金绣碧罗鞋的修复[J]. 北方文物,2001(01):54-55.
[39]李秀莲. 阿骨打称都勃极烈与金朝开国史之真伪研究[J]. 史学月刊,2008(06):43-49.
[40]李秀莲. 出河店之战的历史还原[M]// 辽宁省博物馆,辽宁省辽金契丹女真史研究会. 辽金历史与考古(第九辑). 北京:科学出版社,2018:161-167.
[41]李秀莲. 金源文化阶段性发展述论[J]. 北方论丛,2005(05):90-94.
[42]李秀莲. 杨朴劝阿骨打称帝及其历史意义[J]. 满族研究,2010(04):12-15.
[43]李延铁,干志耿,孙秀仁. 黑龙江古代农业文化概论[J]. 学习与探索,1981(05):139-144.
[44]李延铁. 黑龙江史前考古文化[M]. 哈尔滨:黑龙江人民出版

社,2014.
[45]李延铁. 黑龙江地区史前社会经济与农业生产的发展[J]. 农业考古,2010(01):25-33.
[46]李砚铁,刘晓东,王建军. 黑龙江省依兰县桥南遗址发掘及相关问题[J]. 北方文物,2000(01):1-9.
[47]李彦君,姜占忠. 黑龙江省木兰县出土"弹压所印"[J]. 北方文物,1998(04):106.
[48]李艳红. 金代女真服饰的汉化与创新——金齐国王墓出土袍服及蔽膝形制探析[J]. 装饰,2013(12):112-113.
[49]李英魁,高波. 黑龙江饶河县小南山新石器时代墓葬[J]. 考古,1996(02):1-8.
[50]李英魁. 金代胡里改路[J]. 北方文物,1994(03):117-121,128.
[51]李莹. 黑龙江省渤海国文学研究——以牡丹江流域上京文学的生成演进为考察视角[J]. 牡丹江师范学院学报(哲学社会科学版),2018(04):65-69.
[52]李永亮. 黑龙江将军塔尔岱纪略[J]. 齐齐哈尔社联通讯,1987(04):71-73.
[53]李有骞. 黑龙江流域及东临地区旧石器的发现与研究[J]. 哈尔滨学院学报,2011(06):13-19.
[54]李有骞. 黑龙江省中部山区旧石器遗存的发现与认识[J]. 草原文物,2016(01):62-69.
[55]李蜀蕾. 渤海墓葬类型演变再探讨[J]. 北方文物,2005(01):35-45.
[56]李春杰,苗威. 渤海派遣学生赴唐学习情况探析[J]. 东疆学刊,2017(02):81-86.
[57]里壤. 金宝严大师塔铭志[J]. 黑龙江文物丛刊,1982(01):68.
[58]栗红. 金代北方重镇蒲峪路城[J]. 黑龙江史志,2012(03):38-39.
[59]栗杨. 黑龙江省阿城市发现金源郡王完颜公神道残碑[J]. 黑龙江民族丛刊,2004(01):128.

[60]廉岚. 黑龙江原始社会美术与萨满信仰[J]. 艺术教育,2016(01):265.
[61]梁春雨. 浅谈金代胡里改路[J]. 佳木斯大学社会科学学报,2003(02):70-71.
[62]梁启政. 金毓黻之渤海上京研究与东京城访古[J]. 北方文物,2008(02):37-42.
[63]梁爽. 完颜阿骨打宁神殿陵址初探[J]. 哈尔滨学院学报(社会科学),2002(09):109-111.
[64]梁玉多. 渤海国的畜牧业考[J]. 黑龙江档案,2018(05):41-44.
[65]梁玉多. 渤海国的科学技术述略[J]. 中国科技信息,2005(12):196.
[66]梁玉多. 定安国小考[J]. 北方文物,2010(01):68-72.
[67]梁玉多. 论肃慎族系诸称谓的关系及勿吉的来源[J]. 满族研究,2010(03):38-42,48.
[68]梁玉多. 简析渤海国对其周边民族实行的羁縻政策[J]. 北方文物,2006(01):66-69.
[69]梁玉多. 简析勿吉的对外扩张[J]. 北方文物,2012(01):45-49.
[70]梁玉多. 清代黑龙江宁古塔地区的教育小考[C]//黑龙江省社会科学界联合会. 创新思想·科学发展·构建和谐:黑龙江省首届社会科学学术年会优秀论文集(下册). 哈尔滨:黑龙江人民出版社,2008:648-653.
[71]梁玉多. 清代黑龙江省宗教与祠祀的特色[J]. 黑河学刊,1987(01):72-74.
[72]梁玉多. 清代鸦片战争前黑龙江教育的特点及其历史作用[J]. 黑龙江史志,2005(09):46-48.
[73]梁玉多. 勿吉的金属冶炼和制造业[J]. 北方文物,2015(04):60-62.
[74]梁玉多. 挹娄与周边地区关系考[J]. 东北史地,2016(04):74-77.
[75]梁玉多,魏国忠. 渤海国号初称“靺鞨”考[J]. 东北史地,2006(03):35-44.

[76]梁玉多,辛巍. 勿吉的农业及相关问题研究[J]. 黑龙江社会科学,2012(02):147 - 150.

[77]梁玉多. 清代黑龙江教育初探[J]. 北方文物,1990(02):82 - 86.

[78]梁玉多. 渤海国农作物考[C]//李乐营,耿铁华. 高句丽与东北民族研究(2016). 长春:东北师范大学出版社,2018:232 - 241.

[79]梁玉多. 勿吉 - 靺鞨民族史论[M]. 北京:社会科学文献出版社,2017.

[80]梁玉多. 黑水靺鞨小考[C]//孙炜冉. 高句丽与东北民族研究(九). 长春:吉林大学出版社,2020:180 - 196.

[81]梁玉多. 金代黑龙江地区女真人的农业[J]. 北方文物,2021(02):92 - 96.

[82]梁志忠. 雍正朝决定黑龙江将军驻地重返瑷珲[J]. 社会科学战线,1985(04):68.

[83]林甸县文物管理所. 林甸县四合乡渔场金代墓葬调查简报[J]. 北方文物,1997(02):40 - 43.

[84]林树山. 关于黑龙江沿岸女真文化的起源问题[J]. 黑龙江民族丛刊,1988(03):73 - 80.

[85]林树山. 寇漫汗国与豆莫娄国试辨[J]. 黑河学刊,1988(02):86 - 88.

[86]林秀贞. 黑龙江出土的金代官印[J]. 学习与探索,1980(01):128 - 135.

[87]林杨. 泰来县塔子城辽墓[J]. 黑龙江文物丛刊,1981(01):56.

[88]林沄,杨建华. 舒藩河上出土的金代上京宜春县镜——兼驳苏修考古学家的谬论[J]. 吉林大学学报(社会科学版),1979(01):96 - 100.

[89]刘晨曦,吴丽华. 清代黑龙江站人社会地位与群体意识[J]. 北方文物,2014(02):70 - 74.

[90]刘晨曦. 清代黑龙江驿路沿线的农业开发——以站人为中心的研究[J]. 理论观察,2013(12):66 - 67.

[91]刘德珍. 辽大安七年刻石[J]. 黑龙江科技信息,2010(36):344,353.

[92]刘含若,谷风. 金代以前黑龙江历史人口探索[J]. 求是学刊,1985(04):91－96.
[93]刘冠缨. 金上京城历史沿革及形制特点[J]. 学问,2016(05):26－33.
[94]刘冠缨. 金上京城市文化与金初民族文化融合[J]. 满族研究,2017(01):101－106.
[95]刘国祥. 黑龙江史前玉器研究[J]. 中国历史博物馆馆刊,2000(01):72－86,96.
[96]刘金明. 索伦部三民族关系及文化复合浅析[J]. 黑龙江民族丛刊,1993(01):74－77.
[97]刘丽萍,杨敏. 哈尔滨东郊和宾县发现的金代文物[J]. 北方文物,1997(01):48－50,69.
[98]刘丽萍. 黑龙江省博物馆收藏的部分金代铜镜[J]. 北方文物,1991(03):47－49.
[99]刘丽萍. 黑龙江省辽金考古发现与研究[J]. 内蒙古社会科学(文史哲版),1996(02):57－64.
[100]刘丽萍. 黑龙江省萝北县发现金代"辽东运司"铁权[J]. 北方文物,1996(02):50－51.
[101]刘丽萍. 金代猛安谋克在黑龙江地区的主要分布[J]. 黑龙江农垦师专学报,1996(03):3－7.
[102]刘浦江. 关于金朝开国史的真实性质疑[J]. 历史研究,1998(06):59－72.
[103]刘浦江. 金朝初叶的国都问题——从部族体制向帝制王朝转型中的特殊政治生态[J]. 中国社会科学,2013(03):161－179.
[104]刘少辉. 北方地区出土的金代服饰研究[J]. 工业设计,2014(07):59－61.
[105]刘盛宏. 黑龙江历史上的"他赉"族[J]. 黑龙江民族丛刊,2016(03):110－114.
[106]刘淑珍,苏静. 浅析清代鄂伦春满文户籍档案[J]. 满语研究,2005

(02):36－40.
[107]刘肃勇. 阿骨打在反辽战争中的军事才能[J]. 史学集刊,1983(01):5－10.
[108]刘肃勇. 金世宗对金源故地的经略[J]. 黑龙江民族丛刊,2009(01):113－115.
[109]刘肃勇. 金世宗对金源故地走兽的保护[J]. 黑河学刊,1987(01):70－71.
[110]刘肃勇. 论金世宗出巡上京[J]. 北方文物,1986(03):55－60.
[111]刘肃勇. 完颜阿骨打反辽战争的战略战术与治军[J]. 满族研究,2013(03):41－46,63.
[112]刘文生,张泰湘. 五国城与五国国名的破译[J]. 东北史地,2006(01):28－38.
[113]刘文生,张泰湘. 双城境内金代三个驿站名考[J]. 满语研究,2002(02):63－67.
[114]刘文卿,陈莉,刘大平,等. 东北边疆区人居空间营造特点的考古学阐释框架——以黑龙江流域古代人居遗址为例[J]. 建筑学报,2021(S1):7－11.
[115]刘文卿,刘大平. 黑龙江流域古代汉传佛寺空间形制及地域特点初探[J]. 古建园林技术,2021(04):44－48.
[116]刘晓东. “海东盛国”始称年代考辨[J]. 北方文物,1987(03):87－88.
[117]刘晓东. 渤海“振国”、“震国”名源考察——纪念金毓黻先生诞辰一百二十周年[J]. 北方文物,2007(01):61－68.
[118]刘晓东. 关于渤海国的称谓问题[J]. 北方文物,2019(04):72－78.
[119]刘晓东,胡秀杰,王乐文,等. 先秦时期黑龙江古族及其与考古学文化对接问题[J]. 北方文物,2017(03):35－44.
[120]刘晓东,魏存成. 渤海上京城主体格局的演变——兼谈主要宫殿建筑的年代[J]. 北方文物,1991(01):46－50.

[121]刘晓东,祖延苓. 南城子古城、牡丹江边墙与渤海的黑水道[J]. 北方文物,1988(03):30 - 35.
[122]刘晓东. 关于渤海上京城北垣外侧8、9号寺庙址始建年代的补充说明[C]//朱泓. 边疆考古研究(第25辑). 北京:科学出版社,2019:383 - 393.
[123]刘晓东. 黑龙江先秦史研究中的几个问题——写在张忠培先生逝世一周年之际[J]. 北方文物,2018(03):88 - 93.
[124]刘晓东. 渤海立国者“东奔”“保阻”始居之地的文献学考察[J]. 北方文物,2020(05):78 - 85.
[125]刘晓东. 渤海墓葬的类型与演变[J]. 北方文物,1996(02):32 - 38.
[126]刘晓东. 渤海文字瓦模印文字分期的几点思考[J]. 北方文物,2016(01):44 - 49.
[127]刘晓东. 渤海王陵及相关问题续论[J]. 北方文物,2012(03):40 - 49.
[128]刘晓东,郝思德,杨志军. 渤海国货币经济初探[J]. 历史研究,1991(02):107 - 119.
[129]刘晓东,孙秀仁. 渤海货币研究二题——“新史料”辨伪与“自铸币”考实[J]. 北方文物,1995(01):27 - 34.
[130]刘晓东,李陈奇. 渤海上京城“三朝”制建制的探索[J]. 北方文物,2006(01):38 - 47.
[131]刘晓庆,陈全家,刘晓东,等. 黑龙江肇源县大青山遗址出土的动物骨骼遗存研究[J]. 北方文物,2019(03):54 - 66.
[132]刘欣鑫. 渤海上京城发现的童子骑鸟铜像[J]. 北方文物,2007(01):52.
[133]刘秀忠,陈巍. 萨布素与清朝前期的黑龙江边防基地建设[J]. 黑龙江史志,2006(08):53 - 54.
[134]刘秀忠. 萨布素与清朝前期的黑龙江防务[J]. 黑河学刊,1987(04):19 - 26.

[135]刘阳. 金上京城遗址发现文字砖刍议[J]. 北方文物,2018(01):60-61.

[136]刘长海. 金代"上京路军马提控木字号之印"考述[J]. 黑龙江社会科学,2001(03):46-47.

[137]刘毅. 论渤海国社会性质[J]. 日本研究,1995(02):14-24.

[138]刘振华. 渤海大氏王室族属新证——从考古材料出发的考察[J]. 社会科学战线,1981(03):208-215.

[139]柳泽明,吴忠良. 清代东北的驻防八旗与汉人——以黑龙江地区为中心[J]. 吉林师范大学学报(人文社会科学版),2014(01):8-14.

[140]卢伟,张克. 见证黑龙江历史的女真文古碑——女真文和女真文古碑考[J]. 牡丹江师范学院学报(哲学社会科学版),2006(05):61-62.

[141]卢玉华. 黑龙江科举史略[J]. 学术交流,2002(03):130-132.

[142]栾继生. 拓跋鲜卑石室摩崖祝文研究[C]// 郭崇林,郭淑梅,杨福臣. 龙江春秋——黑水文化论集之三. 哈尔滨:哈尔滨地图出版社,2005:258-270.

[143]栾继生. 鲜卑石室祝文辨疑[C]//王忠桥,郭淑梅,王云. 龙江春秋——黑水文化论集之四. 哈尔滨:哈尔滨地图出版社,2007:307-312.

[144]吕光天,古清尧. 辽、金两朝对贝加尔湖地区和黑龙江流域的统治[J]. 学习与探索,1985(03):125-134.

[145]吕竑树,崔剑锋,周雪琪,等. 金上京出土硅酸盐文物分析[J]. 北方文物,2019(01):57-68.

[146]吕竟成. 金上京遗址调查报告[J]. 黑龙江史志,2013(11):298.

[147]吕丽辉. 渤海国历史遗址探微——对渤海上京遗址景区旅游规划之思考[J]. 学习与探索,2007(03):230-233.

[148]吕云峰,王春雷. 议阿骨打在抗辽建国时期的外交政策[J]. 黑龙江农垦师专学报,1997(02):6-8.

[149]吕遵禄. 哈尔滨市东郊出土一批鎏金马具饰件[J]. 北方文物,1994(01):48-50.

[150]吕遵禄. 黑龙江宁安、林口发现的古墓葬群[J]. 考古,1962(11):581-584.

M

[1]麻铃. 试论金朝开国皇帝太祖完颜阿骨打[J]. 现代交际,2016(22):134-135.

[2]马丽双. 林甸县四合渔场金代墓葬[J]. 大庆社会科学,2007(02):151-152.

[3]马利民,项守先,傅维光. 黑龙江省齐齐哈尔市滕家岗遗址三座新石器时代墓葬的清理[J]. 北方文物,2005(01):1-4.

[4]马林. 富拉尔基辽代墓葬考[J]. 齐齐哈尔社会科学,1988(05):61-63.

[5]马越山. 黑龙江沿岸历史地理丛考[J]. 黑河学刊,1986(03):1-7.

[6]马一虹. 唐封大祚荣"渤海郡王"号考——兼及唐朝对渤海与高句丽关系的认识[J]. 北方文物,2002(02):61-66.

[7]孟文杜. 卡伦山辽代墓地考[J]. 黑河学刊,2006(06):59,62.

[8]孟宪涛. 简论金代蒲裕路与蒲裕路古城[J]. 学理论,2013(26):205-206.

[9]米文平. 鲜卑石室的发现与初步研究[J]. 文物,1981(02):1-7.

[10]米文平. 鲜卑石室所关诸地理问题[J]. 民族研究,1982(04):34-40,47.

[11]苗芳舒. 黑龙江流域古代音乐文化探析[J]. 北方音乐,2014(10):7.

[12]苗霖霖. 试析鲜卑山时代鲜卑部落的族群结构[J]. 陕西学前师范学院学报,2016(03):106-109.

[13]苗霖霖. 鲜卑山地理位置考略[J]. 北华大学学报(社会科学版),2015(02):60-63.

[14]苗霖霖. 金朝蒲峪路职官考辨[J]. 兰台世界,2013(18):4-5.
[15]苗霖霖. 金朝上京路生业环境考略[J]. 兰台世界,2016(01):99-101.
[16]苗天娥,景爱. 黑龙江双城完颜氏家谱考释[J]. 北方文物,2008(04):100-104.
[17]牡丹江市文物管理站. 黑龙江省宁安县石灰场遗址[J]. 北方文物,1990(02):3-10.

N

[1]那国安. 金上京会宁府与紫禁城遗址辨析[J]. 黑龙江农垦师专学报,2001(01):25-26.
[2]那晓波. 试论清入关前对黑龙江流域各族的政策[J]. 黑龙江民族丛刊,1987(04):45-51.
[3]倪屹,佟凤. 渤海建国问题研究综述[J]. 白城师范学院学报,2018(11):1-4,14.
[4]宁波. 黑龙江地区的挹娄与勿吉人[J]. 黑龙江史志,2019(03):34-37.

P

[1]庞丽娟,姜华昌. 渤海国婚俗及妇女地位[J]. 牡丹江师范学院学报(哲学社会科学版),2006(04):53-54.
[2]庞志国,夏若英. 拉林河沿岸的辽金遗迹[J]. 黑龙江文物丛刊,1984(02):74-76.
[3]庞志国. 略论东北地区金代石函葬[J]. 黑龙江文物丛刊,1984(04):47-49.
[4]庞子营. 略谈金代人口地理的几个问题[J]. 蒲峪学刊,1999(01):36-37.
[5]裴红善. 黑龙江省穆棱市四方台遗址调查简报[J]. 北方文物,2006

(03):18 -19.

[6]彭芊芊. 金上京会宁府出土铜镜考证[J]. 黑龙江档案,2009(02):116,9.

[7]彭占杰. 金代泰州都统婆卢火[J]. 齐齐哈尔社会科学,1993(03):45 -47.

[8]彭善国. 渤海故地辽金遗存举隅[J]. 社会科学战线,2012(11):107 -112.

[9]彭善国. 渤海上京城2号宫殿址出土玉石"杖首"应为"熏炉"考辨[J]. 北方文物,2017(04):30,80.

Q

[1]齐齐哈尔市文物管理站. 齐齐哈尔富拉尔基辽代砖室墓[J]. 北方文物,2003(03):35 -37.

[2]齐鑫. 浅谈克东县金代蒲峪路古城发掘[J]. 黑龙江史志,2013(23):323,325.

[3]綦岩. 路下属路,是路非路——金代蒲与路行政级别研究[J]. 大庆师范学院学报,2013(1):130 -134.

[4]綦岩. 清代黑龙江地区城镇的发展特征(1644—1860)[J]. 西安文理学院学报(社会科学版),2013(03):7 -11.

[5]綦中明,姜华昌. 渤海国上京教育探微[J]. 北方文物,2013(02):55 -58.

[6]乔梁,杨晶. 黑龙江省西部的辽代墓葬[J]. 北方文物,2001(04):44 -50.

[7]乔梁. 黑龙江汉晋时期考古学遗存的分布与文化格局[C]//教育部人文社会科学重点研究基地,吉林大学边疆考古研究中心. 边疆考古研究(第13辑). 北京:科学出版社,2013:197 -206.

[8]秦佩珩. 金都上京故城遗址沿革考略——附论金都会宁(白城)遗址遗物的年代问题[J]. 史学月刊,1980(02):32 -40,45.

[9]秦世翠. 唐代“渤海贞惠公主墓碑”[J]. 黑龙江史志,2014(07):343.

[10]庆春. 阿骨打是女真族的民族英雄[J]. 四平师院学报(哲学社会科学版),1981(02):17-22,38.

[11]邱玉春,添萌. 黑龙江省文物总店收集的几面金代铜镜[J]. 北方文物,1993(03):54,77.

[12]裘石. 金代黑龙江地区城市经济刍议[J]. 北方文物,1992(01):76-82.

[13]裘真. “实内地”与“迁中土”——民族征战中的双向移民[J]. 学理论,2008(07):73-74.

R

[1]任玥. 黑龙江出土的金代文物考[J]. 中国民族博览,2016(11):222-223.

S

[1]沙大禹. 论完颜阿骨打的治国谋略[J]. 绥化学院学报,2016(06):80-82.

[2]尚咏黎. 金代齐国王墓出土的靴鞋袜与冠巾[J]. 哈尔滨学院学报,2011(06):20-22.

[3]邵颖涛. “渤海咸和四年铭文佛龛”再辨[J]. 大连民族学院学报,2009(06):488-490.

[4]沈一民. 黑龙江驻防八旗兵额考述[J]. 满语研究,2015(01):120-125.

[5]沈章兴. 蒲峪路古城[J]. 齐齐哈尔社会科学,1986(03):76-79.

[6]石企天. 论清代窝集部的渊流与构成[J]. 时代文学(下半月),2015(11):159.

[7]石岩. 20世纪黑龙江省渤海时期考古的历史与成就[J]. 北方文物,2013(02):31-37.

[8]石岩. 阿城刘秀屯金代皇家宫殿遗址[J]. 文史知识,2007(02):115-119.
[9]石岩. 20 世纪黑龙江地区史前考古简论[J]. 东北史地,2013(04):16-25.
[10]时妍. 清代黑龙江将军辖区边境防御设置探析[J]. 满族研究,2012(03):59-64.
[11]史红. 肇源白金宝遗址与黑龙江文明起源[J]. 哈尔滨学院学报,2017(05):1-5.
[12]士心. 汉族何时到龙江——漫话辽代大安七年刻石[J]. 学习与探索,1979(02):101.
[13]书元. 索离人东明创建夫余国[J]. 黑龙江档案,2014(03):210-211.
[14]思德,张鹏. 黑河地区金代遗址考古调查[J]. 黑河学刊,1990(01):114-120.
[15]斯琪. "曷苏昆山谋克之印"考述[J]. 北方文物,1991(01):36-38.
[16]宋梅梅,张应力,刘静霞. 渤海上京龙泉府都城溯源[J]. 美术教育研究,2013(14):59.
[17]宋玉彬,刘玉成. 渤海上京瓦当的类型学考察[J]. 东北史地,2011(05):8-16.
[18]宋基豪,杨海鹏. 渤海国首领的性质[J]. 北方文物,2004(04):107-110.
[19]苏金源. 论完颜阿骨打的政治、经济改革[J]. 史学集刊,1982(02):36-42.
[20]苏亮. 牡丹江地区古代遗迹述略[J]. 文学界,2011(12):83-85.
[21]苏钦. 明末清初分布在黑龙江中上游的达斡尔诸城屯[J]. 中央民族学院学报,1982(04):23-28.
[22]绥化地区文物管理站. 呼兰河中游考古调查简报[J]. 黑龙江文物丛刊,1982(02):66-73.
[23]隋岩. 黑龙江省疆域沿革考略[J]. 黑龙江史志,2016(03):4-8.

[24]孙浩洵. 黑龙江将军擅签界约案与清代边防治策变化[J]. 河北师范大学学报(哲学社会科学版),2017(01):37 - 42.

[25]孙赫. 试论清前期东北边防观念的变迁——以黑龙江将军驻地南移为例[J]. 理论界,2012(12):74 - 77.

[26]孙赫. 清朝在松花江口的两次抗俄斗争[J]. 黑龙江史志,2014(21):10 - 11.

[27]孙丽萍,王萍. 黑龙江省博物馆馆藏《好太王碑》碑拓赏析[J]. 北方文物,2002(02):99 - 101.

[28]孙明阳. 浅议七至十七世纪抚远地区建制沿革[J]. 兰台世界,2017(12):100 - 102.

[29]孙倩. 渤海早期国号摭谈[J]. 哈尔滨师范大学社会科学学报,2013(06):168 - 171.

[30]孙文政,祁丽. 黑龙江省汤原县双河古城历史学研究与考古学观察[J]. 理论观察,2016(12):58 - 63.

[31]孙文政,宛文君. 金代上京路研究概述[J]. 理论观察,2015(06):79 - 82.

[32]孙文政,宛文君. 金代曷苏馆路与乌古敌烈统军司设置沿革及其记在上京路之下的原因[J]. 理论观察,2016(01):94 - 98.

[33]孙文政,王硕. 辽金泰州在东北亚的历史地位[J]. 理论观察,2011(06):68 - 69.

[34]孙文政. 金朝后期泰州军政长官考略[J]. 黑河学院学报,2019(06):195 - 199,204.

[35]孙文政. 金初泰州军政长官考略[J]. 齐齐哈尔大学学报(哲学社会科学版),2018(11):127 - 130.

[36]孙文政. 金代上京路经济的繁荣与发展[J]. 理论观察,2017(03):101 - 112.

[37]孙文政. 金代上京路军事研究与考述(上)[J]. 理论观察,2017(11):5 - 13.

[38]孙文政. 金代上京路军事研究与考述(下)[J]. 理论观察,2017(12):5-15.
[39]孙文政. 金上京路姓氏、婚姻家庭及人口[J]. 理论观察,2019(04):5-9.
[40]孙文政. 克东古城遗址建筑年代考疑[C]//辽宁省博物馆,辽宁省辽金契丹女真史研究会. 辽金历史与考古(第八辑). 北京:科学出版社,2017:58-62.
[41]孙文政. 试述金代黑龙江流域的农业[J]. 古今农业,2008(02):75-80.
[42]孙秀仁,朱国忱. 渤海国上京京畿南北交通道与德理镇[J]. 黑龙江民族丛刊,1994(03):47-58.
[43]孙秀仁. 黑龙江地区辽金考古与历史研究的主要收获[J]. 黑龙江文物丛刊,1983(01):2-10.
[44]孙秀仁. 黑龙江历史考古述论(上)[J]. 社会科学战线,1979(01):220-225.
[45]孙秀仁. 黑龙江历史考古述论(下)[J]. 社会科学战线,1979(02):197-201.
[46]孙秀仁. 生女真文化的渊源与构成——以黑龙江地区考古资料为主的论述[J]. 黑龙江民族丛刊,1990(03):56-60.
[47]孙元吉,樊万象. 渤海故都上京龙泉府发现金佛[J]. 北方文物,1991(04):17.
[48]孙玉良. 略述大钦茂及其统治下的渤海[J]. 社会科学战线,1982(04):174-179.
[49]孙玉良. 大武艺在渤海历史上的作用[J]. 北方文物,1986(04):72-77.
[50]孙志敏,刘大平. 黑龙江渤海上京城墙体砌筑方式解析[J]. 古建园林技术,2012(03):39-41.

T

[1]谭红毅,董智. 唐代渤海国上京龙泉府建筑遗址保护的思考[J]. 山西建筑,2008(34):5-6.

[2]谭美君. 清代黑龙江地区的官吏铨选特色[J]. 黑龙江民族丛刊,2008(04):88-91.

[3]谭英杰,孙秀仁,赵虹光,等. 黑龙江区域考古学[M]. 北京:中国社会科学出版社,1991.

[4]汤洋. 清军对索伦部的统一与索伦鄂温克人的迁徙[J]. 黑龙江民族丛刊,2017(04):92-96.

[5]唐国文,曹英慧,李淑娟,等. 大庆地区金代考古发现[J]. 大庆社会科学,1994(03):30-32.

[6]唐国文,史景源,王光来. 大庆地区金代的城堡交通[J]. 大庆高等专科学校学报,1994(03):72-75.

[7]唐国文. 大庆地区金代的城堡与道路交通[J]. 大庆社会科学,2006(03):55-56.

[8]唐国文. 大庆地区金代窖藏铜钱的几个问题[J]. 大庆社会科学,2011(02):118-121.

[9]陶刚,王祥滨. 宁安兴隆寺大雄宝殿基址发掘[J]. 北方文物,1999(02):40-43.

[10]田丹. 金代蒲峪路历史旅游价值探析[J]. 陕西学前师范学院学报,2017(03):10-13.

[11]田禾,陈全家,李有骞. 黑龙江省海林市杨林南山旧石器遗址石器研究[J]. 北方文物,2010(03):3-12.

[12]田华,胡秀杰,周美茹. 黑龙江省绥滨永生墓群原貌[J]. 北方文物,1992(03):42-45.

[13]田华. 关于辽“大安七年”刻石的几点考证[J]. 黑龙江文物丛刊,1984(03):37-39.

[14]田华. 黑龙江省五常县窖藏金代文物[J]. 北方文物,1989(02):58-61.

W

[1]外山军治. 金朝史研究[M]. 李东源,译. 牡丹江:黑龙江朝鲜民族出版社,1988.

[2]万大勇. 黑龙江省嘉荫仁合古城调查简报[J]. 北方文物,2003(01):23-24.

[3]王承礼. 唐代渤海《贞惠公主墓志》和《贞孝公主墓志》的比较研究[J]. 社会科学战线,1982(01):181-187.

[4]王崇时. 略论完颜阿骨打[J]. 延边大学学报,1980(02):35-40.

[5]王春雷. 金上京博物馆藏宋金人物纹饰铜镜[J]. 北方文物,2003(01):45-47.

[6]王春雷. 论阿骨打起兵之初的战术方略[J]. 哈尔滨学院学报,2002(09):112-114.

[7]王春雷. 论完颜阿骨打在反辽斗争中的谋略[J]. 北方文物,2000(01):58-64.

[8]王人为,单丽丽. 蒲与路金代北部边疆的地理坐标[J]. 黑龙江史志,2013(21):86-87.

[9]王志刚,张秀荣,林世香. 关于渤海"珍陵"的两点认识[J]. 东北史地,2009(04):35-38.

[10]王成国. 渤海王族大氏考[J]. 黑龙江文物丛刊,1983(03):65-66.

[11]魏存成. 东北古代民族源流述略[J]. 中国边疆史地研究,2017(04):27-45.

[12]魏佳钰. 古代农耕用具的发展历程对黑龙江农业经济的影响[J]. 山西农经,2018(23):62-63.

[13]魏正一. 龙江史前考古[M]. 哈尔滨:黑龙江教育出版社,2009.

[14]王德恒,王长福. 金陵通考[J]. 社会科学辑刊,1984(03):104-109.

[15]王德厚. 试论古代黑龙江地区社会经济发展的两个高峰[J]. 中国边疆史地研究导报,1989(05):14-22.
[16]王德厚. 金上京城市经济初探[J]. 北方文物,1993(04):63-70.
[17]王东甲,魏国忠. 关于伊春市大丰金牌的断代[J]. 求是学刊,1980(04):111-115.
[18]王董轲. 清光绪八年呼兰教案考[J]. 黑龙江史志,2014(21):12-13.
[19]王峰庆. 古城沧桑话今昔——塔子城风土记[J]. 黑龙江文物丛刊,1982(02):97-99.
[20]王国志. 金宜春县故城考辨[J]. 黑龙江史志,1996(05):39-41.
[21]王海波. 清末移民对黑龙江地区教育礼俗宗教的影响[J]. 知与行,2017(10):81-84.
[22]王昊. 关于唐、辽时期黑龙江政区地理研究的几点回顾[J]. 世纪桥,2012(05):28-31.
[23]王昊. 不应被忽略的前、后燕——对"黑龙江古代先民五次南下入主中原"说的一点补充[J]. 黑龙江档案,2019(01):107.
[24]王宏北,崔广彬. 金代黑龙江地区城镇化的初步研究[J]. 大连大学学报,2003(05):57-60.
[25]王宏北. 辽灭金兴与阿骨打建国[J]. 黑龙江民族丛刊,2003(04):76-81.
[26]王建军,廖怀志. 清代三姓驿站[J]. 黑龙江史志,2007(12):42-44.
[27]王乐文. "三大族系"与黑龙江早期历史——兼论边疆古族研究的方法[J]. 黑河学院学报,2018(01):7-8.
[28]王景义. 略论绥化地区金代古城与农业经济[J]. 绥化师专学报,1993(04):60-63.
[29]王景泽. 清季黑龙江兵制之嬗变[J]. 北方文物,1996(01):68-72,86.
[30]王竞,滕瑞云. 黑龙江碑刻考录[M]. 哈尔滨:黑龙江教育出版社,1996.

[31]王久宇,刘丽丽. 也论"金源文化"[J]. 黑龙江史志,2007(11):43-44,50.

[32]王可宾. 金上京新证[J]. 北方文物,2000(02):84-90.

[33]王可宾. 释金源文化[J]. 史学集刊,2001(04):98.

[34]王坤. 关于塔子城塔倒始末及大安七年残刻的补充[J]. 理论观察,2007(04):207.

[35]王坤. 泰来出土的辽代中晚期穹隆券六面砖室墓调查报告[J]. 理论观察,2008(02):151-152.

[36]王乐文. 挹娄、勿吉、靺鞨三族关系的考古学观察[J]. 民族研究,2009(04):70-77.

[37]王培新,卢成敢. 渤海上京城考古研究学术史回顾[J]. 社会科学战线,2017(02):118-125.

[38]王培新. 唐代渤海国的农牧业[J]. 农业考古,1997(01):209-213.

[39]王培新. 靺鞨——女真系铜带饰及相关问题[J]. 北方文物,1997(01):19-29.

[40]王世杰. 黑龙江地区出土的古代铜钱[J]. 博物馆研究,2009(3):60-64.

[41]王世莲. 完颜晏及其家世考述[J]. 学术交流,1989(02):143-145.

[42]王叔言. 金代"房券"[J]. 史学集刊,1990(04):2.

[43]王舜业. 双鸭山地区古城址的发现与研究[J]. 理论观察,2016(06):110-113.

[44]王天姿. 近三十年金上京研究综述——以历史地理、金源文化研究为中心[J]. 东北史地,2015(06):72-75.

[45]王侠. 贞惠公主墓与贞孝公主墓[J]. 学习与探索,1985(04):138-143.

[46]王侠. 唐代渤海人出访日本的港口和航线[J]. 海交史研究,1981:5-11.

[47]王祥滨,张志成,陶刚. 宁安市渤海镇西安村东遗址发掘简报[J]. 北

方文物,2004(04):19－34.
[48]王晓辉. 清代黑龙江财政岁入研究[J]. 长春师范学院学报,2002(04):42－45.
[49]王修治. 黑龙江肇东县蛤蜊城古墓清理简报[J]. 考古,1961(07):361－363.
[50]王旭. 渤海国社会性质刍议[J]. 赤峰学院学报(汉文哲学社会科学版),2013(12):22－24.
[51]王许智. 延边州的贞孝公主墓[J]. 中国民族,1989(01):26.
[52]王砚. 黑龙江讷河发现金代铜镜[J]. 北方文物,1987(03):52－53.
[53]王禹浪. 黑龙江流域及其古代民族与五大帝国王朝[C]//葛志毅. 中国古代社会与思想文化研究论集. 哈尔滨:黑龙江人民出版社,2006:258－271.
[54]王禹浪. 金代黑龙江述略[M]. 哈尔滨:哈尔滨出版社,1993.
[55]王禹浪,程功,刘加明. 近30年来渤海上京城研究综述[J]. 黑龙江民族丛刊,2012(06):84－91.
[56]王禹浪,崔广彬. 金代黑龙江流域的农业和手工业[J]. 黑龙江民族丛刊,2005(03):41－46.
[57]王禹浪,郭丛丛. 金代金源地区形成的历史背景及其文人与作品[J]. 黑龙江民族丛刊,2012(03):76－81.
[58]王禹浪,江红春. 清代黑龙江流域副都统衙门建置沿革述略[J]. 哈尔滨学院学报,2013(03):1－12.
[59]王禹浪,寇博文. 近三十年金上京研究综述——金上京考古发现与文物研究综述[J]. 哈尔滨学院学报,2015(10):5－12.
[60]王禹浪,戴淮明. 黑龙江地区金代女真人及其先民的饮食与居住风俗[J]. 求是学刊,1987(05):77－82.
[61]王禹浪,李彦君. 北夷"索离"国及其夫余初期王城新考[J]. 黑龙江民族丛刊,2003(01):93－99.
[62]王禹浪,李云翔. 黑龙江远古文化与古代文明[J]. 哈尔滨师专学报,

1999(02):30 -37.

[63]王禹浪,刘述昕. 黑龙江流域渤海古城的初步研究[J]. 哈尔滨学院学报,2007(12):1 -9.

[64]王禹浪,树林娜. 黑龙江流域渤海国历史遗迹遗物初步研究[J]. 哈尔滨学院学报,2008(09):1 -23.

[65]王禹浪,孙军. 黑龙江流域渤海墓葬的初步研究[J]. 哈尔滨学院学报,2007(11):1 -10.

[66]王禹浪,王海波. 黑龙江流域金代女真人的筑城与分布[J]. 满语研究,2009(01):122 -129.

[67]王禹浪,王宏北. 金代黑龙江流域的历史与文化[J]. 哈尔滨学院学报,2006(01):1 -15.

[68]王禹浪,王宏北. 女真族所建立的金上京会宁府[J]. 黑龙江民族丛刊,2006(02):61 -66.

[69]王禹浪,王宏北. 黑龙江渤海山城分布与特征[J]. 黑龙江民族丛刊,2002(01):75 -85.

[70]王禹浪,王俊铮. 牡丹江、延边地区渤海历史遗迹考察[J]. 黑河学院学报,2015(06):18 -31.

[71]王禹浪,王俊铮. 近百年来国内外勿吉研究综述[J]. 哈尔滨学院学报,2015(11):1 -15.

[72]王禹浪,王俊铮. 牡丹江流域早期考古学文化与古代民族的遗迹[J]. 满族研究,2016(03):35 -45.

[73]王禹浪,王天姿,寇博文. 金上京考古发现与文物研究综述[J]. 黑龙江民族丛刊,2015(06):87 -94.

[74]王禹浪,王天姿,王俊铮. 黑龙江流域古代民族筑城研究综述(二)[J]. 黑河学院学报,2016(08):9 -14.

[75]王禹浪,王俊铮,王天姿. 黑龙江流域古代民族筑城研究综述(三)[J]. 黑河学院学报,2017(01):6 -14,65.

[76]王禹浪,王志洁. 黑龙江流域古代历史与文化概述[J]. 黑龙江民族丛

刊,2000(04):83-89.

[77]王禹浪,于彭. 近十年来渤海国五京的考古发现与研究综述[J]. 黑龙江民族丛刊,2014(03):79-84,89.

[78]王禹浪,于彭. 论牡丹江流域渤海古城的分布[J]. 哈尔滨学院学报,2014(08):1-11.

[79]王禹浪. 黑龙江省通河县太平屯古城考[J]. 北方文物,1985(02):44-45,56.

[80]王禹浪. 论金源文化[J]. 黑龙江民族丛刊,2003(03):65-72.

[81]王禹浪. 乌裕尔河流域的历史与文化——以北安市为中心[J]. 哈尔滨学院学报,2011(07):1-22.

[82]王禹浪,谢春河. 黑河市西沟古城发现金代经略使司之印研究[J]. 哈尔滨学院学报,2017(10):1-7.

[83]王禹浪,谢春河,王俊铮. 黑龙江流域黑河地区古代民族筑城初步研究[J]. 哈尔滨学院学报,2017(12):1-12.

[84]王禹浪,王俊铮. 绥芬河流域的古代历史文化及其民族与城址[J]. 哈尔滨学院学报,2019(02):1-14.

[85]王长明,张伟,王怡,等. 黑龙江讷河大古堆墓地发掘简报[J]. 文物,2009(06):4-25.

[86]王长兴. 杰出的女真族军事家完颜阿骨打[J]. 军事历史,1996(04):44-45.

[87]王振超. 克东金城质疑[J]. 齐齐哈尔社会科学,1986(03):80-82.

[88]王忠山. 金太祖完颜阿骨打陵址[J]. 黑龙江史志,2008(15):7.

[89]王志刚. "冢上作屋"的考古学诠释——渤海墓上建筑研究[J]. 考古,2014(06):78-91.

[90]魏存成. 渤海墓葬演变与渤海初期人口的民族构成[J]. 吉林大学社会科学学报,2014(02):122-128.

[91]魏存成. 黑龙江东宁县大城子渤海墓发掘简报[J]. 考古,1982(03):275-280.

[92]魏国忠. 论大祚荣政权初称“靺鞨”[J]. 社会科学战线,2014(08):229-236.

[93]魏国忠,郭素美. 论渤海主体民族的族属问题[J]. 社会科学战线,2001(03):164-178.

[94]魏国忠,郭素美,魏建华. 关于渤日交聘中的“高丽国”问题[J]. 北方文物,2001(01):86-94.

[95]魏国忠,刘玉琴. “金源内地”人口知多少?[J]. 黑龙江史志,1994(01):46-48.

[96]魏国忠,杨雨舒. 渤海史[M]. 北京:中国社会科学出版社,2019.

[97]魏国忠,朱国忱,郝庆云. 渤海国史[M]. 哈尔滨:黑龙江人民出版社,2014.

[98]魏国忠,朱国忱. 渤海人口考略[J]. 求是学刊,1983(03):85-93.

[99]魏国忠,朱国忱. 论渤海经济[J]. 学习与探索,1984(02):134-141.

[100]魏国忠. 元代黑龙江地区的社会经济[J]. 黑河学刊,1991(01):100-106.

[101]魏国忠. 大祚荣“遣子”侍唐时间考[J]. 北方文物,1985(04):56-59.

[102]魏国忠. 渤海质子侍唐述略[J]. 求是学刊,1986(01):86-92.

[103]魏国忠. 关于唐代渤海王国的货币问题[J]. 学习与探索,1986(01):137-140.

[104]魏明江,洪猛,孙琳. 黑龙江省五常市拉林机场清代遗址发掘简报[J]. 北方文物,2015(04):48-52.

[105]魏明江. 黑龙江省抚远县黑瞎子岛考古调查收获[J]. 北方文物,2016(02):35-37,49.

[106]魏笑雨. 黑龙江省泰来县发现两座新石器时代墓葬[J]. 北方文物,2009(04):15.

[107]温洪清,李志红. 清代黑龙江地区的驿道和驿站[J]. 黑龙江史志,2007(07):40-41.

[108]温玉成. 论拓跋部源自索离[J]. 新疆师范大学学报(哲学社会科学版),2012(06):39-44.

[109]温玉成. 嘎仙洞遗迹考察[J]. 中国国家博物馆馆刊,2011(10):44-53.

[110]乌拉熙春,金适. 金上京“文字之道,夙夜匪懈”女真大字石碑考释[J]. 沈阳故宫博物院院刊,2009:141-148.

[111]乌卫斯·卫戎. 黑龙江领土的陷落与黑龙江将军衙门移治的关系[J]. 黑龙江民族丛刊,1993(01):71-74.

[112]吴博. 黑龙江流域出土的金代官印概述[J]. 黑龙江民族丛刊,2019(04):70-75.

[113]吴博. 唐代及其辽金室韦诸部地理分布研究综述[J]. 黑龙江民族丛刊,2017(02):93-98.

[114]吴国言,张学群. 黑龙江省北安市发现“曷苏昆山谋克之印”[J]. 北方文物,1990(01):37.

[115]吴焕超. 金初上京地区的经济危机——兼论金朝北部边境危机出现的真相[J]. 农业考古,2016(01):96-104.

[116]吴家瑞,贾凤改,高传树,等. 黑龙江金代部分铁兵器的金相研究[J]. 北方文物,1987(02):46-48.

[117]吴丽华. 黑龙江流域文明与古代北亚区域文化[J]. 社会科学家,2010(06):152-155.

[118]吴丽华. 黑龙江流域古代文化述论[J]. 社会科学战线,2010(09):124-126.

[119]吴丽华,冯丹,张守生. 清代黑龙江将军与流人管理[J]. 东北史地,2016(02):62-66.

[120]吴丽华,高强,陈志贵. 清代达斡尔族对黑龙江边疆管理的贡献[J]. 齐齐哈尔大学学报(哲学社会科学版),2016(05):84-86.

[121]吴丽华,张守生. 清代齐齐哈尔流人社会及其文化述略[J]. 黑龙江社会科学,2014(03):145-148.

[122]吴丽华. 黑龙江流域文明的起源和文化特色[J]. 黑龙江社会科学,2012(02):142-145.
[123]吴敏. 浅析满族风俗的变迁——黑龙江省黑河市爱辉区调查[J]. 满族研究,2008(03):94-99.
[124]吴树国. 金代蒲与路军事问题探析[J]. 北方文物,2013(02):70-74.
[125]吴树国. 辽代"黑龙江"考释[J]. 中国边疆史地研究,2010(03):99-110.
[126]吴树国. 试述金代黑龙江流域的盐业[J]. 北方文物,2007(04):90-94.
[127]吴顺平. 论黑龙江地区金代早期的陶瓷工艺[J]. 北方文物,1989(04):16-23.
[128]吴文衔. 明代黑龙江民族分布及其社会经济状况[J]. 黑龙江民族丛刊,1989(01):65-71.
[129]吴文衔,张泰湘,魏国忠. 黑龙江古代简史[M]. 哈尔滨:北方文物杂志社,1987.
[130]吴晓莉. 清代黑龙江汉军旗人的族群意识[J]. 满语研究,2005(02):77-80.
[131]吴雪娟,李海军,夏春红. 萨布素生卒年限考[J]. 黑龙江档案,1999(06):43-44.
[132]吴雪娟. 黑龙江将军驻地迁移新谈[J]. 北方文物,2006(03):87-89.
[133]吴雪娟. 康熙年间黑龙江驻防八旗的创建[J]. 满语研究,2004(02):109-114.
[134]吴元丰. 柯尔克孜族东迁黑龙江地区考实[J]. 黑龙江民族丛刊,2001(01):69-74.
[135]武威克,刘焕新,常志强. 黑龙江省刀背山新石器时代遗存[J]. 北方文物,1987(03):2-5.

X

[1]项福库. 黑龙江古代民族与桦木、桦树皮文化初探[J]. 中国地方志,2008(01):57-59.

[2]晓辰. 也谈渤海五京制的起始年代[J]. 北方文物,2003(03):80-81.

[3]晓辰. 谈渤海文王大钦茂时期的都城建制[J]. 北方文物,2004(02):60-63.

[4]谢春河. 清初瑷珲驻防八旗研究[J]. 满语研究,2006(01):41-43.

[5]谢浩,梁娜. 松嫩平原地区古代箭镞的发现及研究[J]. 牡丹江师范学院学报,2018(03):92-98.

[6]辛建,崔福来. 齐齐哈尔市梅里斯三合砖厂辽代砖室墓清理简报[J]. 北方文物,1991(02):30-31.

[7]辛建,朱春雨,张晓霞,等. 黑龙江省讷河市都拉本浅清代墓葬[J]. 北方文物,2010(02):23-24.

[8]徐博. 鹤岗地区古代历史脉络及代表遗址[J]. 黑龙江史志,2011(23):35-36.

[9]徐德煜. 探讨中原文化对渤海国的深刻影响[J]. 黑龙江史志,2014(07):363.

[10]徐广巍. 双城堡京旗回屯问题研究综述[J]. 黑河学院学报,2012(01):113-116.

[11]徐洁. 金上京太庙考述[J]. 北方文物,2011(01):47-51.

[12]徐琳琳,李辉. 浅论先秦至隋唐时期满族族源及分布[J]. 长春师范大学学报,2017(05):47-50.

[13]徐苹芳. 上京的金代皇陵[J]. 文史知识,2007(02):88.

[14]徐文勇. 牡丹江出土古代官印研究[J]. 书法赏评,2014(03):73-77.

[15]徐小慧,卢玉华. 试论清代黑龙江地区驿站与经济发展[J]. 满语研究,2001(02):114-117.

[16]徐晓慧,许继生,辛健. 黑龙江省齐齐哈尔市东土岗青铜时代墓葬清

理简报[J]. 北方文物,2002(03):16－20.
[17]徐懿姣,傅国萍. 唐代黑龙江地区汉族人口之踪迹明显增加[J]. 黑龙江史志,2004(04):39－40.
[18]许鸿雁. 渤海上京城外的重要渤海遗址[J]. 牡丹江大学学报,2011(10):87－88.
[19]许铭. 略论清代黑龙江驿站的机构设置[J]. 黑河学院学报,2010(04):107－110.
[20]许铭. 略论黑龙江站人文化的形成[J]. 齐齐哈尔师范高等专科学校学报,2008(05):110－112.
[21]许铭. 清代黑龙江地区驿站的土地开发[J]. 边疆经济与文化,2010(06):98－100.
[22]许铭. 清代黑龙江驿站的特点[J]. 齐齐哈尔师范高等专科学校学报,2006(01):78－80.
[23]许子荣.《金史》天眷元年以前所称"上京"考辨[J]. 学习与探索,1989(02):141－147.
[24]许子荣. 金上京出土铜坐龙[J]. 文物,1982(06):76.
[25]许子荣. 金上京会宁府遗址——全国重点文物保护单位之一[J]. 黑龙江文物丛刊,1982(01):63－67.
[26]许子荣. 金上京释迦院尼临坛首座宣微大师法性葬记考释[J]. 北方文物,1989(03):38－42.
[27]许子荣. 金太祖完颜阿骨打陵址[J]. 黑龙江文物丛刊,1983(04):83－85.
[28]许子荣. 元代"镇宁州诸军奥鲁印"三题[J]. 北方文物,1996(04):63－65,97.
[29]薛子奇,王英利. 清初、中期黑龙江人口、民族构成演变与农业开发[J]. 黑龙江民族丛刊,1997(01):66－69.

Y

[1]延边朝鲜族自治州博物馆. 渤海贞孝公主墓发掘清理简报[J]. 社会科学战线,1982(01):174-180.

[2]阎景全. 金上京出土的铜镜[J]. 学习与探索,1980(02):2.

[3]阎景全. 黑龙江省阿城市双城村金墓群出土文物整理报告[J]. 北方文物,1990(02):28-41.

[4]阎井泉. 金上京故城内发现窖藏银器[J]. 黑龙江文物丛刊,1981(01):57-60.

[5]阎万章. 渤海"贞惠公主墓碑"的研究[J]. 考古学报,1956(02):69-73.

[6]杨保隆. 勿吉地域西南部边至考[J]. 北方文物,1985(04):67-74.

[7]杨春娥,李树祥,车德仁,等. 阿城巨源金代齐国王墓古尸医学研究简报[J]. 哈尔滨医科大学学报,1993(04):359-360.

[8]杨东晨. 论先秦时期黑龙江地区的民族和文化[J]. 哈尔滨师专学报,1999(03):86-91.

[9]杨东晨,杨建国. 论秦汉时期黑龙江地区的民族与文化[J]. 哈尔滨师专学报,2000(06):26-30.

[10]杨光,李南竹. 论铁器在古代黑龙江下游少数民族的应用——以赫哲族为例[J]. 中国高校科技,2017(S1):54-55.

[11]杨光. 明王朝对生女真社会经济发展的影响[J]. 知与行,2016(05):101-104.

[12]杨海鹏. 金齐国王墓银铭牌考释[C]//辽宁省辽金契丹女真史研究会. 辽金历史与考古国际学术研讨会论文集. 沈阳:辽宁教育出版社,2012:486-489.

[13]杨海鹏. 辽五国部族属探微[J]. 北方文物,2014(02):30-31.

[14]杨虎,谭英杰,林秀贞. 黑龙江绥滨同仁遗址发掘报告[J]. 考古学报,2006(01):115-140.

[15]杨虎. 黑龙江省绥滨县蜿蜒河遗址发掘报告[J]. 北方文物,2006(04):12-20.

[16]杨晶. 辽代汉人墓葬概述[J]. 文物春秋,1995(02):52-58,81.

[17]杨静薇. 清前中期黑龙江地区守边官员浅析[J]. 黑龙江史志,2015(11):337.

[18]杨军. 渤海早期国号考[J]. 东北史地,2006(01):24-27.

[19]杨枢通. 清代驿路上的砬子沟烽火台[J]. 科技展望,2015(31):251.

[20]杨太,郝艳春. 黑龙江省青冈县古代文化遗存浅述[J]. 北方文物,1999(02):44-46.

[21]杨小平. 大祚荣在渤海历史上的作用[J]. 黑龙江史志,1998(03):40-41.

[22]杨秀全. 林口县出土古代青铜骑马人物像[J]. 北方文物,1997(04):54.

[23]杨旸,柳岚. 有清一代中华服饰经由黑龙江及库页岛地区东传北海道溢彩[J]. 黑龙江社会科学,2001(06):43-46.

[24]杨永才. 黑龙江饶河县渔丰南城址发现的新石器时代文化遗存[J]. 北方文物,2016(02):12-16.

[25]杨雨舒. 渤海国上京龙泉府地理环境概述[J]. 北方文物,1997(02):61-65.

[26]杨志军. 牡丹江地区原始文化试论[J]. 黑龙江文物丛刊,1982(03):52-64.

[27]姚骞,穆·依凌阿. 五常县发现金代窖藏铁器[J]. 黑龙江文物丛刊,1982(03):76-77.

[28]姚庆,张童心. 中国建筑考古学研究再探——兼谈渤海国上京龙泉府都城建制[J]. 东北史地,2016(01):46-52.

[29]伊葆力. "上京鞋火千户铜牌"质疑[J]. 北方文物,2003(01):41-44.

[30]伊葆力. 金上京周边部分建筑址及陵墓址概述[J]. 哈尔滨学院学报,

2006(03):1－6.

[31]衣保中. 渤海国农牧业初探[J]. 农业考古,1995(01):271－275.

[32]阴淑梅. 黑龙江省阿城市金上京城址出土的武士像铜挂饰[J]. 北方文物,2006(03):86.

[33]阴淑梅. 黑龙江省阿城市金上京出土的青铜童子佩饰[J]. 博物馆研究, 2007(4):49－50.

[34]阴淑梅. 黑龙江泰来发现的几件辽代陶器[J]. 北方文物,2008(01):38－39.

[35]阴淑梅. 宁安市渤海上京城发现的铜佛像[J]. 北方文物,2007(02):27－28.

[36]尤洪才,赵湘萍,朱春雨,等. 黑龙江宁安渤海上京城出土渤海国舍利函[J]. 文物,2015(06):14－16.

[37]于汇历,邹向前. 黑龙江省龙江县缸窑地点的细石器遗存[J]. 北方文物,1992(03):8－15.

[38]禹宏,徐蓓文. 金代黑龙江的女真状元徒单镒[J]. 黑龙江民族丛刊,1996(02):49－52.

[39]云薇. 黑龙江绥棱出土金代陶冥钱[J]. 北方文物,1987(03):49.

[40]云薇. 黑龙江肇源出土辽金瓷器[J]. 黑龙江文物丛刊,1984(04):69－70.

[41]云瑶,日平. 黑龙江省大庆市沙家窑发现的辽代墓葬[J]. 北方文物,1991(02):32－33.

[42]云瑶,张鹏,周书臣. 跋北安出土的金代“曷苏昆山谋克之印”[J]. 黑河学刊,1991(01):107－109.

[43]岳天懿. 渤海都城城门与城墙研究[J]. 北方文物,2020(05):56－65.

Z

[1]臧廷秋,吴丽华. 嘉庆朝黑龙江地区治边政策蠡测[J]. 满族研究,2015(02):47－53.

[2]臧廷秋,吴丽华. 乾隆朝黑龙江地区治边政策探赜[J]. 兰台世界,2015(16):62－63.

[3]臧廷秋. 清代黑龙江将军研究述评[J]. 理论观察,2014(06):103－104.

[4]张碧波. 渤海大氏考[J]. 学习与探索,1998(05):118－124.

[5]张碧波. 渤海大武艺论[J]. 东北史地,2008(03):2－8.

[6]张碧波. 渤海国与中亚粟特文明考述[J]. 黑龙江民族丛刊,2006(05):70－76.

[7]张碧波. 渤海早期国号考索[J]. 黑龙江民族丛刊,2002(01):70－74.

[8]张碧波. 高句丽与渤海论略[J]. 黑龙江民族丛刊,2001(03):72－83.

[9]张碧波. 说渤海史一段公案——渤海许王府考辨[J]. 哈尔滨学院学报,2001(06):115－119.

[10]张碧波. 汉唐郡望观念与渤海大氏——渤海大氏三考[J]. 学习与探索,2002(01):131－136.

[11]张碧波,庄鸿雁. 昂昂溪文化与北發族狩猎文明[J]. 学理论,2008(22):19－25.

[12]张碧波,庄鸿雁. 索离王国文明的探讨——从索离沟考古说起[J]. 北方文物,2012(03):55－58.

[13]张飚,袁俊华. 黑龙江流域原始岩画与鄂伦春族绘画探源[J]. 阜阳师范学院学报(社会科学版),2015(01):146－150.

[14]张创新. 简论阿骨打在女真民族形成中的作用[J]. 北方文物,1988(02):70－72.

[15]张帆,刘文生,张泰湘. 宋朝徽、钦二帝北迁行踪研究——"靖康之难"系列研究之一[J]. 北方文物,2001(01):71－74＋80.

[16]张甫白. 关于按出虎、会宁和上京几个名称之我见[J]. 北方文物,1993(03):55－60.

[17]张高,姜华昌. 牡丹江师范学院渤海史研究述评(上)[J]. 牡丹江师范学院学报(哲学社会科学版),2010(06):51－54.

[18]张高,姜华昌. 牡丹江师范学院渤海国研究综述(下)[J]. 牡丹江师范学院学报(哲学社会科学版),2011(01):27－30.

[19]张光宇. 清代山东移民黑龙江述论[J]. 佳木斯大学社会科学学报,2011(03):79－81.

[20]张晖宇,王禹浪. 金代黑龙江地区的行政建制述略[J]. 哈尔滨师专学报,2000(04):80－84.

[21]张建. 黑龙江驻防火炮研究(1683—1860)[J]. 北方文物,2015(01):102－109.

[22]张杰. 清前期吉林黑龙江的八旗官学[J]. 社会科学战线,1994(02):203－207,166.

[23]张连峰. 金上京出土的二方官印[J]. 黑龙江文物丛刊,1983(03):74－76.

[24]张连峰,阎景全. 金上京会宁府遗物[J]. 学习与探索,1979(05):2.

[25]张连峰. 金"上京鞋火千户"铜牌[J]. 黑龙江文物丛刊,1982(01):69.

[26]张连峰. 金胡凯山和陵考略[J]. 黑龙江文物丛刊,1984(03):75－77.

[27]张连峰,阎景全. 金上京会宁府遗物[J]. 学习与探索,1979(05):2.

[28]张鹏,于生. 黑龙江省逊克县河西古城第三次调查简报[J]. 北方文物,1995(03):97－99.

[29]赵庆峰,曾分良. 黑龙江古代漆器遗存的研究整理和设计特点分析[J]. 艺术研究,2021(02):88－89.

[30]张全超,王长明,朱泓. 黑龙江讷河大古堆墓地出土人骨研究[J]. 北方文物,2012(03):12－15.

[31]张丽娜. 清代黑龙江地区巡边路线图[J]. 黑龙江档案,2021(03):294.

[32]张庆国. 宁安市前莲花村金代墓葬清理简报[J]. 北方文物,2004(04):46－47.

[33]张士尊. 奴儿干都司职能分析[J]. 辽宁大学学报(哲学社会科学

版),2003(05):46-49.
[34]张士尊. 清初东北边疆危机与北部镇戍体制的形成[J]. 学术交流,2011(02):180-184.
[35]张守生. 清代巡察东北各衙门御史源流考证[J]. 理论观察,2017(02):8-11.
[36]张太湘,朱国忱,杨虎. 黑龙江宁安县莺歌岭遗址[J]. 考古,1981(06):481-491.
[37]张泰湘. 东宁考古拾零[J]. 黑龙江文物丛刊,1983(01):93-95.
[38]张泰湘. 关于齐齐哈尔古代史研究中的若干问题[J]. 齐齐哈尔师范学院学报,1985(03):92-96.
[39]张泰湘. 黑龙江地区古代山河变迁几则——从历史学、考古学上的观察[J]. 黑龙江文物丛刊,1984(01):71-76.
[40]张泰湘. 绥芬河流域原始文化初探[J]. 社会科学战线,1982(02):181-184.
[41]张泰湘. 元代肇州文献证补[J]. 社会科学战线,1985(01):172-173.
[42]张泰湘,仇伟. 阿城金源郡王神道残碑的初步研究[J]. 黑龙江民族丛刊,2004(04):52-55.
[43]张泰湘,崔广彬. 铁利丛考[J]. 民族研究,1988(02):58-63.
[44]张泰湘,范忠泽,王世杰. 从最新考古学成就看鲜卑族的渊流与发展[J]. 黑龙江民族丛刊,2003(02):63-68.
[45]张泰湘,李延铁,张桂芝. 兀惹丛考[J]. 北方文物,1993(03):67-73.
[46]张泰湘,刘文生. 徽、钦二帝在五国城的囚禁生活——“靖康之难”系列研究之二[J]. 学习与探索,2002(01):137-139.
[47]张泰湘,曲炳仁. 黑龙江富裕县小登科出土的青铜时代遗物[J]. 考古,1984(02):187-188,174.
[48]张泰湘,尚咏黎. 黑龙江省明代考古学研究[J]. 北方文物,2007(01):53-57.
[49]张泰湘,邹越华. 从考古学材料看历史上的夫余、沃沮人[J]. 黑龙江

民族丛刊,2002(04):60-63.

[50]张秦湘,魏国忠. 黑龙江省海浪河中下游考古调查简报[J]. 考古,1965(01):4-5,24.

[51]张铁宁. 渤海上京龙泉府宫殿建筑复原[J]. 文物,1994(06):38-58.

[52]张弢,吕秀伟. 辽代黑龙江地区汉族人口考述[J]. 黑龙江史志,2004(06):46-47.

[53]张涛. 塔子城古城和辽代大安七年刻石[J]. 黑龙江史志,2012(21):35-36.

[54]张伟. 海林市细鳞河遗址[J]. 北方文物,1997(02):43.

[55]张伟,程松,赵景文. 黑龙江省呼玛老卡遗址调查简报[J]. 北方文物,1996(02):19-22.

[56]张伟,田禾. 挹娄、勿吉文化的考古学考察——以滚兔岭文化与凤林文化为中心[J]. 北方文物,2017(03):45-47,63.

[57]张伟,王长明. 黑龙江讷河市库勒浅青铜至早期铁器时代墓地[J]. 考古,2006(05):15-34.

[58]张伟,赵永军,田禾,方琦. 黑龙江双鸭山市保安村汉魏城址的试掘[J]. 考古,2003(02):120-129.

[59]张向凌. 关于在志书中记述黑龙江古代先民问题的探讨[J]. 黑龙江史志,1998(03):10-12.

[60]张晓凌,于汇历,高星. 黑龙江十八站遗址的新材料与年代[J]. 人类学学报,2006(02):115-128.

[61]张晓霞. 黑龙江省首次发现清代“虎皮”三彩碗[J]. 北方文物,2004(04):18.

[62]张晓舟. 从贞孝公主墓志看渤海文王晚期政局[J]. 北方文物,2016(04):86-89.

[63]张玉霞. 牡丹江流域渤海遗迹出土陶器的类型学研究[C]//教育部人文社会科学重点研究基地吉林大学边疆考古研究中心. 边疆考古研究(第4辑). 北京:科学出版社,2006:194-209.

[64]赵炳林. 再论大祚荣政权的族称和国号问题[J]. 历史教学,2010(04):68-72.
[65]赵国华. 金源文物的一缕灿烂辉光——金源地区出土的两件鎏金文物赏析[J]. 首都博物馆丛刊,2009:226-230.
[66]赵虹光,谭英杰. 再论黑龙江中游铁器时代文化晚期遗存的分期——科尔萨科沃墓地试析[J]. 北方文物,2000(02):18-29.
[67]赵虹光. 渤海上京城宫殿建制研究[C]//吉林大学边疆考古研究中心. 边疆考古研究(第8辑). 北京:科学出版社,2010:176-187.
[68]赵虹光. 渤海上京龙泉府城址调查发掘工作的回顾[J]. 北方文物,1988(02):26-29.
[69]赵洪光. 抚远三岔口发现古代墓葬群[J]. 黑龙江文物丛刊,1981(01):61.
[70]赵璐迪. 清代黑龙江财税管理状况略论[J]. 黑龙江史志,2014(03):298,300.
[71]赵鸣岐. 金代上京路地区的土地开发与农业技术水平的提高[J]. 北方文物,1995(01):76-85.
[72]赵文生. 金代上京蒲峪路的经济布局[J]. 农业考古,2017(01):61-64.
[73]赵文韬. 亦失哈东巡与黑龙江流域史[J]. 黑龙江史志,2014(13):90-91.
[74]赵湘萍. 黑龙江省讷河清墓中发现翡翠璧[J]. 北方文物,2007(01):87.
[75]赵湘萍. 渤海上京城发现的鹰纹铜带铐[J]. 北方文物,2012(02):21,29.
[76]赵昕. 齐国王墓出土冠服研究[J]. 文物天地,2018(09):16-19.
[77]赵岩. 探析清代呼兰副都统衙门设立的必要性[J]. 黑龙江史志,2014(05):57-58.
[78]赵永军,李陈奇. 黑龙江金代考古述论[J]. 北方文物,2011(03):

25 -35.

[79]赵永军,姜玉珂. 黑龙江地区金墓述略[C]//教育部人文社会科学重点研究基地,吉林大学边疆考古研究中心. 边疆考古研究(第6辑). 北京:科学出版社,2008:312 -328.

[80]赵永军,刘阳. 大遗址保护视角下的金上京考古工作[J]. 北方文物,2015(02):49 -53.

[81]赵永军,田禾,黄星坤. 黑龙江友谊县凤林城址二号房址发掘报告[J]. 考古,2000(11):35 -41.

[82]赵永军. 金上京城址发现与研究[J]. 北方文物,2011(01):37 -41.

[83]赵永军. 海林市柴河羊草沟墓群[J]. 北方文物,1997(02):52.

[84]赵忠山. 清初黑龙江卜魁流人方氏父子的悲苦情结[J]. 教育教学论坛,2015(13):78 -79.

[85]肇东县博物馆. 黑龙江肇东县八里城清理简报[J]. 考古,1960(02):36 -41.

[86]郑承龙. 黑龙江水运水师在雅克萨战争中的重要作用[J]. 黑龙江史志,2004(05):43 -44.

[87]郑敦发. 关于渤海国上京城文化的探讨[J]. 黑龙江史志,2014(01):314.

[88]郑英德. 乌洛侯地理位置再探[J]. 黑龙江文物丛刊,1983(01):69 -74.

[89]郑永振. 渤海贞孝公主墓出土一块文字砖订正[J]. 北方文物,2000(04):39 -40.

[90]志文. 黑龙江考古述要[J]. 黑龙江史志,1996(01):56 -60.

[91]志文. 黑龙江考古述要(续)[J]. 黑龙江史志,1996(02):58 -60.

[92]志文. 黑龙江考古述要(续)[J]. 黑龙江史志,1996(03):61 -64.

[93]志文. 黑龙江考古述要(续)[J]. 黑龙江史志,1996(04):63 -64.

[94]志文. 黑龙江考古述要(续)[J]. 黑龙江史志,1996(05):51 -55.

[95]周国琴. 论金朝对其北部边疆的有效管辖[J]. 内蒙古民族大学学报

（社会科学版），2017(03)：35－39.
[96]周亮，李慧．黑龙江古代官印的艺术特色与美学价值[J]．书法赏评，2016(06)：67－69.
[97]周喜峰．金上京的兴与衰[J]．奋斗，2019(05)：70－71.
[98]周喜峰．论努尔哈赤、皇太极统一黑龙江地区各民族的策略[J]．求是学刊，2004(04)：111－116.
[99]周喜峰．论清代宁古塔将军的设立及其职能[J]．陕西学前师范学院学报，2014(06)：76－81.
[100]周喜峰．明代末期黑龙江地区土著民族探析[J]．东北史地，2008(05)：77－82.
[101]周喜峰．清朝前期黑龙江地区的少数民族教育[J]．北方文物，2005(01)：68－74.
[102]周喜峰．清朝政府早期对黑龙江西部地区的行政管理[J]．东北史地，2006(02)：54－58.
[103]周喜峰．试论清兵入关对黑龙江地区各民族的影响[J]．黑龙江民族丛刊，2005(02)：68－72.
[104]周喜峰．北宋徽钦二帝在黑龙江[J]．奋斗，2019(02)：70－71.
[105]周喜峰．海陵王迁都[J]．奋斗，2019(03)：70－71.
[106]周喜峰．黑龙江地区的远古人类及其生活[J]．奋斗，2018(06)：54－55.
[107]周喜峰．辽代的黑龙江[J]．奋斗，2018(22)：53－54.
[108]周喜峰．论清朝前期黑龙江地区的驻防八旗[J]．求是学刊，2009(06)：136－141.
[109]周喜峰．论清初索伦部的南迁[J]．黑龙江民族丛刊，2018(05)：124－129.
[110]周喜峰．蒙古汗国的建立及其对黑龙江地区的统一[J]．奋斗，2019(06)：68－69.
[111]周喜峰．明朝末期黑龙江流域的少数民族[C]//张显清．第十三届

明史国际学术研讨会论文集. 长沙: 湖南人民出版社, 2011: 452 -458.

[112]周喜峰. 明代黑龙江女真人[J]. 奋斗,2019(15):70 -71.

[113]周喜峰. 先秦时期的黑龙江[J]. 奋斗,2018(08):58 -59.

[114]周喜峰. 秦汉时期的黑龙江[J]. 奋斗,2018(12):45 -46.

[115]周喜峰. 魏晋南北朝时期的黑龙江[J]. 奋斗,2018(14):54 -55.

[116]周喜峰. 清朝初期对黑龙江地区的统一[J]. 奋斗,2019(16): 71 -72.

[117]周喜峰. 首任黑龙江将军萨布素[J]. 奋斗,2019(22):70 -71.

[118]周喜峰. 元代黑龙江地区的行政建置[J]. 奋斗,2019(08):69 -70.

[119]周喜峰. 元代黑龙江地区的乃颜、哈丹叛乱[J]. 奋斗,2019(07): 65 -66.

[120]周喜峰. 元代黑龙江地区各民族及其社会经济[J]. 奋斗,2019 (09):68 -69.

[121]周喜峰. 试论清朝前期对黑龙江各民族的行政管理[J]. 学习与探索,2010(05):271 -274.

[122]周喜峰. 完颜阿骨打与金王朝的建立[J]. 奋斗,2018(24):54 -55.

[123]周英杰. 黑龙江省宁安市东康遗址采集的陶器[J]. 北方文物,2009 (04):30.

[124]朱国忱. 渤海龙州三县考[J]. 求是学刊,1986(05):88 -90,46.

[125]朱国忱. 关于金齐国王墓的考古发掘[J]. 东北史地,2008(02): 2 -10.

[126]朱国忱. 略论金代黑龙江地区的农业发展[J]. 中国农史,1987 (01):1 -21.

[127]朱国忱. 兀惹部、兀惹城研究[J]. 东北史地,2007(03):16 -21.

[128]朱国忱,曹伟. 渤海王族进攻的扶余城问题[J]. 东北史地,2009 (04):46 -51.

[129]朱国忱,朱威. 关于渤海石灯幢[J]. 东北史地,2006(02):10 -19.

[130]朱国忱. 关于金齐国王墓的考古发掘[J]. 东北史地,2008(02):2-10.

[131]庄严. 勿吉、黑水靺鞨的经济社会性质[J]. 黑河学刊(地方历史版),1986(04):55-59.

[132]邹向前. 黑龙江省龙江县鲁河新丰砖厂辽墓[J]. 北方文物,1995(02):57-59.

[133]邹向前. 金界壕遗址黑龙江段的保护利用[J]. 理论观察,2004(04):133-134.

[134]张创新. 简论阿骨打在女真民族形成中的作用[J]. 北方文物,1988(02):70-72.

*

[1]Э·B·沙弗库诺夫. 从最新考古研究成果看女真文化源流的某些问题[J]. 朱国忱,译. 北方文物,1994(02):100-102,117.

[2]B·C·斯塔里科夫. 哈尔滨附近金代墓地的最初发现[J]. 高晓梅,译. 黑龙江文物丛刊,1984(01):102-105.

[3]B·E·麦德维杰夫. 阿穆尔河下游女真文化的一些发现[J]. 孙秀仁,译. 黑龙江文物丛刊,1984(02):106-112,91.

[4]B·E·麦德维杰夫. 柯尔萨科沃墓地及阿穆尔河沿岸地区女真人文化说明的问题[J]. 孙秀仁,译. 北方文物,1985(03):97-103.

[5]E·И·杰列维扬科. 阿穆尔河中游沿岸地区的中世纪遗存——根据1977调查资料[J]. 王德厚,译. 黑河学刊,1988(03):107-114.

[6]E. И. 杰列维扬科. 黑龙江沿岸靺鞨人的基本生业[J]. 姚凤,译. 博物馆研究,1982(01):164-175.

[7]E·И·杰列维扬科. 黑龙江沿岸靺鞨人的手工业[J]. 姚凤,译. 博物馆研究,1984(04):57-61.

[8]L·M·雅克弗列夫. 阿什河上游的金代墓葬[J]. 佟希达,译. 北方文物,1995(01):132-134.

[9]Э·В·沙弗库诺夫. 金上京城址出土的铜鱼和铜鹿角的用途[J]. 孙危,译. 东方考古,2011:302-308.